破局

需求不足的成因及解决之道

史　帆◎著

電子工業出版社
Publishing House of Electronics Industry
北京・BEIJING

图书在版编目（CIP）数据

破局：需求不足的成因及解决之道 / 史帆著 .—北京：电子工业出版社，2024.1

ISBN 978-7-121-46736-3

Ⅰ. ①破…　Ⅱ. ①史…　Ⅲ. ①经济学－研究　Ⅳ. ① F0

中国国家版本馆 CIP 数据核字（2023）第 223524 号

责任编辑：胡　南
文字编辑：赵诗文
印　　刷：中国电影出版社印刷厂
装　　订：中国电影出版社印刷厂
出版发行：电子工业出版社
　　　　　北京市海淀区万寿路 173 信箱　邮编：100036
开　　本：720×1000　1/16　印张：22.5　字数：264 千字
版　　次：2024 年 1 月第 1 版
印　　次：2024 年 3 月第 3 次印刷
定　　价：78.00 元

凡所购买电子工业出版社图书有缺损问题，请向购买书店调换。若书店售缺，请与本社发行部联系，联系及邮购电话：（010）88254888，88258888。

质量投诉请发邮件至 zlts@phei.com.cn，盗版侵权举报请发邮件至 dbqq@phei.com.cn。

本书咨询联系方式：010-88254210，influence@phei.com.cn，微信号：yingxianglibook。

推荐序一

探寻经济新局面下的应对之法

当今世界，面临“百年未有之大变局”，不少经济体在几十年间的发展与危机的交替演变之后，呈现出各自不同的增长乏力态势。面对新的经济局面，经济学理论研究却显得没有能够及时跟上现实的需求。主要可指出以下几个方面：

第一，主流经济学理论认知框架的不对称性。古典经济学、新古典经济学和凯恩斯主义经济学虽然各自强调不同角度，都有很大的贡献，但它们都在理论框架里假设了供给环境，主要强调的只是需求侧的深入分析，都存在着假设完全竞争而市场出清的结构平衡为某种自然过程的大前提，充其量基本止步于“反周期”总量调控的“需求管理”。而在现实世界中，需求如何与供给相互作用，其机制绝非那么简单，分析认识上有“简洁化”优点的“完全竞争”假设，很有必要还原为“非完全竞争”而加深对于现实经济运行的洞悉，丰富结构问题为重点内容的“供给管理”经济学认知。

第二，经济学主流教科书和代表性实践之间存在的“理论与实践脱节”问题。显然在世界金融危机冲击下，美国为典型代表的发达经济体在调控实践中，由传统的只侧重和强调“需求管理”总量调节的主流经济学教科书，已难以提供有效的理论支持。美国等发达市场经济在应对危机的实践中，关键性的、足以影响全局的操作，首推他们跳出主流经济学教科书来实行的一系列区别对待的结构对策和供给手段操作。比如，美国在应对金融危机中真正解决问题的最关键点上，是“区别对待”的政府注资，但西方代表性经济学家及其研究成果，迟迟未见对此作出应有的理论考察和建树。

第三，政府产业政策在已有经济学研究中的薄弱和滞后。美国经济学界对经济发展中“看得见摸得着”的那些“产业政策”方面很少提及，但美国在实践中的此类操作却有迹可循。从20世纪80年代亚科卡自传所强调的重振美国之道的关键是“产业政策”，到克林顿主政时期的信息高速公路，到近年奥巴马国情咨文所提到的从油页岩革命到3D打印机，到区别化新移民和新兴经济等一系列的亮点和重点，应总结的正反两方面经验，都不是对应于教科书的认知范式，而是很明显地对应于现实重大问题的导向。不客气地说，本应经世致用的经济学理论研究，在这一领域，其实是被实践远远抛在后面的“不够格”状态。

在此观察与认识基础上，中国的经济学理论界，在依托于改革开放40余年来政府——企业——市场相互作用的实践中，总结了大量更贴近于社会现实经验，并形成体系化解释以及更可用于指导生产实践的方法论。我所倡导的新供给经济学，就是其中之一。本书也是在这样的背景下，基于作者在资本市场中多年的实践以及对经济学的深入思考，形成了一套如何去分析需求和供给之间相互作用的思维框架，进而讨论建设性的思路与建议。

这本书讨论的切入点，是需求和供给在一些什么样的前提下能实现出清。通过逻辑分析，作者展示给读者的，是需求和供给的出清并非如传统经济学中假设的那样总会自动完成，其出清过程依赖于一些先决条件。这些先决条件在过去的几十年中，曾是相对容易满足的，但一些经济指标显示，近些年越来越多的国家正逐步走向由于这些条件无法达成而带来的经济困境。作者认为，这些条件集中在资本回报率以及全社会的收入分配状况两个方面。这两方面的指标变动都十分缓慢，社会从自发能够出清变为无法出清，会经历一个漫长过程，而回去的路，同样也会很漫长。这些分析，最终展示出在西方经济学的认识框架下，仍然会走到当企业所有者无法将自身收入完全用于消费和投资的情况下，会导致和马克思《资本论》中预言相似的结果，本书不过是通过计算及分析，进一步指明了当代情境下这种状况发生的条件。

在此基础上，作者面向未来而分析了目前在传统经济手段相关框架下，能使经济重新恢复平衡的几种途径，并分析了每种路径下，社会中主要利益受损人群可能会付出的代价。最后作者尝试性地提出了基于中国场景而又不失普遍适用性的一种“国股民营”解决思路：在这种模式下，国有资本通过赛马机制，将整体的资金分散到无数的资产管理机构，这些管理机构可于现存机制下去买卖股票，最终形成整个市场对于某个企业的评估。市场中企业受到的奖惩和私人买卖股票是一样的，当股价高了以后持有者可以将自己手中的股份卖得更高或者能融到更多的资。系统化改造之后，国有资本方仅持有股票、享有分红，影响企业经营行为的途径，主要是无数市场参与者共同决定的股价，国资管理部门是以“管资本”为主的股权分散化、竞争性的调度运营，顺应市场资源配置的决定性机制而又适当加入政策性引导。最终这种模式下，可望形成公有制+自由市场+供需调控管理的融合。

自从我国改革开放以来，关于公有制如何与其他所有制协同发展一起促进整个经济健康向好的探索，一刻都没有停止过。核心问题，还是公有制中不可避免存在的“代理人问题”。从国际经验观察，在美国市场中，私人资本所有者通过若干层的资管机构对自己的资产进行管理，并不自己去经营公司，甚至也不自己去交易股票，已经成为一个现实。资本主义世界发展到金融资本主义阶段，已经天然地形成了资本所有者与企业经营者的分离。资本所有者的诉求仅仅是寻找能让他们自己的资本可持续增值的资管机构。以同样的机制，可知一个公有的委托人要去达到这一境界，并不需要复杂的委托代理关系。所以作者指出，当资本主义发展到极致以后，自动地创造了社会主义需要生长起来的经济土壤。这一认识框架，与马克思在《资本论》中已明确指出的股份制可以“否定之否定”地带来资本私有制的“扬弃”，是完全一致的，并且又具备了基于总结马克思身后100余年市场经济中股份制发展的实践而更为鲜明的重要现实意义。

和以往任何学术观点一样，一个新认识思路的提出，总是难以避免局限乃至缺陷。本书中，从前面的理论体系构建，到后面提出的所有制方案，仍然还有不少需要进一步深化、细分与改进的地方。理论联系实际的新思路，是在不断地锤炼中才会成熟。此时，我向大众推荐这本书，是希望能够给读者们提供一个和以往经济学研究有所不同的视角，进而引出更多建设性的理论－实践的结合互动，以回应时代进步对于经济学创新的呼唤。

以经济建设与发展满足人民美好生活重要，是新时代“五位一体”总体布局中的根本，是唯物史观阐明的生产力基本盘层面从人们“穿衣吃饭”延伸而出的人类文明进步的动力之源。其中的复杂变化，决定了仅凭感觉摸石头过河、见招拆招的方式，总的说只是过渡性的处理方式，长久如此还可能会引出巨大偏差。到了改革的深水区和爬坡过坎的历史关键期，十分需要强调在理论密切结合实践与实证数据的基础上，通过严格的科学推导，才能明确地把握好前进的方向。我在此于荐书之时，祝愿每一位读者，都能与本书作者相类似地在经济社会从现象到规律的思辨中，找到自身的感悟和思想结晶，进而力求与时俱进地形成系统化思维，来应对经济社会演变的新局面，由“知”而选择“行”，力求由合乎逻辑的建设性认识达于“知行合一”，进而在新的经济变局中应变得“法”，而得到从容笃定。

第十一届、第十二届全国政协委员
华夏新供给经济学研究院创始院长
中国财政科学研究院研究员、博士生导师

推荐序二

从简单的等式谈起

进入20世纪第二个10年以来，中国进入了总需求不足的发展阶段。那么，总需求为什么不足，是哪些方面的总需求不足，怎样才能扩大总需求，有什么样的对策尽量地扩张生产增长的需求可能性边界，成为中国当下经济学理论和对策研究的重要话题。

正如作者所说的，经济运行中非资本收入，特别是劳动者收入和支出不足，造成了经济的相对和绝对收缩。从生产、分配、支出三个环节观察GDP的结构，与国际标准值相比，中国劳动者工资贡献、居民可支配收入和居民消费支出在不同环节中的比重都过低，从1978年到2022年的情况来看，1978年工资占GDP比重最高为33.89%，原因在于城镇就业的单位比重高，农民的收入水平较低；而居民可支配总收入和居民消费支出水平最高年份是1983年，分别为62.45%和52.01%。到2022年，职工总工资、居民可支配总收入和居民总消费支出占GDP比重分别为24.02%、43.03%和28.62%，改革开放以来平均分别为25.40%、47.72%和37.83%。

史帆之作对于需求不足成因及其应对方法的阐述，正是从“GDP = 资本存量 × 资本回报率 + 非资本收入”这一等式开始的。作者先是提出，“资本收益不可能三角”，即在GDP不变的情况下，超额资本增量、资本回报率与非资本收入不可能同时升高或降低。接着作者分析了企业利润源泉定律，假设企业遵循退出规则与波动规则，社会出现需求不足状况的条件。

作者提出了静态陷阱概念。他说明到，市场中的任何一笔交易，都有买方和卖方，卖方获得的收入，都是由买方的支出构成的。如果某个地方的人制造的商品的价格总和低于他所消耗的，那么结果就是社会上必然存在另一些人，其消耗的商品大于制造的。而商品和货币总是一对一交换的，那么前者就会不停地持有货币，而后者在开始的货币花光后就只能负债。所以要维持社会的运转，需要将储蓄的人的购买力“借”给消费过多的人，否则社会上的商品必然不能被完全出售。比如第一年社会生产了100单位的商品，所有国民获得100单位货币，但是有人储蓄了5单位货币，那么最终这些商品只能整体降价以95单位货币出售。第二年所有国民总收入就只有95单位，而其中再被储蓄起来5单位的话第三年只能继续螺旋下降，总体的结果，实际是整个国民经济螺旋式下跌。

作者结合历史上各国的应对策略，针对不同的解决方式的优缺点进行详细的拆解，提出了“国股民营”构想，并讨论其应用条件、构建方式和可能的效果，为走出总需求螺旋式下降，提供可以选择的出路。

实际上，调查研究一直以来就是我们的传家宝，无数次站在历史的岔路口时，我们都是在充分的调研基础上才作出了正确的选择。毛泽东主席曾经说过“没有调查就没有发言权”，为了回答中国往何处去的问题，他深入农村探寻，形成了《中国佃农生活举例》《寻乌调查》等研究成果，最终摸索出了正确的道路。

由此可见，在深入实际的调查研究中，找到事物发展的正确方向的成功概率往往更高。进入新时代以来，党和国家面临百年未有之大变局，国际形势波诡云谲，以瞬息万变来形容也不为过。世界经济已然来到了十字路口，给各国都出了不同的考题，解题的钥匙就隐藏在实际情况中。

本书第三部分所要解答的，是我们的经济未来往何处去的时代课题，其内容大多来源于作者在日常工作中的研究、总结、归纳与推演，也建立在作者对全球经济发展史的掌握与了解上，可以说源于实践，理论联系实际，这也正是本书最为宝贵之处。

新中国成立之初，有西方国家唱衰称“共产党军事100分，政治80分，经济0分”。然而在70多年栉风沐雨的征程中，我们用实际行动有力驳斥了这些质疑，一跃成为世界上第二大经济体，打赢了艰难的脱贫攻坚战。这背后离不开的既有中国共产党的坚强领导，也有无数像史帆一样有思想、有见地的学者在调研中的不懈努力。

中国四十五年波澜壮阔的改革、发展和开放，给中国的学者们提供了丰富的素材，特别是像史帆这样，既在市场经济的大潮中实践，又善于思考的学者，难能可贵。中国需要这样的学者，回答中国增长的奇迹源于哪里，经济增长为什么放缓，有什么样的举措可以支撑经济增长速度在合理的区间，汇集起大家的智慧。

中央党校（国家行政学院）国际战略研究院原副院长

东北财经大学国民经济工程实验室主任

推荐序三

在推进中国式现代化进程中持续深化改革开放

2023年是贯彻党的二十大精神的开局之年，是中国改革开放45周年，也是党的十八大以来全面深化改革10周年。党的二十大开启了全面建设社会主义现代化国家的新征程。坚持改革开放，是我们迈进新时代、开启新征程必须承担的新使命。当前，世界正经历百年未有之大变局，回顾总结中国经济社会发展所走过的历史进程，结合经济发展客观规律分析判断新征程中经济方面将面临的新形势新挑战，对推进中国经济持续高质量发展具有重要的意义。

历史反复证明，重大的危机推动形成新的社会共识，好的社会共识是历史进步的强大推动力量。改革开放之初，党中央以史为鉴，充分认识到了“以阶级斗争为纲”理论的错误和荒谬，认识到了闭关锁国的严重恶果和悲剧结局，毅然决定以经济建设为中心，坚持以对外开放作为基本国策，幸运地抓住了全球化加快发展的历史机会，毫不犹豫地加入到全球化行列中。

在启动改革开放后的40多年时间内，中国经济发生了巨大变化。2022年，我国国内生产总值（GDP）达121万亿元，按年平均汇率折算，我国经济总量达18万亿美元，稳居世界第二位。人均国内生产总值为85698元，按年平均汇率折算达12741美元，继续保持在1.2万美元以上。奇迹不仅发生在北京、上海、长江三角洲和珠江三角洲，也在全国很多地区先后出现，即便在西海固这些被联合国有关专家定义为不适合人类居住的贫困地方，也发生了巨大变化。无论从哪一个角度衡量，都可以说，中国创造了人类社会大国经济增长的奇迹。

发展的规律似乎有章可循。中国改革开放的实践创造了很多经验，这些经验代表着中国改革智慧，是中国特色社会主义政治经济学。从中国变化的实际看，经济快速增长是在党的领导下，适应外部环境变化、凝聚社会共识、调整激励结构、发挥生产要素价格相对比较优势和文化潜在力量的结果。具体来说，一方面应该归功党中央顺应历史潮流，主动以整体渐进的方式推进改革，坚持中央决策和地方探索、试点先行、重点（局部）突破和点面结合的方式，从世情、党情、国情出发实事求是地推进改革。另一方面也有赖于党中央始终充分研究、借鉴苏联东欧的改革经验以及欧美日本等国解除战时统制经济的经验，参考新兴市场经济国家和地区的有效改革经验。在全面深化改革的今天，从经济学理论层面对过去的经济发展经验进行总结，探寻当下及未来经济高质量发展的方向，是建设社会主义现代化强国的路径之一，也是史帆先生本书中的主要议题。

无论世界经济格局如何变化，全球化进程总体向前的趋势不会改变，中国作为大国开放经济与世界经济的互动性都在全面加强。但中国面临的国内国际形势已发生了巨大的变化：世界百年未有之大变局加速演进，新一轮科技革命和产业变革深入发展，国际力量对比深刻调整，逆全球化思潮抬头，单边主义、保护主义明显上升，经济复苏乏力，全球性问题加剧，世界进入新的动荡变革期。在国内，发展进入战略机遇和风险挑战并存、不确定难预料因素增多的时期，各种“黑天鹅”“灰犀牛”事件随时可能发生，一些突出问题仍亟待解决，如发展不平衡不充分问题仍然突出，推进高质量发展还有许多卡点瓶颈，科技创新能力还不强等。

当前，关于中国经济增长的奇迹能否持续再次引起了全球各国的关注，唱衰中国经济的声音甚嚣尘上。尽管宏观层面给出了需求收缩、供给冲击、预期转弱三重压力有所减轻的判断，但经济下行的压力在短期内难以得到根本缓解渐成共识。中国经济减速换挡，到底是周期波动原因，还是要素供给与市场关系的重大变化、长期高速发展所造成的重大结构性失衡和新旧体制转轨不彻底的原因，抑或产权中立、规制中立、竞争中立、市场中立不到位的原因，有必要深入探讨研究清楚。

在这个时间节点上，本书以史帆先生的自身创业经历及实践研究，从“资本收益不可能三角、企业利润源泉定律、静态陷阱”等方面提供了一种解释经济增速下行原因的角度，详细论证了需求性不足经济危机的成因及可能带来的后果，全书行文逻辑清晰，例证丰富，读来颇有收获。同时，史帆先生还结合对西方国家发展历史经验教训的总结，提出了“国股民营”这一稳增长的政策建议，极具参考价值。

发展永无止境、改革也永无止境。思想走多远，改革的路子才能走多远。改革开放以来，每一次大的思想解放都带来大的改革理论、改革发展的突破。推进中国式现代化建设，我们仍应该高度重视改革开放、经济发展、投资收益等方面的专业化程度，特别是深度的理论研究和理论探索。只有理论得彻底，才能有无畏的思想解放。只有真正解放思想，加强理论研究与发展实践相结合，始终坚持社会主义市场经济改革方向不动摇，才能适应新变局、培育新动力，才能真正实现可持续健康发展；中国经济增长的奇迹才不会划上历史的句号，才会迎来新一轮发展的巨大机会。

中国经济体制改革杂志社副总编辑

推荐序四

摸索大国经济转型的成功之道

一个时代有一个时代的主题，一代人有一代人的使命。随着经济发展阶段以及国际国内环境的巨大变化，中国经济的中长期发展逻辑正经历五大转变。

一是从效率到公平，公平分配的重要性显著上升，收入分配、财富分配、人力资本投资等都要更加公平；二是从先富到共富，共同富裕是社会主义的本质要求，也是中国老百姓的共同期盼；三是从速度到安全，国际政治经济格局进入动荡变革期，全球贫富分化加剧导致民粹主义思潮泛起、经济全球化遭遇逆流，疫情冲击和大国博弈暴露了产业链供应链的脆弱性，各国都更加重视发展的安全性；四是从侧重资本到保护劳动，中国人口老龄化加速，劳动年龄人口的绝对数和占比持续下降，资本和劳动生产要素的稀缺关系发生逆转；五是从房地产繁荣到科技和制造强国，在中国朝着高质量发展和共同富裕的道路上，经济发展要由粗放型的债务驱动转向更高效率的创新驱动。

重要研究来自重要问题。20世纪30年代，西方国家的经济大萧条直接催生了凯恩斯的宏观经济学革命，在西方国家落地实施，也持续吸引了后世学者的持续研究，被伯南克誉为“宏观经济学的圣杯”，但其经济学观点与方法也在当前国际环境下遇到种种质疑。随着中国在世界经济、政治、科技、文化等领域的地位不断提升，中国经济问题研究的重要性更加突显。中国是全球第二大经济体，适逢中国40余年发展奇迹后的经济转型，这是当代经济学者的幸事，或可称为“宏观经济学的桂冠”，等待着研究者们蟾宫折桂。

本书成书于这样一个世界快速发展和变革的大时代，聚焦的也是重要的时代课题——如何解决当前中国经济转型过程中面临的困难和挑战，真正实现全体人民共同富裕的中国式现代化。个人的命运，既要靠自我奋斗，也要思考历史的进程。关注时代发展潮流，对读者们来说多少有些益处。

与一般经济学著作不同，本书来自企业家和投资者的双重视角。也正是由于这不同于主流经济理论的视角，书中才能提出独特的资本收益不可能三角定律、企业总体利润源泉定律，演绎推导出了不加干预下经济社会可能步入“静态陷阱”的经济困境，并提出了“国股民营模式”的解决之道。书中的观点和结论可能会引发一些争议与质疑，但他山之石可以攻玉，也不失为一种启迪。

专业性和通俗性之间的平衡是任何一本面向大众读者的财经书籍都需要认真把握的事情。如果过于专业、晦涩难懂，会增加读者的阅读门槛和理解成本，导致被束之高阁，难以传播；如果过于通俗、浅显明白，则可能牺牲论证的严密性，失去信服力。本书就其提出的两个定律和经济进入静态陷阱的演化路径进行了理论体系构建，在此基础上讨论了经济危机的成因和解决方案，不失专业性；同时回顾了不同时期、不同国家经济发展的典型事件及其经验教训，图表较为丰富，方便读者理清思路，因而也具有很好的通俗性。

人无完人，事无尽美，择其善者而从之，其不善者而改之。读书如交友，开卷有益，希望读者们能在阅读中有所收获。

罗志恒

粤开证券首席经济学家、研究院院长

序

这是一本以企业家思维来思考当前经济热点话题，并试图创新经济学理论而衍生出来的作品。在从事投资行业的工作中，我站在企业家及投资者的双重角度，对经济的运行规律进行了视角独特的思考，由此形成了本书的初步构思。但真正催生出本书的，还是即将抵达的未来的紧迫性。随着世界在需求困境中陷得越来越深，弄清楚当下的世界和过去四十年高速发展的世界究竟有何本质区别；一个经济体是否会在人均GDP离发达国家还有相当空间的时候就减速，有助于人们能更好地规划自己的未来。

在工作中，我发现了两个有趣的现象。第一个现象是，近年来备受关注的关于如何“刺激投资增长”的话题。各国的经济学家各抒己见，提出了包括降息、建立市场信心、规划市场秩序在内的各种方案。但正如古人说的，“天下熙熙皆为利来，天下攘攘皆为利往”，以及列宁也曾说过的，“资本家为了利润能卖给我们绞死他们的绞索”，追逐利益是企业家的本能。当我们站在企业家的立场时，就会明白只要能够带来足够的能覆盖风险的预期利润，项目就是可行的；而如果预期利润不够，那么即便其他条件再优越，也不可能进行投资。预期资本回报率是决定是否投资的关键因素。而其他风险，甚至政策风险，都无法影响经济体内全部企业家的决策，因为总有愿意冒险的企业家。在这些冒险的企业家中，如果未来政策风险导致他们其中的一部分面临亏损，那也只是个体发生的亏损；如果政策风险并未影响他们，那这些人就都能赚大钱。所以，在巨大的利益面前，“预期”的政策风险是无法阻止所有企业家的。

根据这个现象，我们研究并提出了资本收益不可能三角定律（简称资本收益不可能三角）。从收入角度看，一个国家的GDP=资本收益+非资本收益=资本回报率×资本存量+非资本收益。在不考虑GDP增长的情况下（考虑增长时的情况请看正文），资本回报率、资本存量、非资本收益三者存在此消彼长的关系。非资本收益包含劳动者收入、税收、折旧三个部分，它的下降存在某个下限，当其降到足够低以后将会导致社会越来越不稳定，情势便会迫使政府出台一些政策，阻止其持续下滑。此时如果继续刺激投资以使得资本存量增加，唯一的结果就是导致资本回报率下降。当资本回报率低至无法覆盖企业经营的风险溢价后，自发的投资将不再可能增长。实际上，全球自次贷危机以来，就进入了靠刺激带来的投资才能稳住经济增长的局面，这也导致资本回报率不断下滑。这种局面下，自发的投资会越来越少，经济将变得需要依赖由政府主导的财政政策的刺激计划。只要刺激中断，经济将立刻迎来下滑。而持续的财政政策开支带来的结果就是，几乎世界所有经济体都将面临高额债务问题。所以，根据以上GDP不增长时的资本收益不可能三角定律，我们能够意识到，一个经济体在一个中长期能够吸收的自发投资总量是有上限的，如果前期刺激太多，只会造成在偏后时间的投资减少。

第二个现象来自经济学理论中关于市场均衡时企业整体资本回报率给出的理论值和日常感觉的不符。经济学理论认为，企业的资本回报应该等于资本的机会成本，反映到实践中，企业的资本回报率将等同于利率，也等于经济增速。这在理论推导上是顺畅且明确的，也是自由市场能够实现商品出清的一个先决条件，否则自由市场能实现自动平衡的说法将成为空中楼阁。但实际上，企业家在投资时很少会选择一个预期收益率仅仅和利率差不多的项目。且从宏观上看，企业的长期资本回报率＞经济增速＞基础利率是一个基本的事实。

我们针对这个现象提出了企业总体利润源泉定律。实际上只要企业满足：第一，当资本回报率低于经济增速时，投资者会减少投资（后面我们将看到资本回报率低于经济增速意味着企业的自由现金流为负）；第二，企业次年的资本回报率是在上一年资本回报率的基础上增加一个随机波动。当上述两个前提条件达成时，就能自动得出我们所观察到的资本回报率＞经济增速的事实。这个规则结合GDP增长时的资本收益不可能三角定律，通过后续的定量比较将使我们看到企业获取到的利润，高于企业所能投资的量是一种常态。这些多余的利润如果不能消费掉，将导致社会总需求不足。

当过量的投资使得资本回报率下降到足够低的时候，资本回报率仍会高于经济增速，从而使得二者之差能正常地反映企业所面临的经营风险。这将导致在某个时候经济增速降为零，而此时企业利润高于社会投资容纳上限的情况仍然存在，资本回报率无法回升，进而导致经济体被锁死在经济增速几乎为零的状态，我们把这种状态称为静态陷阱状态[1]。日本长期的经济停滞，以及中等收入陷阱，都是静态陷阱的一种表现形式。

要破解总需求不足的静态陷阱，以及由此带来的必须靠国债刺激经济才能维持的状况，就必须打破上述两条定律。资本收益不可能三角定律是一个简单的等式，无法改变，能打破的只有企业总体利润源泉定律中的两个前提条件。然而，假如现实中有一个人告诉企业家，投资的时候要控制

1　在本书中，静态陷阱状态与静态陷阱同义。

自己的资本回报率，千万不能超过经济增速——一定会遭到企业家的嘲笑或白眼。不想当将军的士兵不是好士兵，不断追逐更大的利润是所有企业家的天性，否则企业就无法在市场竞争中生存下来。由此，我们发现个体追求自身利益最大化和整体稳定存续之间似乎存在着矛盾。这种矛盾会使得社会在一个几十年甚至百年的周期里，经济运转逐渐失衡。

在逐渐失衡的过程中，危机也将慢慢浮现。事实上，我们可以观察到，部分国家为了走出这类经济困境已经做了诸多尝试。除了继续不断扩张政府债务，最典型的做法，就是大国之间围绕贸易开展的各种博弈，寄希望于削弱或掠夺其他国家来获取更多的利益，挽救其国内经济正在倾斜的天平，这也是近年来国际社会政治、经济、文化上产生种种冲突的原因之一。

面对可能近在咫尺的经济困境，选择依照其他国家的做法，还是勇敢地探索中国的特色解决之道，值得人们思考。经历了百年战火、冲突和纷争的中华民族比任何民族都更明白和平环境的来之不易和弥足珍贵，中国人民所向往的美好世界是各国和平共处、和谐共存的。在全球化趋势下，世界各国的联结越来越深，人类社会将成为命运共同体，历史将会证明，通过打击其他国家来转嫁国内经济困境的做法是治标不治本的，终究是行不通的。

在并不遥远的未来，世界局势乱象交织，百年变局加速演进，经济政策也亟待调整，从需求型经济困境中脱困将是一个重要的时代课题。这正是这本书的目标——希望找到一种新的博弈机制，来调和企业逐利本性和经济整体发展之间的矛盾冲突，解决当前的经济困境，真正实现全体人民共同富裕的中国式现代化。

当然，国家站在时代的十字路口所做出的选择无论对于企业家还是劳动者都意义重大。本书也希望能为读者提供一个思考当前经济形势的独特视角，以帮助大家在世界之百年变局中看清时代趋势，找到渡过经济困境的路径，顺利实现财富增长。

本书的一个重要的主题是和解。首先，正如封面图案喻示的，在过去，马克思主义理论体系中的劳动价值论和西方经济学的均衡求解式思维是两个完全不兼容的体系。但在本书的分析中可以看到，企业的资本回报率高于社会平均这一现实，既在西方经济学框架下成立，又能满足马克思主义劳动价值论。这种情况下，两个体系之间有了关系的桥梁，就能够从两个不同的角度更好地帮助我们理解资本的成长为何导致最终出现整体性经济危机这一问题。所以，这两个理论体系的“和解”是和解的第一层含义。

其次，早些年对马克思主义的解读普遍认为，资本家和劳动者是对立的，这使得社会上的阶级斗争层出不穷。但是当世界已经发展到资本高速发展的阶段后，我们发现“资本家”一词，实际上包含了企业家、投资者、资本收益者这三重身份。在马克思所处的时代，这三重身份是无法拆分的，只属于同一个体。而在现今世界，这三重身份通常能分拆到不同的个体身上。如果再仔细分析会发现，要求资本必须逐利并导致经济堵塞的，只有资本收益者这一身份。而企业家、投资者实际也是劳动者，这是和解的第二层含义。

资本收益者的首要目标是资本增值。但随着社会逐渐进入全球性的需求不足后，书中的分析将帮助他们看到，经济堵塞正是所有资本收益者个体单独追求收益和风险的对等造成的。在我们提出的国股民营方案中，将单独的企业的经营风险汇集起来，能够形成一项无风险资产。也就是说，单独的企业在个体手中是风险资产，所以估值较低，而汇集持有后，将变为无风险资产，使得估值上升。因此在整个国股民营方案中，无论资本所有者还是政府，其效用可以同时得到提升，不存在阶级斗争时的那种对立，这是和解的第三层含义。

本书提出的很多观点和思路与常规的经济学理论差异较大，不可避免地可能会在一些问题上存在争议。因此，我也真心地希望读者能在一些观点上给出有价值的批驳，让本书能以更加完整和稳固的体系呈现。对本书观点有不同意见或建议的读者，请与我联系。我的邮箱是 book@zczyfund.com，欢迎有价值的观点。

前言

全书分为三个部分。

第一部分是第一章。这一章主要讨论的是需求不足这个问题，在当今世界起着怎样的作用。以及从历史来看，需求不足如果得不到修正，最终会走向何方。而如果全球社会已经到了一个转型期，那么作为普通的个人，在这样的历史大潮中，又该如何从之前的历史中学习成功的经验，把握住转折期历史可能赋予的机遇以及面临的挑战。

第二部分是第二章至第五章。本部分是我们理论体系构建的主体部分。通过对理论体系的了解，可以从中看到是哪些深层次因素导致了当前全球性的经济困境。其中第二章和第三章是理论体系，第四章和第五章是如何利用理论体系解释历史上的供给侧不足经济危机（后简称供给型经济危机）和需求侧不足经济危机（后简称需求型经济危机）的演化。

第二章主要阐述理论体系的两个重要组成模块，资本收益不可能三角定律以及企业总体利润源泉定律。前者提出，在一段时期内，整个社会所能吸纳的投资存在上限，超过将造成资本回报率持续下降，进而降低未来的投资意愿。长此以往，投资总量也将无法继续提高。后者给出了只要企业因为亏损而缩减生产规模，那么企业作为一个整体其资本回报率将会有一个下限。这个下限决定了在整个社会的收入分配中，将会有多少收入被分配给企业。而这个下限在出现需求型经济危机时是高于前面计算的社会能容纳的投资上限的，也就是说如果企业不将自己的一部分利润转移到消费，那么将会存在投资过剩的情况。进而在资本回报率足够低，企业无法持续投资以后，造成全社会总需求不足的现象。

第三章主要阐述两个定律下，社会将如何演化的路径。当资本回报率足够低以后，任何新增的投资都会使得企业整体的资本回报率分布向左侧移动，这个移动会使得更多的企业进入亏损区间进而减产或破产。这个效应表明无法通过投资继续增加全社会的资本存量，这也将导致经济进入我们称之为静态陷阱的局面。这个局面可以发生在人均GDP仍然很低的国家身上，日本失去的几十年、拉美的中等收入陷阱、流动性陷阱都是静态陷阱的一种表现形式。

第四章主要阐述在供给型经济危机的演化逻辑以及历史上对应的情况。供给型经济危机发生的成因在于社会上资本收益较为分散，因此资本收益者本身绝对收入水平不高，造成资本收益中有较大一部分会变为消费，使得整个社会投资不足以维持经济正常发展所需，导致社会一直存在总商品供给低于总需求的状况。文中列举了新中国成立以来的建设经验，说明破解供给型经济危机留下的历史教训；以及美国1970年代的石油危机，展示供给型经济危机在一个发达经济体的演化路径。

第五章在第二章和第三章充分讨论了需求型经济危机成因的基础上，以1929年的美国和1990年后的日本作为例子，展示了我们的理论如何解释这些历史中所发生的经济状况。同时我们和各种主流学派也进行了对比，指出了在解释一些现象时我们和主流学派的一些差异。

第三部分是第六章至第九章。这部分聚焦于在我们已经分析清楚需求型经济危机的形成原因后，我们应该如何解决这个困境。

第六章集中讨论，如果我们选择提升消费，那么一个主要的方式就是使得获得资本收益的人，尽可能有较高的边际消费倾向。对边际消费倾向起最大作用的因素是一个人的收入水平，这也就意味着需要使资本收益尽可能多地流向更多群体，以使得他们每一个人的收入都不高。我们比较了历史上的财富差距演变，以及一些实证数据，来论证采用这种方法所面临的障碍。

第七章主要讨论通过金融资产负债组合和国债的不断扩张，来平衡富人手中一直增长的金融资产的方案。在这个方案下国债将会无止境地增长，社会需要维持新发国债和总需求间微妙的走钢丝式的平衡。并且大量财富最终集中在部分人手上，纵使他们通常不会消费这些财富，在一些特殊情况下这些突然出现的购买力也会使得经济运作完全失衡。

第八章主要讨论在现在的情况下，如果不加干预，经济在中长期可能的演化路径。我们可以看到，由于问题出现在富人一部分既不能消费，也不能投资的财富上，想要问题得到解决，实际上就意味着这部分财富会消失。因此，不管以何种方式解决问题富人最终都会失去这部分财富。

第九章主要讨论最终的解决方案——国股民营模式。在这个模式下，我们试图讨论一种新的体系，在这个体系下面，既有着和纯市场经济一样的效率，又可以有效避免经济体进入总需求不足带来的灾难。既能充分调动每个企业家、劳动者的积极性，又可以使得国家在需要的时候能对经济体进行有效的调控。

第十章是总结部分。归纳了上面第六章到第九章的几种出路以及对策。并特别比较了富人群体在这些各种演化模式下收益的对比。可以看到，国股民营模式，不仅仅是对社会中下阶层能够有效地提升其收益或者降低商品价格。对富人而言，这种模式也是在未来的各种可能演化途径中，最能有效地保护自身利益的方案。

目录

01 第一部分

导言一 003

第一章 冲突背后的推手 007

第一节 不确定的当下 009

第二节 历史冲突与需求不足的内在联系 016

第三节 挑战与未来 023

第四节 世界十字路口的行人 030

02 第二部分

导言二 037

第二章 值得重视的两条定律 043

第一节 资本收益不可能三角定律 049

第二节 企业总体利润源泉定律 059

第三节 消费由何决定 078

第四节 两种性质的经济危机 082

第三章 静态陷阱 085

第一节 银本位下的需求不足 086

第二节　信用货币社会总需求不足　091
第三节　超额资本增量的影响　092
第四节　已有经济学措施下的演进路径　097
第五节　历史上如何走出静态陷阱　100
第六节　长期增长的上界　103
第七节　静态陷阱中若干机制讨论　107

第四章　**供给侧不足的经济危机**　**127**
第一节　绝对贫穷情况下的危机演化　128
第二节　低贫富差距模式下的危机演化　145

第五章　**需求侧不足经济危机**　**151**
第一节　从柯立芝繁荣到大萧条　152
第二节　从经济腾飞到日本失去的三十年　156
第三节　经济学派的讨论　162

03 **第三部分**

导言三　**185**

第六章　**通过财富转移来实现的社会代价**　**189**
第一节　财富集中趋势　190
第二节　财富集中是好是坏　203
第三节　20世纪以来贫富分化的演变　207
第四节　财富转移路径是什么　213
第五节　财富转移涉及的博弈　215

第七章　**通过国债实现的解决方案**　**225**
第一节　财政扩张、量化宽松和现代货币理论　226
第二节　为何无限发债无法走出静态陷阱　229

第三节　以税收替代国债的可行性　231
第四节　收到的钱如何返回经济体　234
第五节　我们失去了什么　237
第六节　国债方案的不足　241

第八章　不加干预情况下可能的演化路径　245
第一节　目前处于哪种经济困境　246
第二节　需求型经济危机的未来演化　250
第三节　现状延续后终将失去的东西　262

第九章　未来的破局之道　265
第一节　国股民营制的目标　266
第二节　为什么只能是公有制　267
第三节　一个发达资本市场的现状　271
第四节　发达资本市场的国股民营思路　277
第五节　国股民营体系若干问题讨论　284
第六节　在中国的实践路径　293
第七节　如何驯化资本　297
第八节　计划与市场的和谐统一　299

第十章　总结　303

后记　309
附录　315
参考文献　319
致谢　325

01

第一部分

导言一

近期，我国社会经济需求不足的特征愈发明显，引起了社会各界人士的普遍关注。有人认为，这只是类似中国改革开放以来各次经济波动那样的短期冲击，市场会自动修复，之后会恢复快速发展；也有人认为，这是经济结构深层次原因所致，需要追本溯源、解决问题的，才能使经济恢复快速发展；还有人从经济学和社会学理论方面寻找理论依据和解决方案……许多研究的注意力集中在中国这样一个特定的时间和空间之上。

实际上，如果我们把立足点抬升，把目光放远，我们会发现，需求不足这个问题并非中国，也并非近三年或者五年才开始出现的现象。从2008年"次贷危机"发生前的若干年，西方国家通过"消费主义"过度挖掘没有真实收入支撑的消费能力时起，西方经济社会中整体需求不足的问题便已经显现，只是当时没有引起人们足够的重视而已。如果我们把目光放到第一次世界大战、第二次世界大战的前后，我们就会发现，需求不足的问题已经伴随人类旷日持久了。只不过其前后的几十年间，现代经济学理论支持"国家信用扩张"的做法，使西方发达国家在应对经济危机时有了更多的、强有力的武器。但这些武器能否真正解决社会总需求不足的问题？我们现在碰到的经济问题，和过去几十年的情形比较，有着哪些相同或不同的特征？它们之间是否有着本质的联系？是否存在解决相关问题的经济学、社会学的理论与方法？我们应该想些什么、做些什么？回答这些问题并不容易，需要进行全面、深入、系统的分析和思考，以期找到解决问题的答案。

在分析和解答这些问题前，借助一个全局性的视角，我们会看到，需求不足的问题不仅出现在中国，它是世界大多数经济体，特别是发达国家所面临的共性问题。其问题的表现形式在不同国家、不同的发展阶段和不同富裕程度的经济体中会有所差别，有时这种差别还非常大，但其本质却是深度关联的。因此，在接下来的分析和讨论中，我们将从全球主要经济体的发展过程中，去寻找一些本质的和共性的规律；并尝试说明，正是在这些规律的推动下，造成了今天世界的种种经济问题。之后，我们再将这些共性规律与中国具体情况连接，来寻找适合的理论框架，以寻找解决问题的可行路径。

本部分内容要讨论的是，如何从一个全局性的、更长远的历史视角来看待需求不足这个问题，分析其产生、发展、演化及其对世界各经济体及其民众的影响，使我们能够深入了解这个问题来龙去脉，并在理性的研究、思考和实践中寻找我们的解决之道。

第一章

冲突背后的推手

2020年，世界遭遇了新冠疫情，极大地改变了我们的生活。但随着新冠疫情逐渐淡出视野，世界却并未完全恢复成我们熟悉的样貌。人们不断地见证着过去几十年间都未曾发生过的事件，而世界上的主要国家则纷纷陷入形式不同的经济困境。和全球化时代不同经济体一起摘取经济成长的果实不同，当今世界，经济体之间的合作空间似乎正一步步被失序的竞争挤占。而此时的竞争也和以往单纯为追求经济利润的竞争不同，“伤敌一千，自损八百”的竞争不断出现，令世界错愕。这不禁令人好奇，到底是哪些深层次的原因使得2020年后的世界变得如此陌生？而让我们感到陌生的世界，最终又会在这些深层次原因的引导下走向何方？这仅仅是由于疫情重创了各国经济导致的短期经济萧条，还是由于大国竞争导致的修昔底德陷阱[1]最终使得世界更长时间地陷于冲突之中呢？

追根溯源，这些问题的根源最终还是马克思在近两百年前就提出的资本主义基本矛盾，即生产社会化与生产资料私有制之间的矛盾。这个深层次矛盾最终导致了在经历过一段高速发展和繁荣之后，社会财富逐渐集中到少量的人手中，而财富较多的人边际消费倾向总是低的，中等收入和低收入人群财力的不足加之预防和避险的心理造成消费意愿降低，于是社会的总需求就会更加呈现出不足的状态。由此带来的经济减速将使得众多国家寄希望于存量博弈中，企图靠击败对方来获得更广阔的外部需求，维持其持续发展。

马克思曾分析过以上问题的根源，将其归结为阶级的对立。在这个理论基础上，产生了20世纪上半叶轰轰烈烈的共产主义运动，并缔造了苏

1　修昔底德陷阱，由美国哈佛大学教授格雷厄姆·艾利森提出，此说法源自古希腊历史学家修昔底德就伯罗奔尼撒战争得出的结论，雅典的崛起令斯巴达恐惧，使战争变得不可避免。格雷厄姆·艾利森用这个概念来说明，一个新兴大国必然会挑战守成大国的地位，而守成大国也必然会采取措施进行遏制和打压，两者的冲突甚至严重冲突在所难免。

联以及中国两个社会主义大国。时代在变化，马克思所提出的理论也需要依据时代发展不断地进行补充。在一代又一代共产党人的实践中，苏联和中国先后实行了计划经济的管理模式，并在初期达成了将落后的农业国迅速工业化的目标。但在随后的实践中，计划经济体制逐渐显露出了各方面的不足，使得中国和苏联分别以不同的方式去拥抱市场经济。过去四十年间，中国的经济发展取得了巨大的进步和令世人瞩目的成果。但随着经济的快速发展，贫富差距的加大，总需求不足也如影随形般地出现了。在这种情况下，深刻而系统地分析总需求不足的来龙去脉将有助于我们理解当前面临的一系列经济和国际政治的问题。这里将先从“总需求不足到底给我们带来了什么”来开始我们的思索。

第一节　不确定的当下

改革开放之前，中国一直被供给不足所困扰，票证制度几乎伴随着一整代人年轻时候的记忆。自改革开放以来，这种情况得到了快速的改变，却又显现出诸多需求不足的征兆。从20世纪90年代部分行业面临竞争时显示的低竞争力导致的员工下岗；到次贷危机后由于自发需求不足，必须长期依赖财政政策的刺激来保持经济发展；疫情前，在中美之间的贸易战中，美国试图降低中国对其出口，也体现了中美双方都逐渐需要追求更大的顺差，用对方的需求来满足自身过剩的供给。而随着疫情的发生，世界主要经济体都陷入了不同程度的经济困境中，在这样的困境里，全球性的总需求不足扮演着重要的角色。接下来，我们具体来分析总需求不足带来了哪些问题。

全球债台高筑

在现实中，每个人都难免与债务打交道，小到人们平时使用的信用卡或是“花呗”“白条”等网上消费贷款，大到购房时的房贷、企业用于生产的经营贷款等，都属于债务，从信贷角度，债务常见的形式便是贷款。简单来说，贷款就是用未来的钱帮助我们进行或扩大当下的生产的一种方式。

类比而言，国债就是国家以信用为基础，以发放政府债券的形式筹集资金，用于国家的发展、建设或战争经费。适量发行国债，可以帮助国家弥补财政赤字，起到调节经济的作用。在更早的历史中，当一个国家需要紧急支出时，国债通常扮演着暂时性筹资措施的角色。但进入21世纪以来，这种“暂时性筹资措施”被越来越多的国家当作一种经常性的资金来源。国债规模的不停上升也引发了一些担忧，毕竟历史上政府滥发国债并被迫超发货币挽救国债最终导致货币失信的例子数见不鲜。

2009年12月，世界三大评级机构标准普尔、穆迪投资者服务公司和惠誉国际信用评级公司将希腊的主权信用评级展望下调至“负面”，引发了舆论的轩然大波。希腊的债务危机肇始于2008年经济危机期间，希腊政府为刺激经济增长推行了过度宽松的经济政策。截至三大评级机构下调其主权信用评级时，希腊政府的债务已经高达2800亿欧元[1]。然而长期高福利、低盈余的希腊政府已经无力偿还为此产生的巨额债务，由此导致了投资者的信任危机，市场焦虑情绪急剧升温。

实际上，希腊的问题只是欧洲债务危机的导火索，和希腊一样面临着财政问题的还有葡萄牙、爱尔兰和西班牙。这一次债务危机的爆发受多种因素影响，但其本质还是欧洲各国需求不足导致的。仍旧以希腊为例，其

1 数据来源：Trading Economic全球经济指标。

主要的支柱产业为旅游业和航运业，然而2008年的经济危机之后，欧洲经济陷入低迷状态，旅游业与航运业收入受到了极大影响。当希腊人民的收入受经济危机影响降幅明显时，普遍选择了“勒紧裤腰带”过苦日子，消费需求下降，更进一步催化了债务危机的产生。

尽管欧洲债务危机已经让全世界意识到了“高债务”的风险，但是大部分国家并未能摆脱这一模式。根源在于，自从大萧条以来，当经济出现总需求不足时，凯恩斯的政府刺激经济理论就变成了各国解决问题的“法宝”，希望通过政府的需求帮助经济体顶过下行周期，重新复苏。但自次贷危机以来，世界主要经济体发现，经济刺激加上了以后就无法再停止、本来是用于“救急”的经济刺激措施变成了必须持续存在的经济调控政策，于是持续积累的赤字导致世界主要经济体债务数量不断攀升。

根据美国财政部2022年公布的数据，美国政府的债务规模已超过30万亿美元，而美国2021年全年的国内生产总值只有23万亿美元左右。日本财务省2022年3月公布的数据也显示日本政府长期债务余额首次突破千万亿日元，达到1017.1万亿日元（约合7.16万亿元美元），与此同时，日本的GDP增长却远低于债务的增长，2021年的数据仅为4.931万亿美元。

不只发达国家的债务激增，许多发展中国家也面临着这个问题。2022年，中国单从中央国债来看，总量相对较小，仅为26万亿元，但过去十年地方政府作为举债主体，承担了大量的刺激经济的任务，地方债务余额也达到了37万亿元，二者合计约为63万亿元，而2022年中国GDP为121万亿元[1]。由于财政体制的关系，地方政府的投资基本都需要债务融资来进行。举债投资虽然对经济增长贡献很大，但也为未来如何化解那么庞大的债务提出了挑战。如果全球经济出现衰退，各国需求水平大幅度下滑，大量的债

1 数据来源：政府债券发行和债务余额情况。

务也会对我国经济的发展造成巨大的压力[1]。

部分债务压力较大的国家，在这个过程中也逐渐出现债务违约的情况。2020年4月6日，受新冠疫情影响，阿根廷国内经济形势恶化，其政府宣布延迟至2021年再开始偿还总价约100亿美元、基于阿根廷法律发行的外币债务，不久后，又因为无力偿还一笔约5亿美元的利息而发生第九次主权债务违约。一直以来，阿根廷的经济以农业初级产品和矿产资源出口为主，新冠疫情开始全球性蔓延后，各国不同程度地"封闭"了起来，阿根廷的出口业务受到很大制约，对国内经济收入造成了较严重的影响，加剧了债务危机。

当然，"冰冻三尺，非一日之寒"，只不过在实体经济保持有力增长的情况下，债务问题的风险一直被掩盖。但债台高筑的现状对每一个国家而言都是一颗"地雷"，随时有可能被引爆，引起经济的崩溃，使政府丧失公信力，各国都应该审慎对待这一经济课题。

国债的持续攀升说明，凯恩斯刺激经济的政策，并不能解决因需求不足而产生的经济问题。头痛医头式的刺激行为，只能是饮鸩止渴。而要解决世界整体面临的需求不足问题，我们要做的并不是去探索能减轻需求不足的这个症状的方法而是要挖掘在21世纪以后世界会进入广泛而深远的需求不足而必须持续依靠政府刺激背后深层次的经济学原因，这样才能对症下药，使问题得到彻底解决。

大国经济领域的博弈

我们可以清晰地感受到，在经历了一段相对稳定的高速发展期后，近

1 张军，方红生. 投资与通货膨胀—紧缩的联系：来自中国的经验证据[J]. 经济学家，2007(01): 82-88.

些年的国际局势动荡不断加剧，大国间的博弈显然已经演变为国际关系的主旋律，影响世界历史发展的大事件层出不穷。经济一直是影响各国政策方针的重要因素。所有大国间的政治博弈都可以理解为背后经济领域的较量，这也是大国博弈的重中之重。而国家间不断加深的博弈，在深刻影响着我们每个人生活方方面面的同时，其实也预示着当前社会的整体经济已不可避免地进入了艰难的阶段。

一种新能源或新技术投入使用时，往往能够推动各行各业快速发展，带动全社会经济发展驶入快车道。这一时期，世界各国处于增量博弈阶段，主要关注如何获取更多资源以及如何提高生产效率。随着技术的成熟和充分运用，或者是由于经济结构本身出现的一些问题，经济将进入缓速增长或停滞的阶段。进入这个阶段后，世界各国之间的增量博弈就演变成了存量博弈；而存量博弈将比增量博弈更激烈且残酷。

当前世界经济增长放缓是导致大国竞争加剧的一个最主要原因。其更深层次表现是本国需求端的疲软，这意味着每个国家在找不到更好的解决方案前，都会更加依赖出口去消化无法被消费掉的产能，从而拉动经济增长[1]。然而，全球市场的总需求逐渐饱和，限制了各个国家的出口潜力，这无疑加大了各国争夺出口市场的竞争压力。可以说大国间博弈，一定程度上就是在攫取出口的份额。

长期以来，美国对于中国，存在巨大的商品贸易逆差，美国使用美元换取大量中国生产的廉价而优质的商品。在这种国际产业链构成之中，美国本土制造业萎缩，由实转虚。但因为美国债务的危机使其化解国内需求不足的难度加大，叠加面对日益强大的中国国力，美国选择改造产业链结构，补全重要产业领域，增加出口。美国大举重建制造业，无疑将加剧与

1　李晓．双重冲击：大国博弈的未来与未来的世界经济[M]．北京：机械工业出版社，2022.

中国的成熟制造业领域的竞争，推倒原先两国互补的贸易关系[1]。与此同时，更大量的产品将同时转而面向全球市场。这也是目前中美贸易战加剧的背景之一。

除了中美之间的竞争和摩擦，美俄博弈同样是复杂的，多方面的。美国希望从整体上削弱俄罗斯的影响力和实力，强化其对欧洲的整体控制力；在石油、天然气和粮食等方面，减少欧洲对俄罗斯的依赖，强化美国对应领域的对欧贸易；本质上也是基于美国国内需求疲软，经济放缓的巨大压力。欧洲在能源方面的需求对美国越来越重要，于是美国与俄罗斯的博弈和冲突逐渐加剧。

美俄博弈的重点首先是能源出口方面，俄罗斯本身有丰富的石油天然气资源，但美国在页岩气革命后，也产生了大量的天然气产能。在全球需求不足的大背景下，两国在主要面向的欧洲市场上形成了激烈竞争。俄罗斯试图通过管道出口天然气来确保对欧洲的能源影响力，而美国则鼓励欧洲国家增加美国液化天然气的需求[2]，以减少对俄罗斯的依赖。此外，两国在军事技术、粮食以及航天航空产品的出口上面，博弈也愈演愈烈。

人口结构变化

人口老龄化早已不是一个新鲜的话题了，人们在多年以前就已经接受了这一可预知的发展趋势。而如今比人口老龄化问题更令人关注的，是结婚率的下降、离婚率的上升与生育率的下降。

改革开放后中国经济的腾飞，很大程度上应该归功于人口红利。20世纪80年代，我国劳动密集型制造业快速发展，大量富余劳动力从农村流向

1 沈国兵. 中美贸易再平衡[M]. 北京：中国财政经济出版社，2017.

2 陈小沁. 能源战争：国际能源合作与博弈[M]. 北京：新世界出版社，2015.

城市，或进入工厂，或从事服务行业，大大提高了劳动生产率，助推了中国经济的高速增长。

然而近年来，我国的人口出生率缓慢下降。根据国家统计局发布的数据，2022年中国全年出生人口956万人，死亡人口1041万人[1]，人口首次出现负增长。出现这一现象并不令人惊讶，由于育儿成本高昂、经济形势趋紧、生活成本较高等因素的综合影响，近年来中国育龄夫妻的生育意愿降低，“少子化”不可避免地成为趋势。

不只是中国，在全世界范围内，尤其在发达国家，人口老龄化、少子化早已是主流趋势。比如，2019年，欧盟27个国家中65岁以上老龄人口达到了9050万，占其总人口的20.3%，欧盟各国已整体步入“超高龄社会”；2022年，日本总人口创下了1950年以来的最大跌幅，总人口连续12年出现减少。

出现全球人口老龄化、少子化趋势的一个主要原因，在于很多地区房产价格的上涨速度已经远超劳动者收入的上涨速度。由房屋带来的巨大经济压力，使得年轻人不愿结婚，即便结婚也不愿生育。而房价上升的主要原因之一在于贫富差距的迅速拉大，富人对房屋的投资需求和一般市民对房屋的使用需求发生了“撞车”。老龄化和少子化趋势的另一个主要原因可能在于“阶层固化”越来越严重，导致人们只能通过越来越窄的独木桥实现阶层跃升，反而阶层跌落变得更容易，这使得父母在子女教育上投入的时间精力成本以及财务成本都越来越大，也降低了很多家庭生育的欲望。而这两者，都源于20世纪80年代以来，大部分国家的贫富分化程度急剧上升。财富在少数人手里的集中度越来越高，加上新自由主义的低利率政策，富人们手握房产、股票、资金等资源，通过投资获取了大量的收益，

1 数据来源：《中华人民共和国2022年国民经济和社会发展统计公报》国家统计局。

因此导致了全球资产价格的持续上涨。而资产价格的上涨进一步导致了贫富差距的扩张，社会中只掌握了小部分财富的大部分人的经济压力增大，由此出现了人口出生率的持续走低[1]。究其根本，人口结构出现老龄化、少子化趋势的背后，也是贫富分化这一推手在起作用。在我后面的分析中将会看到，贫富分化也是导致总需求降低链条中关键的一环。

第二节　历史冲突与需求不足的内在联系

人类文明的进程，伴随着战火和纷争。20世纪先后发生的两次世界大战，将全球大部分国家都卷入其中。回望那一段历史，不难发现国内需求不足这一因素在其中扮演了重要角色。关于政治、经济和战争，很多人通常持有一个耳熟能详的极简观点，即政治是经济的集中表现，而战争是政治的延伸[2]。但是纵观世界历史，尤其是在资本主义发展到产业资本阶段时为什么会爆发世界级别的热战，背后真正的原因只用以上的极简观点来解释是不够清晰的。

研究近代史所发生的世界级别的极端冲突，我们认可一种观点，即当世界原有的某一种结构，比如18世纪后期由欧洲及北美洲主导形成的海权地缘战略结构，突然要被某种陆权战略结构替代的时候，就会爆发战争[3]。而这种战略结构替代，本质上是对原有的形成产业资本的原材料产地和产业资本形成后的商品输出地的地缘竞争。第一次世界大战和第二次世界大战实质上是一种资本主义战争，是由那些具备帝国主义战争条件的国家所挑起的。所以我们可以说，资本主义的内生性矛盾（生产过剩、需求不足）

1　[日]大前研一. 低欲望社会：人口老龄化的经济危机与破解之道[M]. 北京：机械工业出版社，2021.

2　[德]卡尔・冯・克劳塞维茨. 战争论[M]. 北京：商务印书馆，2022.

3　温铁军. 全球化与国家竞争：新兴七国比较研究[M]. 北京：东方出版社，2021.

导致了国家之间的恶性竞争，而这种恶性竞争的极端形式，就是世界级别的热战。

一个国家在快速工业化的过程中，会伴随着巨量生产力的提升，来为国内市场以及全球市场提供大量的产品。但工业化发展的国家内部的购买力增长速度往往低于生产力的增长速度，也就导致各国都必须依赖外部市场才能实现经济的平衡。而这种对外部市场的争夺，往往需要靠对外战争来解决。两次世界大战就是经典案例，是某些国家的产业资本崛起过程中，因无法靠内部消化危机，从而开始对外争夺势力范围、原材料产地和一般商品市场，所派生出的激烈的冲突现象。

借助两次世界大战来展开分析，将有利于理解历史上那些极端冲突可能的成因与需求不足的内在联系。

第一次世界大战

1871年普法战争后，德国实现了统一，并从法国手中拿到大量的资源、土地和赔款，进而大大加速了工业化进程，在19世纪70年代末基本完成了工业革命，生产力得到飞速发展。到1913年，德国的工业总产值已经超过英国，成为仅次于美国的资本主义工业强国[1]。对比同时，英国因其先发优势，仍拥有着庞大的殖民地体系，居于世界头号霸权地位；美国则通过多年坚持门罗主义，维持着对整个美洲的控制力，一定程度上替代了殖民地的作用。世界版图上易于掌控的殖民地基本已被列强瓜分殆尽，德国继续发展的空间被极度限制。

作为后起之秀的德国，在工业化的背景下，缺少殖民地，又存在自身

1 数据来源：Trading Economic全球经济指标。

内部供给过剩、需求不足的问题，对资源和市场有着巨大且迫切的需求，对外输出产能和掠夺原材料成了它的选择。为了争夺新的殖民地和市场，德国最初选择大力扩张海军，挑战英国、荷兰、西班牙等海上霸权国家，但没有取得实质性效果，海上的输入、输出线路持续受阻。于是，德国由海权战略转为陆权战略，开始由柏林向南修建一条通过巴尔干地区、跨越土耳其、直通亚洲的铁路，以实现其欧亚大陆连接型发展路线[1]。但如果德国通过铁路绕过整个海权国家对海上贸易的控制而直达西亚，就意味着进入了石油产地，可直接得到中东一带充足的石油供给，同时可将其大量的工业品输出至整个亚洲。巴尔干地区作为铁路的必经路线，注定成为一个战略要地。

1914年6月28日，巴尔干地区的塞尔维亚发生了针对奥匈帝国的皇位继承人斐迪南大公的刺杀事件。奥匈帝国取得了德国的支持，在一个月后对塞尔维亚发动了战争。随后，法国与俄国宣布进入战争状态，德国作为奥匈帝国的同盟国也对俄国和法国宣战。随着战事的发展，越来越多的国家被卷了进来，最终发展成死亡人数超1000万、伤者人数超2000万人的第一次世界大战。

实际上，早在第一次世界大战前十余年，俄国财政大臣谢尔盖·维特就曾说过一段话，尽管是在讨论俄国与法国的关系，却也道出了第一次世界大战爆发的经济原因：

> 如果小投资者们非常爱好积攒（很多年来法兰西民族一直有这种与生俱来的嗜好），那么输出资本的需要就变成绝对和不可避免的必需了。

---

1 温铁军. 全球化与国家竞争：新兴七国比较研究[M]//[美]莫里斯·贾斯特罗. 柏林-巴格达铁路. 北京：东方出版社，2021.

当一个国家或民族处于工商业高度发展时期，剩余资本很容易就会累积起来。第一次世界大战之前的西方国家，恰好处于这一时期。第二次工业革命带来了电力，极大地推动了西方国家社会生产力的发展，也出现了许多过剩的产能。聚集的产业资本为了攫取更多的利润，在本国市场已经饱和的情况下，需要迫切地寻找外部市场，而外部市场的重新分配必然引发先发国家和后发国家间激烈的争夺战。在这样的情况下，挑战旧有秩序将成为必然，一场世界级别的热战就不可避免了。

第二次世界大战

经过四年的战争，以英国、法国、俄国为首的协约国取得了对同盟国的胜利，第一次世界大战落下帷幕。此次世界大战共造成了1700亿美元的直接经济损失，参战各国的经济实力也受到了不同程度的打击。据统计，法国钢铁产业年产量从第一次世界大战前的468.7万吨下降到180万吨，且还需偿还30亿美元的债务；英国则需要偿还美国约40亿美元的借款。英法作为战胜国尚且如此，战败的德国经济情况则更为糟糕，签订《凡尔赛条约》后，德国背上了无力偿还的2260亿马克（约合113亿英镑）的债务[1]。

由于大量生产资料被战争摧毁，为了偿还债务、重振经济，大部分欧洲国家不得已加快货币的印刷速度。叠加战后生活物资的稀缺，欧洲各国很快发生了不同程度的恶性通胀，尤其是德国。在1922年初，1美元可兑换320马克，到了1922年下半年，1美元可兑换7400马克，直到1923年最严重的时候，买一个面包就需要一万亿马克。恶性通胀侵蚀着普通民众的消费能力，也影响了企业再投资与生产，居民的购买力一度降到冰点。

1 ［英］约翰·基根. 一战史[M]. 北京：北京大学出版社，2018.

与此同时，美国由于地理位置远离两次世界大战的主战场，生产设施未遭到破坏，其国内始终保持着相对稳定的发展环境，成为在第一次世界大战中损耗最小的战胜国。第一次世界大战时前线的大量需求，使资本在军工、农产品等行业大量聚集，进而在整个工业链条上拥有了巨大的产能。对美国的投资者来说，第一次世界大战无疑是“天降横财”，而琳琅满目的商品也显示出美国社会的繁荣景象。产业资本的繁荣和实体经济利润的缩窄也引发了投机热潮，金融股票的市场价格一浪高过一浪。

第一次世界大战结束后，前线需求和原本的“欧洲外需”也已随之消失，但习惯满功率运行的美国产业资本已经无法适应减速，仍然盲目地认为国内和欧洲有做不完的订单。不知不觉间，“美国制造”的产品产量已经超过美国本土和欧洲市场的需求总和，整个社会进入严重的产能过剩时期，直到1929年左右，经济循环卡壳，并在股票市场的“史诗级暴跌”下迎来了名为“大萧条”的大危机[1]。此时，贫富差距问题仍然严峻，即便作为战胜国，美国也并没有解决资本主义国家所面临的总需求不足这种内生性的经济问题。

源自美国的“大萧条”最终也波及了欧洲市场，由于欧洲各国幅员狭小，人口稀少，比如当时的瑞典，只有几百万人口，却拥有从钢铁、机械设备甚至到汽车制造的完整工业化体系，在“一战特需”被切断后，基本没有能力通过自身完成经济周期调节，再叠加战后通货膨胀和居民的低购买力水平，生产过剩危机首先从欧洲小国迅速蔓延开来。

作为战败国的德国情况更加特殊，《凡尔赛条约》的巨额赔偿加上来自美国“大萧条”的冲击，使其整个国家的经济濒临崩溃。在1928年仅获得2.8%选票的纳粹党，在1930年就成为国会第二大党，并于1933年开始执政，

1 [美]穆雷·N·罗斯巴德. 美国大萧条[M]. 海口：海南出版社，2020.

确定了德国整军备战的路线[1]。这一路线产生了大量的军工需求，美国的产业资本为了快速从生产过剩的泥潭中脱身，转而向曾经的“敌人”德国输入大量的资源、技术和商品，同时提供大量的贷款帮扶德国复苏。在1933—1939年间，与德国军工企业合作的美国公司超过60家，其中美国军火公司杜邦公司甚至向德国出售了战斗机等高级武器设备[2]。几乎可以说，德国提供的巨量需求拯救了美国经济，同时也正是在美国的帮助下，德国在一片经济废墟上重建了军事能力，使得其有能力再度挑战第一次世界大战后的世界秩序。

将视角切换至亚洲，日本也正在经历和第一次世界大战前的德国相似的情况。第一次世界大战的主战场在欧洲，而在亚洲形成了相对真空的格局，日本则利用这个机会加快对外投资和借款，并在此期间完成了工业化阶段的产业资本积累，产能得到巨大的提升。但日本的地理位置和狭小的国土面积注定其本身是一个资源稀缺型国家，而且在第一次世界大战后，受美英等国的制约，日本也难以获得其迫切需要的资源与市场。当资本主义国家大萧条的影响传递至日本时，快速放大了过剩生产力和过剩劳动力引发的危机，使日本和欧洲国家一样，走上了靠转移多余生产力至国家军工的道路[3]。在大量军工产能和资源需求的迫切压力下，对外发动侵略战争寻找殖民地，成为解决问题的有效方案。

1931年，也就是在大萧条发生的两年后，日本在我国东北制造了“九一八事变”，开始了对中国的侵略，疯狂掠夺东北的资源，进而一路向北进军，掠夺西伯利亚的矿产和石油资源。日本和中国的战争，被认为是第二次世界大战的首战。

---

1 [美]约瑟夫·本德斯基. 纳粹德国史(第4版)[M]. 北京：中信出版集团，2020.

2 [日]大森实. 控制美国的十大财阀：军火大王杜邦[M]. 北京：中国经济出版社，1991.

3 沈予. 第一次世界大战后美英与日本在华新角逐和日本侵华策略的演变[J]. 近代史研究，1988(1).

1939年，德军向波兰发动了“闪电战”，欧洲大陆由此卷入战争中，第二次世界大战全面爆发。与第一次世界大战相比，第二次世界大战参与国家更多，波及的地域范围更广，各国伤亡人数更多且造成的经济损失数额更为巨大，是人类历史上规模最大的战争。在这次战争中，整个欧洲的各种工厂、设备等生产资料被摧毁得很彻底，与此同时，美国则为了解决大萧条危机而推行“罗斯福新政”，颁布《公用事业控股公司法》和《铁路调整法》等法案，收购电力、天然气及铁路等公共事业私营企业，将其置于联邦政府控制之下[1]。这些国家中原有的投资者遭受重创，整个社会的贫富分化被拉回到很低的水平。再结合战后英美实施最高达90%的边际所得税率，把1940—1980年间的贫富分化控制在了一个较低的水平。

内在联系

在两次世界大战的过程当中，帝国主义国家之间的地缘战略呈现出了较为混乱的关系。第一次世界大战后，德国作为战败国，初期重工业、军工业被限制，于是德国的投资开始流入苏联甚至中国，比如中国部分军队抗日战争的装备一开始都来自德国。后期又因为各国的政治立场尚不明确，且美国为了应对自身需求不足的危机，其国内资本大力输出产能，帮助德国重建了军工产业，使后者有能力再次挑战欧洲霸权。日本方面，英美为了支持其北上进攻苏联，在1941年“珍珠港事件”之前，也向日本提供了大量的军事装备。

究其原因，导致这种混乱的是工业化主导的地缘战略，各方的利益需求不同。工业化时代，地缘战略往往是以占有资源、扩大产能、开拓市

1 [美]埃里克·劳赫威.大萧条与罗斯福新政[M].译林出版社，2018.

场、消化需求为目的，而地缘战略本身没有真正意义上的敌人和朋友，是敌是友完全取决于各国的战略取向和内部压力的迫切程度[1]。当我们不谈各国意识形态的对抗，换一个角度来分析历史上的冲突时，可以更清晰地看到各国的冲突与向外部输出产能以缓解资本主义社会根本矛盾这一目标的内在联系。

第三节　挑战与未来

危险的信号

通过前面的论述我们可以了解到，导致近代各种冲突的一个重要原因，是各国自身的总需求不足，经济无法持续增长，对外输出产能成为摆脱困境的重要途径，于是国与国之间由一起增长的合作博弈演变为弱肉强食的零和博弈。第一次世界大战后，美国经济并未受到太明显的冲击，其他几个参战国虽然受到重创，但财富的集中程度仍旧很高，财富集中于富人的局面使得全社会的总消费持续不足，于是很快又导致了大萧条的爆发，继而迎来了第二次世界大战。而经过第二次世界大战的洗礼，整个世界的格局和国家内部的资本结构被重塑，很多资本主义社会的经济问题也在炮火中一同被消灭了。

如图1.1所示，二战后过剩产能被摧毁，头部人群聚集的财富也随之消头，整个社会的贫富分化程度被拉回到很低的水平。同时，战后英美等国政府借助于投资大量基础设施建设，使底层民众收入大幅提升；同时，对高收入群体设置超高的税率，为工人阶级让利，以寻求社会稳定。随着马

1　温铁军．告别百年激进[M]．北京：东方出版社，2016.

歇尔计划[1]的实施、冷战的开始和朝鲜战争的爆发，美国的国防支出大幅增加，总需求逐渐恢复。西欧和日本经济也在美国的援助下陆续恢复，出口和投资需求开始回升。可以说20世纪下半叶的几十年里，是资本主义国家经济发展的黄金时期，西方经济整体上没有出现严重的需求不足局面。

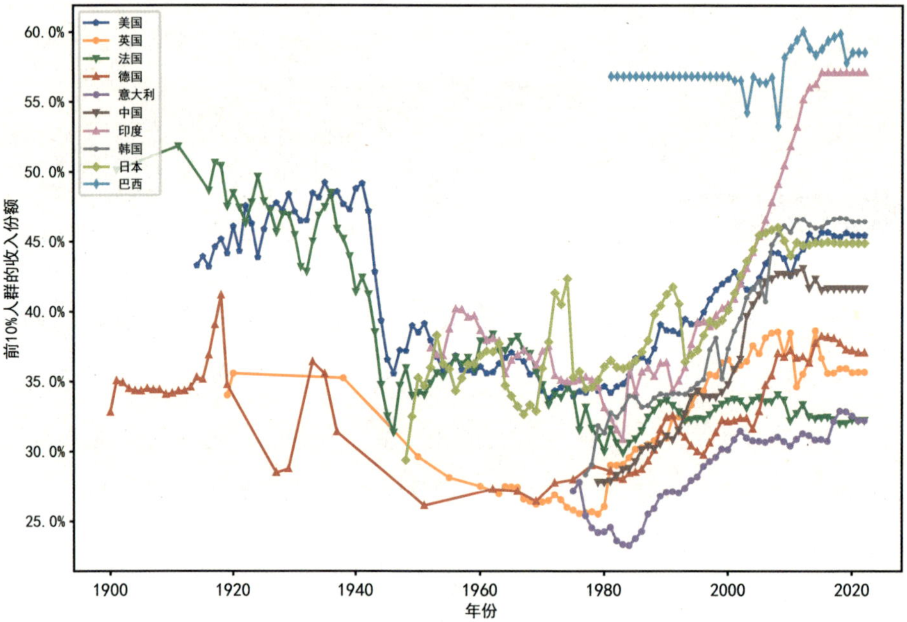

图 1.1　10 个国家前 10% 人群收入份额变化图

数据来源：Wind

然而到20世纪80年代后期，随着美国政府管制放松和所得税税率下降等情况发生，经济得到快速发展，但社会贫富分化程度也一路攀升，即使经历了2000年的“互联网泡沫破灭”、2008年的“次贷危机”以及2020年的新冠疫情冲击，也没有明显下降。贫富分化的加剧意味着普通收入居民消

1　马歇尔计划（The Marshall Plan），官方称为欧洲复兴计划（European Recovery Program），是第二次世界大战结束后，美国对被战争破坏的西欧各国进行经济援助、协助重建的计划，于1947年7月正式启动，并整整持续了4个财政年度之久。在这段时期内，西欧各国通过参加欧洲经济合作与发展组织（OECD），总共接受了美国包括金融、技术、设备等各种形式的援助合计131.5亿美元，其中90%是赠予，10%为贷款。

费力的下降，社会总需求降低。时至今日，美国的贫富分化程度已经逼近第二次世界大战前的水平。而由此带来的总需求不足、大国间的贸易摩擦以及大国直接涉足战争等情况又开始出现。

全球化模式的挑战

早在第二次世界大战结束后，由于殖民宗主国控制力下降、民众意识觉醒等，许多殖民地宣布独立，全球国家数量激增，旧的殖民主义体系逐渐崩塌，取而代之的是通过非军事手段，建立在新金融货币体系下，由发达国家主导的“经济殖民体系”[1]。随着20世纪90年代“冷战”结束，苏联解体，新兴经济体开始崛起，西方国家取消了贸易与资本流动的限制，同时由于现代科学技术进步的加持，全球化经济进入快速发展阶段。随着全球化的深入，世界各国的经济逐渐融为一体，产业链跨越多个国家，所有相关国家都得到了快速发展，使人们一度相信在这样的你中有我、我中有你的环境中，多种冲突都可以通过友好协商来解决。

在全球化的过程中，最重要的因素就是中国的快速崛起，从1990年的GDP仅占世界的1.6%发展到2022年的17.8%[2]。这个过程中逐渐形成了如图1.2所示的贸易关系，中国长期作为贸易的出口方，向美国提供传统商品，并获得了大量的贸易顺差，这些顺差一部分用于购买其他国家的原材料，一部分形成了一定量的境外投资[3]；而美国借由美元的国际货币优势，创造出基于美元的国际贸易结算体系，同时获取廉价的商品。基于这样的国际经济供应链环境，中美双方相安无事，甚至一度有人提出中美关系的“密同

1 吴学云. 美元全球经济殖民战略解析[M]. 北京：中国经济出版社，2009.

2 数据来源：国际货币基金组织世界GDP年度统计。

3 《全球制造业转移的经济学分析》，经济观察研究院。

论”，而次贷危机期间，中国也确实在经济上配合美国作出了调整，极大减少了次贷危机对美国乃至整个世界的冲击。

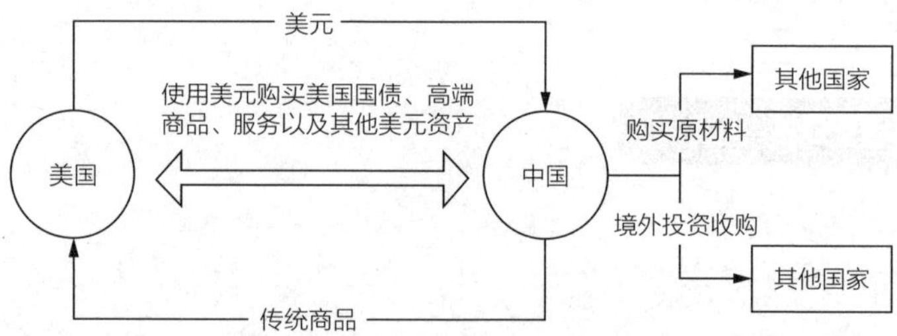

图 1.2　中美合作模式

这种模式下，表面上看美国是逆差国，中国是顺差国，但我们不妨换一个视角，也许就能更清晰地认清问题的实质。实际上，国际上并不存在某种超主权的货币，各国之间的贸易实质上是一种以物易物的关系。美元的存在实质上只是五角大楼和华尔街生产的一种商品[1]，使得其他国家的价值储存以及交易结算更加方便。从这个角度看，在整个世界分工的金字塔中，美国生产了芯片、美元等高端的“商品”；中国以及一些工业化国家生产了汽车、电视等中高端工业品；而其他一些国家“生产”了石油、矿石等一系列自然资源类产品。全球化正是这样一个不同经济体提供自身产品，所有国家按照产业链分工各自发挥比较优势的过程[2]。

在贫富分化不严重的阶段，每个国家自身的供给大致和内部的需求平衡，各国之间可以相安无事地发展。但随着内部财富愈发集中，需求将逐渐降低，各国不得不在外部寻求能产生贸易顺差的目的地，以弥补国内所缺失的需求份额。这就使得工业化国家之间，以及工业化国家和生产高端产品的国家之间必然逐渐发现彼此处于零和博弈中，只有限制或影响其他

1　[美]埃斯瓦尔・S. 普拉萨德. 美元陷阱[M]. 北京：中国科学技术出版社，2022.

2　赵巍华，徐以升. 旧格局与新周期：全球金融周期下的中国经济[M]. 北京：中国友谊出版公司，2015.

国家的产能，才能使得自身的需求顺利出口。这也是美国主导俄乌战争持续升级的原因之一。而整个过程中，欧洲的产能确实也受到了极大的削弱。与此同时，每个国家也希望自己能够抢到其他国家的产业链份额，例如美国试图重新工业化，而世界上的其他国家又希望“去美元化”，制造自身的国际货币这样的高级产业线的商品[1]，本质都是希望争夺更多的出口份额，或者至少降低进口份额，以实现自身有效需求的扩张。

从中国的角度来看，一是世界整体贫富分化加剧带来的社会总需求降低，使中国本土商品对外的出口受阻。二是美国国债和金融资产的风险加剧，继续购买美国国债和美元资产的意愿降低。三是随着中国本土企业向高端制造业进军，对美国高端商品的依赖逐步减少，未来这一领域的进口势必减少[2]，也就意味着和美国的冲突会随着经济纽带的减弱更难以调和。四是中国这样一个人口大国以这种方式获得出口顺差，本质上是用自己的商品交换其他国家的资产，然而其他国家不可能无限制地接受中国商品而出让本国的资源和土地，这条路径事实上不可能长久持续。所以综合来看，在未来中国并不可能继续延续过去30年通过顺差拉动经济发展的路子。同样，美国也不可能继续走通过制造美元和芯片来出口就获取世界资源的路径，因为世界上的其他国家已经消耗不了那么多带附加条件的高端商品了。

如果中美这两个世界上最大的经济体都不改变自身的发展模式，最终很有可能会重演20世纪的悲剧。因为双方都无法在不对外输出的情况下稳定地运转下去，必须去争夺更多的国际市场份额，才能使得经济增长延续，如果意欲直接替代对方，甚至扼杀对方，只能是两败俱伤。如果中美两国同时能够改变自身的发展模式，在各自内部实现供需平衡，那么双方

1 [美]约瑟夫・斯蒂格利茨. 全球化逆潮[M]. 北京：机械工业出版社，2019.

2 卢锐. 高质量发展与中国制造业竞争策略研究[M]. 南京：东南大学出版社，2023. 315.

的竞争就不再是零和博弈的局面。美国显然并不愿意看到另一个世界强国的崛起，但如果对方不会导致其自身的利益严重受损，那么两国至少可以在竞争与合作之间磕磕绊绊地继续前行，也就是说，“地球足够大，容得下中美各自和共同发展”。如果其中一方能实现内部的平衡而另一方不能，在中美这种级别国家的发展竞赛中，双方很难在五年或十年中赛出胜负，但只要自身能解决好经济发展的问题，至少可以立于不败之地。苏联和美国长达半个多世纪的较量，最终美国能够胜出，实际上靠的不是自己的成功，而是依靠苏联自身的失败。所以，在这样的大背景下，研究如何使得一个经济体实现内部的供需平衡，既是使得世界走出零和博弈的关键所在，也是保证中国自身发展不受到外来力量严重影响的关键所在。

扩大内需和共同富裕

扩大内需和共同富裕实际上所面临的是同样的问题，即如何提升中产阶层数量以及质量。众多的经济学者显然早已意识到我们所面临的问题，决策层也释放出努力改变当下难题的信号和决心。特别是进入中国特色社会主义新时代以来，我国社会的主要矛盾转变为人民日益增长的美好生活需要与不平衡不充分的发展之间的矛盾，发展成了我们党执政兴国的第一要务。在这一背景下，通过继续扩大内需来保障经济高质量发展，也是实现人民对于美好生活向往的重要举措。

“共同富裕”这一目标最早在1953年的《中国共产党中央委员会关于发展农业生产合作社的决议》就已经提出。中国在建立社会主义市场经济的初期，邓小平就曾说过：“可以让一部分地区、一部分人先富起来，带动和帮助其他地区、其他人，逐步达到共同富裕。”中国在这个思路下放下了之前“追求表面上财富差距较小，实际上是整体财富水平都较低”的思想包祉。通过鼓励一部分人先富起来，使得一部分人产生了较高的工作热情，并激发出社会整体的积极性，带来了改革开放的高速发展。但经过四十年的飞速发展，中国也出现了一定程度的贫富分化。由此带来的中等收入人群数量过少、消费不足，使得我们有着对国际贸易顺差的高度依赖。过去十年，我国每年贸易顺差平均达到GDP的2.16%[1]，是世界第一贸易顺差国，根据2023年初最新数据测算，我国出口国际市场份额为14.7%，连续14年居全球首位。[2]为了进一步提升人民生活质量以及对经济发展结构进行改进调整，党的十九大报告提出，到2035年“人民生活更为宽裕，中等收入群体比例明显提高，城乡区域发展差距和居民生活水平差距显著缩小，基本公共服务均等化基本实现，全体人民共同富裕迈出坚实步伐”；到2050年“全体人民共同富裕基本实现，我国人民将享有更加幸福安康的生活”的目标。共同富裕既是人民改善生活水平这一朴素追求必需的组成部分，也是经济可持续发展的必由之路，是一个中长期持续的追寻目标。

对于当前面临的经济发展问题，习近平在2022年12月的中央经济工作会议上指出：“总需求不足是当前经济运行面临的突出矛盾。必须大力实施扩大内需战略，采取更加有力的措施，使社会再生产实现良性循环。”同月，国务院也印发了《扩大内需战略规划纲要（2022—2035年）》，进一步明确了实施扩大内需战略的远景目标和重点任务，从全面促进消费、加快消费提质升级、优化投资结构、推动共同富裕等方面提出了要求。

针对贫富差距的问题，国内的经济学家也从各个方面给出自己的建议：缩小地域差距和城乡差距[3]；降低服务业门槛，提高服务业占比以提高

1 数据来源：Wind。

2 来源：“我国进出口规模首次突破40万亿元，连续6年保持世界第一货物贸易国地位”中国政府网。

3 李实，赵人伟. 中国居民收入分配再研究[J]. 经济研究，4. 3(1999).

劳动收入占比[1]；减少垄断以提高劳动份额占比[2]等。这些知名经济学家的献言建策为我国政府采取措施提供了理论和数据支持。

在缓解总需求不足的问题上，我们已经在努力，且未来也将一直努力下去。扩大内需战略是我国应对需求不足带来的经济问题的主要方案，是建立在当下具体国情之上的有效解决途径。正如我们前面所说，经济问题涉及多个领域，具有复杂成因，且充满不确定性，随时处于变化之中。当下对于解决经济问题有效的措施，未必能适用于未来。面对未来的世界，我们还需要抽丝剥茧，深入到经济规律层面去探究经济问题的成因，才能找到更全面、更有效的解决方式。

第四节　世界十字路口的行人

在面对宏观的世界大势时，个人时常会有“寄蜉蝣于天地，渺沧海之一粟”的渺茫之感。对于微小的个人而言，宏观的经济学问题和自己有什么关系呢？有的人会说，普通人无非是世界中的一叶扁舟，跟着世界形势随波逐流就够了，有必要对这些问题有所了解以及思考吗？答案是肯定的。

回到整个世界开始在贫富分化道路上一路狂奔的20世纪80年代，在此之前，华约阵营以及中国是致力于将劳动者以及资本之间的收入差距维持在较小范围的，而此时的北约阵营对于社会的平等也非常关注。在干涉主义的经济政策下，西方社会的贫富分化水平也一直维持在第二次世界大战以来的低位。但收入过于平均的情况，实际上会产生需求型经济危机的反方面——供给型经济危机，原因是收入较为平均的情况将导致国民收入的

1　罗长远，张军．经济发展中的劳动收入占比：基于中国产业数据的实证研究[J]．中国社会科学，4(2009): 65-79.

2　白重恩，钱震杰．国民收入的要素分配：统计数据背后的故事[J]．经济研究3(2009): 27-41.

主体集中在收入不高的人手上，造成整体消费倾向较高（这个问题我们在后续论述供给型经济危机的章节会进一步展开）。而苏联经过了计划经济初期带来的快速工业化后，其经济在1980年前已经由于生产积极性过低而出现了种种问题。

所以，在1973年和1978年经历了两次由石油危机导致的严重通胀之后，西方国家放弃追求平等的干涉主义转而拥抱追求效率的自由主义几乎是一种历史必然。而同期中国和苏联也恰好分别展示了追随这一历史潮流所带来的收益，和错过了历史潮流的关键窗口带来的灾难性后果。在这一历史进程中，中国和西方先后放弃了更多追求平等的社会治理模式，转而拥抱追求效率的治理模式，获得了随后几十年的快速增长，而苏联则在老路上故步自封，最终走到了解体的结局。时代巨轮的前行之路并不会因为某个人或利益集团的意志而改变。洞察形势、科学决断、主动选择的国家能更加积极、主动、智慧地应对变化，有更多的发展机会和更大的发展空间。但是，如果放弃选择，甚至做出相反的决策，则将失去发展机会，将会面临社会经济的停滞甚至倒退，不得不看着时代巨轮前行，甚至被它碾过。

但假如我们身处20世纪80年代的中国，大部分人未必能第一时间发现时代巨轮正在转向，国家将放弃之前的计划经济以及相应的国企体制，转而发展市场经济以及鼓励民营企业发展。以“投机倒把罪”为例，1997年修订的《中华人民共和国刑法》中取消了“投机倒把罪”相关条款，但在20世纪80年代初期，这还是个常见的罪名。由于这一罪名的界定相对宽泛，且改革开放前后许多经济现象的合法性还未明确，“投机倒把罪”成了一种多用的“口袋罪”，许多个体户、企业家都曾与之打过交道。

曾以罐头换飞机的牟其中，就在1983年因为将重庆一家半停产的军工厂中的一批座钟倒卖到上海而被定为“投机倒把罪”。部分城市还设立了“打击投机倒把办公室”，拿到改革开放后中国第一份个体工商业营业执照的章华妹曾回忆说，当时的个体户最担心“打击投机倒把办公室”的人来检查，因此往往不敢把摊子铺得过大，可见当时人们对“投机倒把罪”的忌惮。

对当时的个体户和企业家来说，创业艰难不止源自“投机倒把罪”的阻碍，民众对私营企业商品的不认可更是致命的。根据国家统计局数据显示，1978年，在社会商品零售总额中，全民和集体所有制企业销售的商品零售额占比高达98%[1]。当时的娃哈哈公司在销售商品时，选择了委托国营批发企业代销，正是针对人们对于国营商品高度信赖的心理做出的战略选择。

而市场经济在我国的推行，也并非自1978年十一届三中全会以来就畅通无阻。经过最初几年的发展，1982年，政府在实行三年调控的背景下推出了对民营企业的整治行动，出台了《国务院关于加强市场管理打击投机倒把和走私活动的指示》《国务院关于调整农村社队企业工商税收负担的若干规定》等，明确规定：个人不准贩卖工业品，凡同大企业争原料的社队企业不得享受开办初期的优惠税收政策等。全国立案的各种经济犯罪件数多，行政和刑事处罚人数以及没收和罚款数额巨大。与此同时，相关媒体和报刊上也出现了大量关于民营企业的负面声音。

事后来看，尽管当时国家对民营企业的态度经历了鼓励、抑制、再鼓励的过程，但当时的社会趋势无疑已经变得更市场化、更偏向自由主义。这一点类似于目前对房地产市场的调控，也是经过了多次的鼓励、抑制、再鼓励的过程。从马克思主义唯物史观的角度来看，事物发展的整体趋势是前进上升的，但这种趋势不是直线式的，而是螺旋式的、迂回曲折的。

这样的曲折态势对于普通人进行局势判断造成了困扰，大部分人一时

1 《消费市场日益强大 流通方式创新发展——新中国成立70周年经济社会发展成就系列报告之十一》

很难认清这种转变，以至于在犹豫之下错失良机。但时代变化下，出现了许多能人，与普通人不同，他们敏锐地察觉到时代变化的征兆，把握机遇果断出击，将各自的企业做大做强；而部分地区并没有清晰地转向市场经济，但也作为先行者实现了全面的转型。在20世纪80年代末，拥有640万人口的浙江省温州市，民营经济已经占当地国民生产总值的四成以上，八成以上的生产物资交换由市场调节，民营经济在当时的温州创造了超过120万个就业机会，使当地城市居民的人均收入比全国平均水平高出三分之一以上，乡村居民的收入比全国乡村平均水平高出一半以上。

回顾历史，我们很难分辨当社会处于十字路口时，这些人之所以选择了符合历史潮流的前进方向，是因为他们看清了经济的发展规律与脉络，或是有良好的感觉和预判，还是仅仅因为运气好而押中了宝。但可以肯定的是，无论哪个时代，成功之路都是符合当时的客观环境和时代发展趋势的。如今，我们无疑也正处于类似的十字路口，各国政府已经不可能继续像20世纪末那样采取放任自由的宽松经济政策，经济制度更注重平等是必然选择。能在这个转变中适应得好的国家，就可能迎来未来较长时期的持续快速增长，而故步自封的国家则很有可能会失去机会，甚至大幅衰落。因此，世界经济发展到了十字路口，就个人而言，面临转折之时，能否对时代发展趋势保持清晰的判断也就成了个人奋斗成功与否的重要因素。

对创业者和个人而言，当前要做的最重要的判断，就是哪些大船采取的修补措施更有利于到达对岸，最终选择一条看起来胜算最高的船。其次，任何社会的变革，都伴随着旧有经济模式的消解和新经济模式的诞生，如果能够对我们所处的环境有更深的思考和理解，结合自身的经验，有利于更准确地把握未来的赛道，为自己赢得先机。

当然，某种意义上来说，没有人能准确地预测未来，而且不管是进行投资，还是人生的重要决策，最终能为此负责的只有自己。在做这些决策前，通过不同的渠道去了解不同的观点无疑是相当重要的。本书提供的并不是绝对正确的思考路径，而只是为读者提供一个不同于传统经济学的视角来思考我们现在所处的世界。对于拥有不同人生经历的人而言，不同的视角将得出不同的结论，而最终作决策并承担后果的，还是你自己。

02

第二部分

导 言 二

在经济学的研究中，人们通常采用归纳法来观察和找寻答案。毕竟经济学要解决的是现实世界如何运行的问题，只有充分贴近现实世界的具体情况，得出来的结论才有意义。所谓归纳法，是一种基础的思维方式，将真实世界中观测到的现象进行收集、分析并总结出规律，并把这些规律用语言进行抽象描述，便形成了知识。

然而，归纳法是从具体事例中归纳出一般结论的，总结出的规律并不一定适用于未来的所有情况，其结论的普遍性会存在一定限制，即“归纳法谬误”。在物质世界中，我们可将反复观察到的现象推广到一定范围内，比如太阳每天都会从东方升起，熟透的苹果会从树枝落到地上等。但归纳法永远无法解决样本有限的问题，即在收集到所有可能结果前，我们并不能确信归纳法的结论在任何时候都是正确的。究其根本，基于有限样本的归纳，本质上得到的是相关性，而无法反映事物本身内在的因果性。认为太阳会从东方升起的人仅仅是因为每一天的观测都是这一结果，并不是基于对地球的自转和观测角度的分析。归纳法在因果性方面的弱势容易使人们把相关性错误地当作因果，在研究事件成因和演变趋势时出现偏差。

经济学作为一门社会科学，其理论和结论的普遍性将受到信息不对称性、人类行为随机性等不确定性因素的限制。另外，还有两个原因可能导致归纳的经济规律失效。第一个原因是，对于同样的事件，因其所处的时空背景不同，会有不同的影响和解读，这一点很好理解。第二个原因是，人类具有修正能力，可一定程度上改变事件发展方向，建立新的因果链条。比如，历史上一些国家在经济危机爆发后，通过出台强力的救市政策，用人为的方式将本应该下跌的市场强行拉了回来，过去的经验作废，新的经验由此产生。

综上所述，我们可以察觉到，归纳法可能带来一个严重的问题：使人们的思维陷入路径依赖与定式。简单来说，如果利用归纳法将过去的某个现象总结为规律后，当观测到不符合这一规律的现象时，我们会优先试图给旧规律“打补丁”来适配这个特例，而不是重新思考规律本身的正确性。

一个众所周知的例子，在亚里士多德时代，人们通过观测太阳月亮的升降规律，信奉认为天体围绕地球做圆周运动的地心说。但随着观测技术的进步，人们发现众多行星的运行轨迹并不满足这一理论，便又在此基础上修改地心说，提出了球壳模型、本轮和均轮等理论来解释观测到的“异常”。随着异常的增加，球壳模型已经复杂到需要用34个转动球层外加22个不转动球层才能勉强解释天体运动，即便如此，大多数人依旧支持地心说，而不去考虑地心说可能存在的错误。

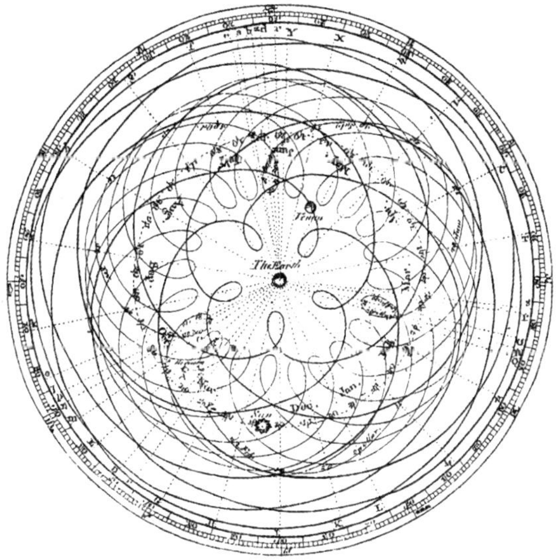

基于地心说的行星运动轨迹图

再举一个例子，经济学中经典的供求理论阐述了商品价格和供需的关系，即价格与需求正相关，与供给量负相关。不过，随后人们发现，奢侈品价格并不符合经典供求理论，只能对该理论进行修正；后又发现投机性商品也不符合供求理论，只能再次修正才能解释其现象。我们可以看到归纳法在众多领域中存在的局限性，以及可能带来的思维定式所产生的负面作用，在用它解释社会经济领域的问题时更是如此。

另一种常用的思维方法是演绎法，而演绎法通常并不能在经济学研究中发挥特别的用武之地。主要原因还是我们刚才提到的，既然我们无法用归纳法确定一个经济学现象的根源，那么反过来，我们也很难说某个或某些前提条件成立时它一定会如何，这使得演绎法也很难被完整地用来解释一些经济学原理或者现象。但一些特殊的，例如蒙代尔不可能三角[1]这样的问题，本质上是依赖于经济学变量之间恒定的关系推导出来的，构成了相对坚实的推导基础，使得我们可以去分析涉及的变量之间的相互关系。在这些领域，演绎法尚有可为。

幸运的是，我们接下来要研究的问题，恰好是演绎法适用的领域。我们将从一个恒等式入手，分析其中各部分可能存在的一些经济学规律，进而找出导致社会总需求不足的深层次原因。

我们还需要研究，如果某几个看起来不证自明的前提条件是刚性的、必然成立的，将会推导出什么样的结果。而如果想要避免这个结果，则需要使那些看起来很显然的、不证自明的前提条件以某种方式不成立，该方式很可能就是我们最终破解世界性需求不足的关键点。

所以为了避免经济学同行批评我们使用不完全归纳法，本部分内容的展开将通过“用可能存在的相关性推导因果性”的方法构建我们的体系。我们将采取先演绎后实证的方式，先进行逻辑层面的推导，得出如果我们假设的某几个条件成立，必然会导致世界如何演化；之后再和现实世界做

1　即一个国家不可能同时实现资本流动自由，货币政策的独立性和汇率的稳定性。也就是说，一个国家只能实现其中两项，而不能同时保持三项。如果一个国家想允许资本流动，又要求拥有独立的货币政策，那么就难以保持汇率稳定。如果要实现汇率稳定和资本流动，就必须放弃独立的货币政策。

对比，看看其中的相似性；最后分析如何切断我们前面的逻辑链条，有哪几个缺口可以发挥作用，并在这些缺口上寻找破局之路。

本部分中，由于我们希望讨论的是在一个典型的政府不过多干预经济的资本主义市场中的演化规律，所以我们在本部分的理论部分所展示的数据，主要以西方资本主义国家的数据为主。我们会在第二章介绍我们理论的核心体系——资本收益不可能三角定律以及企业总体利润源泉定律。其中资本收益不可能三角将说明在一个中长期，社会所能吸纳的投资量是存在上限的。调节利率、设置各种有利于投资的政策，甚至政府亲自主导投资，也只能使得整个时期的投资总量向靠前的年份移动。大量的投资将会导致资本回报率快速下降。当资本回报率足够低以后，自发的投资将会消失，进而带来投资的断崖式下跌。企业总体利润源泉定律则说明，企业只要在几个很显然的条件下运行，就必然会拥有较高的资本回报率，而企业获得的资金收益，是要高于上述资本收益不可能三角所限定的投资额度的。于是企业获取的利润对社会整体而言在中长期必然存在无法实现完全投资的现象。无法投资的企业利润部分，如果是分配给更多的人群，那么每个资本收益者边际消费倾向都较高，社会可能会处于总需求大于总供给的供给不足状态；而如果分配得较为集中，则资本收益者边际消费倾向较低，社会可能会处于总需求小于总供给的需求不足状态。

第三章我们将介绍在上述提到的资本收益被分配给少量人群的情况下，社会将经历持续的超额投资使得资本回报率下降。当资本回报率下降到几乎无法覆盖风险时，社会将进入一种持续的我们称之为静态陷阱的经济停滞中，静态陷阱可以在人均GDP很低的国家发生，中等收入陷阱只是其表现形式之一。

第四章我们介绍了历史上的供给型经济危机的几个例子，以及如何用我们的理论去解读供给型经济危机。对供给型经济危机的理解，将更进一步使我们明白导致需求型经济危机的这些因素如果走向反面又会带来何种危害。

第五章根据第二章、第三章介绍的理论，对历史上发生的几次需求型经济危机进行分析和解读，并和目前其他的一些理论派系做了对比，以使得读者更加清楚我们的研究体系中，经济困境的破解之道。

第 二 章

值得重视的两条定律

认识问题是解决问题的第一步。在讨论如何解决需求型经济危机之前，我们首先要对导致其发生的深层次原因有所了解，才能在此基础上对各种解决路径的可行性进行探讨。

在传统的经济学模型中，储蓄总是能转化为投资的，社会的储蓄通常直接被看作投资；资本回报率也总被默认为资本的机会成本，也就是资本边际产出（或实际利率）。在这一模型下，商品总是可以通过价格浮动，最终找到一个均衡价格，使得买方和卖方都能以这个均衡价格实现交易，社会既不会供给不足，也不会需求不足。对于整个社会的所有居民而言，下面等式总是成立的：

总收入 = 总支出 = 总消费 + 总投资

但如果我们分析现实社会中的个人或企业的具体某一年，这个等式中还会多出额外的一项，即：

个体收入 = 个体消费 + 个体投资 + 个体金融资产损益

（这个式子我们后续称之为个体收支平衡等式）

由于后续我们需要将个体收支均衡等式相加以获得全局的“总收入 = 总支出 = 总消费 + 总投资”等式，所以这里的个体消费和个体投资的口径也都取GDP中形成消费及投资的口径。这些口径可能会和人们通常熟悉的口径不那么一致。

具体而言，宏观经济学里的总投资指的是当年形成新增实体资本存量的这一过程。在个体投资里，指的也是将个体资产变为实体资本存量的过程，这里的实体资本存量指的是土地、厂房、个人住房、经营性车辆、生产机器、形成的专利，包含库存商品、黄金、古董在内的存货等。核心是投资形成了这些有形资产，而有形资产存在的目的是在未来创造收入。例如房屋，在GDP中进行核算时，不管是租房还是自住房，都会在后续年度产生相应的房租或者虚拟房租计入来年的GDP。投资是形成个体财富中实物财富的主要源泉，当然实物财富本身的价值也会有波动，这仍然可以带来个体实物财富的变动。个体买卖二手资产时，会对一方计为个体投资增加，金融资产减少，而对另一方计为个体投资减少，金融资产增加，所以二手的交易会在加总时完全抵消。个人购买金融收益性产品时，因为本质上是生息资产所有权的转移，并且这些行为并不带来GDP的增长，所以不计为投资。

宏观经济中的消费，指的是计入支出法GDP中消费对应的科目。这些科目在当期使得提供商品和服务的人获得收入，并且获得这项商品和服务的人，并不会因此在未来年度获得额外收入。这个口径下包含了我们日常的衣食住行，购买非经营性车辆等。这个科目的特点是在当期发生后不对未来的现金流分布造成影响。注意企业的所有行为都是为了盈利，企业获取的收入，除非是以劳务报酬或者分红的方式返回给自然人，否则企业自身是无法进行消费的。

个体金融资产损益包含了所有成对出现的金融资产和金融负债。当个体现金流层面收入大于支出（投资+消费），自身金融资产将会增加。如果这份金融资产的形式是纸币，那么该纸币的增长一定导致另外一个人持有纸币的减少，或者是央行“流通中的现金”这一负债科目的增加。如果这份金融资产的存在形式是存款，那么就是自身存款增加，同时在某个商业银行的存款负债科目上有对应的增加。如果这份金融资产被用来买股票，那么就会使得资产所有者持有股权增加，但在某个公司的所有者权益那栏会有一项等量的负债。金融资产和负债的特性是一定成对地出现或者成对地消失。金融对于个体而言意味着财富的提升，但对于整个经济体而言，仅仅代表了实体财富的持有人的重新配置。金融资产和金融负债两端都在经济体内部的情况下，在求和的时候会自动抵消，但其中一项在经济体外部的时候，则代表本经济体对外部经济体的债权或债务。

如果和日常生活对比，这里的收入和民众认为的收入大致口径是一致的；消费也和我们日常理解的消费一致。投资则只有真实购买用于生产的实体资本时才被认为是投资，投资于存款、股票、基金等非实体资本时则被认为是金融资产损益科目的变动。一些常见的消费、投资、个人资产损益变动大致见表2.1。

表 2.1　个体收支平衡等式的记账举例

	收入	消费	投资	金融资产
获得工资100元 自然人A	 +100元			 +100元
吃饭消费100元 自然人A		 +100元		 -100元
用货币投资机器100元 自然人A			 +100元	 -100元
两企业间转让机器 企业A 企业B			 -100元 +100元	 +100元 -100元
自然人A以100元100股购买股票 自然人A 自然人A 自然人B 自然人B				 -100元 +100股 +100元 -100股
自然人A以200元卖出该股票 自然人A 自然人A 自然人C 自然人C				 +200元 -100股 -200元 +100股
自然人设立企业，企业投资100元 自然人A 自然人A 企业B 企业B 企业B			 +100元	 -100元 +100股 +100元 -100股 -100元

这个等式是在现金流层面上的等式，只是简单地说明当收入现金流大于支出现金流时，必然会产生金融资产的累积，反之亦然。所以实体资产

或金融资产因增值或减值产生的价值变动并不影响这一关系。例如，我们持有的股票或者房屋升值了，并不会影响我们当期上述等式的平衡。当金融资产损益为正时，代表当年个体收入大于消费和投资，未被用完的现金流将会以存款、理财或股票等形式存在；如果其值为负，代表当年的收入小于消费和投资，负的现金流需要由之前年度的金融资产进行补充，或者产生新的金融负债。这里累积下来的金融资产损益组成了财富的一部分，而财富的另外一部分是由个体投资形成的，二者分别代表了个体持有的虚拟财富以及实体财富。由于金融资产和负债是成对的，一起产生和消失，所以全社会加总的时候，金融资产损益这一项就会被完全抵消掉，总和为零，回到我们熟悉的宏观经济学“总收入＝总消费＋总投资”的等式。

对社会整体而言，“总收入＝总消费＋总投资”描绘的是，商品实现买卖均衡，完成市场出清。但对于其中一些人，如果“收入＞消费＋投资”的情况持续发生，其金融资产将会一直累积。而且更为关键的是，在一个地方产生了持续的正的金融资产流量，必然在其他地方产生持续的负的金融资产流量，也就是要么金融资产减少，要么金融负债增加。社会上一共就三种成员，劳动者由于个人负债能力有上限，永续增加的金融负债对他们而言是不可能持续的，2008年的“次贷危机”已经让我们看到了这一点；而企业、资本收益者属于净的金融资产持有方；所以，能一直提供负债的只有政府。在以往的历史进程中，负的金融资产通常都会转嫁至国债，而这也将带来国债持续上升的问题。当我们放弃通过国债过快增长的方式，来匹配这些人金融资产的增速时，就会使得一部分人大于“消费＋投资”的收入只能转化为银行存款，成为银行体系的负债。由于银行自己无法消费或进行超过自身业务需要的投资，这个负债就无法再度形成新的需求。

一个人的收入是指其贡献给社会的商品和服务的货币价值，而“消费＋投资”是指其社会需求的货币价值。当“金融资产＋负债”的组合可以使等式成立时，意味着一部分人产生的收入高于“消费+投资”（也就是“供给大于需求”）的部分，可以通过金融手段转移给金融负债增加的另一方；在另一方那里，其情况是“收入<消费+投资”，也就是“供给小于需求”，于是社会整体的供需是平衡的。当社会上不存在“提供金融负债，并产生对等的需求”的一方时，对“收入大于支出（即供给大于需求）”的一方而言，其产生的额外的供给就无法被另外一方中和掉，进而使得社会产生净的供给大于需求。这也就导致了目前我们看到的，一旦国债，以及与之相对应的政府赤字停止增长，社会就将出现需求不足的局面。

接下来，我们将集中分析上述个体收支平衡等式在资本收益者身上的平衡情况。我们首先要讨论并证明的是，在收入端，由企业主自负盈亏的情况下，企业整体的资本回报率不会低于某个下限，并且税收也无法降低这个下限。在支出端，一是投资并不能无限增长，全国在任何一个年度的总投资都存在隐性的限额，超过后将导致资本回报率下降。二是人群的边际消费倾向受其收入影响，因此上述等式中资本收益者的收入绝对值会反映出有多少比例的收入能被消费，当资本收益大量归属于富裕人群时，消费存在上限。这种情况将导致绝对盈余的出现，如图2.1所示。

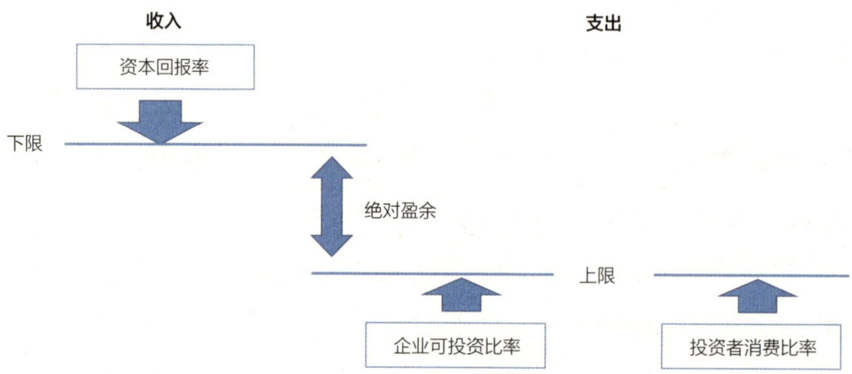

图 2.1 理论体系示意图

要想使资本收益者达成“收入=消费+投资”的平衡状态，其消费的边际倾向必须高于某个值。而影响边际消费倾向最大的因素莫过于个体的财富、收入水平。所以最终我们发现上述等式是否成立，将取决于社会上资本收益者的财富和收支状况。这也将决定社会是不是存在绝对盈余，即“总供给大于总需求”。

第一节　资本收益不可能三角定律

理论内容

总需求由投资需求、消费需求和净出口需求构成，从供需角度讨论时，对国内循环而言，净出口可以看作消费的一种，因此我们的讨论主要围绕着投资和消费展开。在这一节，我们先从投资入手，看看它究竟受哪些因素影响。

我们先通过一个小故事，对即将展开讨论的经济学概念建立一定的认知：

> 假设一个小镇上有个百货店，每天早上，百货店的老板会进货100千克面粉，并将其中一部分做成蛋糕，剩下的直接卖掉。开始老板习惯将面粉的20%，即其中20千克做成蛋糕。此时，小镇上有10个比较喜欢吃蛋糕的人，他们每人可以买到由2千克面粉做成的蛋糕，大家都很开心。过了一段时间，由于吃蛋糕开始变得流行，有越来越多的人爱吃蛋糕，于是有了20个愿意买蛋糕的人。此时老板只能做两种选择，一种是每天还用20千克面粉做蛋糕，那么每个人最终能买到的就会变少；另一种是用40千克面粉

做蛋糕，那么每个人能买到的蛋糕数量不变，但小镇上其他顾客能买到的面粉数量就会变少。

这就是小镇百货店的“蛋糕不可能三角”：吃蛋糕的人数、每个人分到的蛋糕数和其他人能买到的面粉数，三者本来处于稳定态，但如果其中一者升高，那么另外两者中至少有一个必须下降。

如果我们把百货店每天能进货的100千克面粉看作GDP，蛋糕总量看作资本收入，那么剩下的面粉就是其他板块（劳动者、税收、折旧三项）的收入。我们把爱吃蛋糕的人数看作一个国家总的实物资本的存量，那么每个人买到的蛋糕数，就相当于这些实物资本的资本回报率。

把它写成等式可能更清晰一些，首先在孤立经济体的情况下：

GDP=资本收入[1]+非资本收入

其次我们知道：

资本收入=资本存量[2]×资本回报率

代入后可得：

GDP=资本存量×资本回报率+非资本收入

结合这个清晰的等式和上面类比的小故事，可以得到静态宏观视角下的“资本收益不可能三角”理论：即GDP不变的情况下，等式右边的三项，资本存量（记为K）、资本回报率（记为r）、非资本收入（由劳动收入、税收、折旧三项组成）三者不可能同时升高或同时降低。

但一个国家的GDP并不是恒定不变的，如果GDP每年都在增长，情况

1 资本收入指政府固定资本性资产、黄金及外汇储备、股票、土地或无形资产的出售所得，以及资本性转移收入（国外对本国政府的资本性赠予）等，凭借资本所有权获得利息，红利和因资产溢价而获得的资本利得。资本收入=经营收入-经营费用-生产税+出租房屋净收入、出租其他资产净收入和自有住房折算净租金等。

2 资本存量指国民净财富，其中包含了国民非金融资产（住房、住房土地、农业用地、自然资本等国内资本）及海外净资产（海外毛资产-海外毛负债）。

又会如何？我们还是回到小镇的百货店：

> 假设小镇因为某种原因开始持续有人口流入，小镇百货店也意识到了这一点，此后每个月都将比上个月多进5%的货。如果百货店还是希望蛋糕和面粉的比例不变，继续将80%的面粉卖给小镇上的其他人，那么剩下20%的面粉对应的蛋糕数，也将同步地以每个月5%的速度增长。如果每个买蛋糕的人还是希望买到2千克，那么每个月可以买到蛋糕的人会比上个月多5%。但如果买蛋糕的人数的增长速度超过5%的话，则要么每个人买到的蛋糕数量变少，要么以面粉形式售出的数量比例会低于80%。

和上面的例子类似，如果一个国家的GDP以速度 g 增长，在维持分配比例不变的情况下（称之为平衡增长状态），资本收入的增速也为 g。此时如果我们希望资本回报率不变化，那么资本存量（K）也将以 g 的速度增长。每年度资本存量的增长值为 $K \times g$，我们将其称为“平衡增长状态下资本存量增长上限”（简称资本增长上限，后续提到时，都默认前提条件为平衡增长状态下）。当资本存量的增长幅度刚好等于这个值时，可以使得资本回报率以及非资本收入占GDP的比例不发生变动。而如果大于这个值，那么资本回报率和非资本收入占比中至少一项要下降。所以我们可以把资本存量增长大于资本增长上限的部分叫作超额资本增量。最终我们得到资本收益不可能三角的表述（如图2.2所示）：超额资本增量、资本回报率、非资本收入占比，三者不可能同时升高或降低。以及一个最有用的推论：当实际的资本存量增长超过资本存量增长上限（$\boldsymbol{K \times g}$）时，就会发生要么资本回报率下降，要么非资本收入占比减少的情况。上述讨论建立在孤立经济体的前提下，实际上在增加进出口和对外投资等的情况下也不影响结论，读者可自行推导。

实际上，如果我们认为资本存量的增长主要源于净投资（投资减去折旧），那么可以由净投资来替代资本存量增长。如果认为折旧是个既定值的话，那么也可以说资本存量增长源于投资[1]。但由于投资未必总是等于资本存量增长，所以如果我们用投资去衡量不可能三角时，它就未必是一个恒成立的等式，其误差主要来自投资和资本存量增长间的差异。当资产价格短期估值上涨等因素使资本存量增加时，实际上也会使账面资本回报率下降。另外还要注意，这里的资本存量指的是一个国家的非金融资产，企业破产只是使非金融资产从一个企业流向另一个企业的过程，大部分房产、自然资源等资产并不会完全消失，只有少量机器设备等资产可能会消失，变为资本存量下降的部分。大部分国家资本存量中超过70%的组成部分都是房产和自然资源，设备及专利等可能在企业破产中消失的资产一般不超过20%，所以即便是在严重的经济危机期间，资本存量也不会消失很多，只是在不同的持有人之间转移。

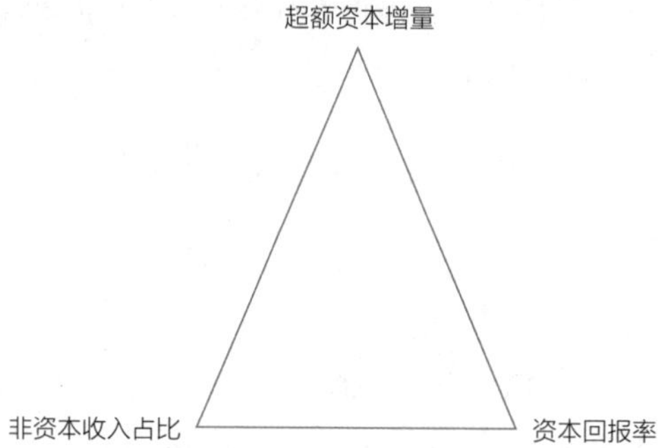

图 2.2　资本收益不可能三角[2]

1　下文为了行文方便均使用投资来指代投资或者净投资，不影响对问题实质的理解，但进行精细计算时需要考虑是否应减去折旧。在有必要做区分的时候会在脚注说明。

2　以上理论是不借助数学推导，只通过简单逻辑得出来的，如果愿意进行一些简单的数学推导，则可以得到被我们称为**市场均衡**的等式（推导过程见附录）：

$$w\times(\Delta K-K\times g,\ r',\ Lp')=0$$

这个等式中，K为资本存量，ΔK为资本存量年度间变化值，g为经济增速，r'为年度间资本回报率的变化率，Lp'为年度间劳动收益占比的变化率，系数w为一些可以计算出来的正数，三者之和等于零。表明了这三者间存在此消彼长的关系。

实证数据

我们将世界主要经济体的资本存量增长上限（$K \times g$），资本存量增长（ΔK）以及净投资列入表2.2中；同时也计算了上述资本收益不可能三角中的三个项目，即超额资本增量、资本回报率变化、非资本收入占比变化。数据截至2017年，之后部分国家收入法计算GDP的底层数据缺失，因此无法计算资本回报率和非资本收入。

表2.2　2001—2017年世界主要经济体对比

国家	指标					
	资本存量增长上限（占GDP比重）	资本存量增长（占GDP比重）	净投资（占GDP比重）	超额资本增量（占GDP比重）	资本回报率变化	非资本收入占比变化
美国	7.38%	8.97%	5.43%	1.59%	0.42%	-3.37%
日本	3.64%	0.38%	1.00%	-3.25%	1.07%	-3.42%
德国	4.88%	10.24%	3.12%	5.36%	-0.45%	-3.24%
英国	7.30%	9.55%	-2.65%	2.25%	-0.54%	0.60%
法国	5.40%	13.34%	5.64%	7.94%	-2.26%	3.34%
意大利	0.26%	5.31%	3.22%	5.05%	-2.41%	4.62%
加拿大	8.92%	17.04%	7.51%	8.12%	1.81%	0.38%
巴西	6.92%	12.96%	8.35%	6.05%	-3.65%	2.67%
澳大利亚	15.52%	24.96%	10.75%	9.44%	-1.04%	-0.47%
西班牙	8.25%	13.96%	9.51%	5.70%	0.24%	-4.47%
荷兰	5.79%	9.54%	4.43%	3.75%	0.24%	-3.68%

数据来源：WID世界不平等数据库，Wind

首先通过观察资本存量增长上限和资本存量增长之间的关系，可以看出，除了日本，其他国家在21世纪的资本存量增长都超过了其允许的上限。而净投资相比资本存量增长都偏小，表明资本存量的增长一方面源于年度的投资，另一方面源于资产估值增长带来的资本存量增长。所以，如果希望维持资本存量增长低于上限，考虑资产增值的因素后，净投资的比重还会进一步下滑。

后面的超额资本增量、资本回报率变化、非资本收入占比变化三项是不可能三角中的三个组成部分。可以很明显地看到，没有任何一个国家三项全正或全负，实际上我们考察了有数据的所有国家的每一个单独年份，这个关系都是成立的。因为上述资本收益不可能三角只源于这三个变量间此消彼长的关系，是恒成立的。我们也可以看到，并非越发达的国家，其资本回报率就越呈下降趋势，美国、日本作为统计年限中排名前2的两大经济强国，其人均GDP在主要经济体里也是较高的，但整体资本回报率都呈上涨趋势，特别是日本，由于它是超额资本增量唯一为负的国家，资本回报率的增长幅度也是最大的。

根据前面的定义，我们知道资本收入等于资本存量（K）× 资本回报率（r），这部分是企业所获得的收益部分。用资本存量增长上限（$K\times g$）除以资本收益（$K\times r$），就能得到：

资本可投资比例[1]=g/r

这个比例的意义在于，在政府以及所有劳动者都不进行投资，投资仅仅由资本收益中的一部分来进行的情况下，帮助我们确定能进行再投资的比例占资本收入的比例的上限是多少，因为超过该上限会导致平衡增长被破坏。当然，在现实中，即便可以通过政策限制政府投资，拥有高劳动收益的人群仍然会进行一些投资，进一步导致投资收益中能进行投资的比例下降。

实证数据

我们计算了世界主要经济体资本可投资比例，结果如表2.3所示。

1 由于在计算资本收入时，折旧已经被扣除，所以这个比例的分子、分母都不含折旧，指的是资本扣除正常折旧后的利润中，用来进行净投资（投资－折旧）的比例。

表 2.3　世界主要经济体资本可投资比例对比

国家	年份				
	2001—2005	2006—2010	2011—2015	2016—2020	2000—2020
美国	49.63%	19.22%	33.04%	42.65%	37.96%
日本	28.68%	-5.22%	23.51%	26.62%	20.55%
德国	8.78%	15.28%	28.12%	36.71%	23.24%
英国	40.24%	10.69%	35.75%	37.15%	32.31%
法国	33.36%	19.34%	28.50%	49.76%	33.51%
意大利	13.13%	-7.40%	-16.19%	21.15%	4.12%
加拿大	52.84%	39.33%	44.49%	10.51%	38.86%
巴西	23.67%	43.52%	12.76%	-1.74%	22.56%
澳大利亚	74.94%	70.50%	62.55%	70.31%	70.05%
西班牙	94.74%	37.23%	-3.87%	61.57%	50.69%
荷兰	25.47%	21.57%	13.25%	45.78%	27.95%

数据来源：WID世界不平等数据库，Wind

可以看出很多国家的资本可投资比例是非常小的，只能将资本收益中不到40%投入到扩大再生产中，否则就无法维持资本回报率和非资本收入占比。这就表明，必须让获得资本收入的人将大于60%的资本收入全部消费掉，大家根据生活经验就知道这是非常难达到的一个数字。实际上，为了简化等式，还忽略了劳动者和政府的投资，真实的均衡投资比例比实证数据得到的还要小。

现实中，劳动者收入和政府收入也会被用来投资，所以我们只能通过这个思考框架让读者感受到投资上限相对于资本收益是较低的[1]。

在2000—2020年间，美国所有企业利润留存率[2]为31%[3]，因为企业自身无

1　购房是劳动者常见的投资行为，在投资中占了相当大的比例。在GDP中，这些房屋形成的资本收益也会自动地被计算为相应的消费。此二者的数值在我们考察的很多国家中，都是差不多的，可以抵消。因此粗略计算时，把二者同时忽略并不影响讨论结果，细致计算时，则需要计算二者各自的数值。

2　企业利润中未分红部分。

3　数据来源：Wind。

法进行消费，只能投资，所以美国37%的可投资份额中，已经几乎完全被企业自身的留存收益所占据，仅剩相当于利润6%的份额可供获取分红的资本收益者、劳动者、政府来进行再投资。即便假设劳动者、政府不进行任何投资，分红出去的69%的企业利润，实际上只有6%，也就是一成不到的部分可以进行再投资，剩下的必须被获取资本收益的人群消费掉，从常识就知道，这是非常难以达到的，所以投资超过其上限基本上是必然的结果。

研究美国过去5年不同财富人群消费倾向的数据[1]可以看到，如果希望达到表2.3所示分红的90%的收入进入消费，对比消费数据，可能需要资本收入平均流向收入排位占前70%的人群，即年收入在4万美元的人群才行（见表2.4）。这显然是不可能完成的，所以美国社会存在整体的投资过剩是一个必然事件。也就是说，这些剩余的钱无论在企业手中还是在资本收益者手中，其中大部分都只能转化为金融资产，同时需要社会上的其他成员产生对应的金融负债。

表2.4 美国不同税前收入人群分组消费支出比例及人口占比（累计）

税前年收入	项目	
	除房贷、房租、房产税外消费支出占税前收入比例	人口占比（累计）
< 15000美元	262.14%	100.00%
15000~29999美元	114.73%	87.25%
30000~39999美元	95.12%	71.87%
40000~49999美元	82.72%	62.00%
50000~69999美元	74.05%	53.98%
70000~99999美元	63.76%	40.90%
100000~149999美元	57.52%	26.48%
150000~199999美元	53.17%	13.14%
≥ 200000美元	39.89%	6.88%

数据来源：Consumer Expenditure Survey，U.S. Bureau of Labor Statistics

1 消费者支出调查：美国劳工统计局。

投资被哪些因素决定

传统经济学理论认为，社会的总投资受利率影响，利率越低，投资越多。居民的储蓄和企业的投资行为在利率这个价格机制的作用下，总会达到平衡。如果社会资金偏紧，将使得利率提高，此时居民储蓄增加，企业投资减少，社会资金紧张的局面将会得到缓解，并逐渐恢复常态；反之亦然。按照这样的理论，我们上文所描述的资本所有者和劳动者的储蓄，在利率变动的作用下总是能够转化为投资。在经济学的框架下，全社会的总储蓄和总投资是同一个概念，或者说总投资和总储蓄是恒等的。经济学家们在讨论宏观经济时谈到的储蓄，和我们日常理解的储蓄并不是一个概念。

现在我们知道，在中长期，为了保持经济的平衡增长，资本存量的增长是有上限的，并且通过上述主要西方国家的数据可以看到，除了投资，资本的自我增值也贡献了一部分资本存量的增长。考虑到这个因素，实际上真实完成投资的量要少于资本存量增长上限，并且从数据上看，表2.1中列出的大多数国家的真实投资状况与上述表述是相吻合的，即并不像传统经济学家想象的那样，不管有多少储蓄，总能转化为投资。

在短期内，更低的利率确实会促使企业家进行投资，但从长期效果看，投资并不是一个可以通过调节利率就能单向影响或调控的经济指标。多数人投资的根本目的是赚钱，如果这个目标不能达成，那么无论如何下调利率都不会促进投资。这种现象在过去日本“失去的几十年”（The Lost Decade，后也称失去的三十年）中可以清晰地看到，并且近些年也逐渐扩散到其他主要经济体中，其中一个表现特征就是存款增长，但投资不涨。

而在一个中长期内，投资量和经济增速是完全匹配的。“资本存量增长上限＝资本存量 × 经济增速”的本质意义，就是投资或由投资带来的资本收入，会与经济的整体增长相匹配；如果不匹配，则会通过资本回报率的下降进行修复，而资本回报率的下降会使得后续的投资减少。所以利率能够影响的，是未来较长时期内投资活动的强度和时间先后，但无法影响未来较长时期内总共能被社会吸收的投资总量。

关心经济的读者们应该很熟悉一种说法："投资、消费、出口是拉动经济增长的三驾马车。"

投资并不是随时都能持续有效拉动经济增长的，但出口和消费是可以的。具体来说，出口和消费对总需求的拉动是比较简单的，在不处于供给型经济危机边缘的社会，过多的需求总是能够逐渐被满足，限制经济增长的是总需求而非总供给，所以提升总需求就能拉高经济增速。而投资具有双重属性，在投资的当年确实会带来总需求的提升，但投资的目的是生产，在投资项目完成，生产能力提升后，次年度供给能力会大幅度提升，在消费不足的环境下，很容易演变为"今年投资生产的项目是为了明年的投资"这样的"套娃行为"，一旦投资的项目失去真实需求的支撑，那么前面的一系列投资都将面临亏损。就本章介绍的框架而言，就是超出资本存量增长上限的投资会明显地降低资本回报率，这样会使得当资本回报率降到足够低以后，无论利率多么低，投资者都会对社会上的大部分投资项目失去兴趣，不会再去投资。当投资的"套娃赚钱"流程被打断，所有为了未来的投资和投资的项目就会一起亏损。而在这种情况下，是不可能再通过常规的方式继续让社会上的资本能够进行持续投资的。

当讨论如何拉动需求时，我们发现，同样的钱不管是投入到刺激消费还是刺激投资上，对当年的总需求、总供给的平衡是没有影响的，因为当期的投资并不会马上生产出商品，其性质和消费没区别。投资和消费的区别在于，投资的目的是在未来年度产生正向的利润，投资会在来年产生新的供给，但不会产生需求。在一个供给相对过剩的社会，过多的投资只会导致来年的资本回报率进一步下降，或者非资本收入占比下降。而资本回报率下降反而会使得投资在来年的吸引力变低，来年的自发投资将愈发减少。

所以，如果我们用政府加大投资或者鼓励投资的做法来刺激投资，结果和调节利率是一样的，并不能够使得中长期的总投资量上升，只会使得这些投资量在时间窗口上往前移或者往后移。政府如果试图通过自己掏钱去刺激经济，花同样的钱在消费或是投资上，对经济增速的拉动效果是一样的，而对投资的影响就是如果今年的投资量增加，那么未来市场上的自发投资就会减少。

综上所述，**在短期内，投资是受利率、政策、政府投资等影响的可变动的量；而在中长期，上述政策只能影响投资是在哪些年度进行，而不能影响社会能够吸纳的投资总量。**当然，这里的前提是，非资本收入占比不发生较大的变动，如果非资本收入占比大幅度下降，即资本获得的收益在经济中比例上升，那么这些年度的投资总量是可以上升的。

当然，在资本回报率或非资本收入占比较高时，经济体总能以二者下降为代价来刺激更多的投资，从而使经济增速维持在较高水平。在此过程的初期，投资水平能一直高于资本增长上限，且由此造成的资本回报率和非资本收入占比的下降并不会产生较大影响；只有当二者下滑到没法再下滑时，资本收益不可能三角的威力才会开始显现，此时，之前靠拉动投资水平实现增长的经济体会发现，其无论如何都无法激励出更多投资。非资本收入主要由劳动者收入构成，无法一直下降是容易理解的。在下一节中，我们就重点来讨论资本回报率的下限。

第二节　企业总体利润源泉定律

如今，在经济生活中，企业越来越接近核心地位。特别是市场经济体系下，企业更是决定了社会资源如何配置的关键角色。政府制定政策时，都必须考虑到由此可能带来的企业的反应。而企业经营的目的在于盈利，这是所有企业行为的最初动因，只有将这个动因产生的机制分析清楚，才能够讨论企业的行为，以及在本章开头提出的资本收益者收入来源的问题。

关于企业利润，前人已经做过很多的研究，最早的观点认为，在完全竞争市场下，企业的利润应该等于资金成本[1]。而后期的一些研究表明，由于真实经济中不可避免地会出现一定程度的垄断，以及技术壁垒等，企业的利润是会高于其资金成本的[2]。马克思对利润的研究认为，企业的利润是剥削了劳动者的剩余价值，虽然在其理论体系里面并没有讨论过资金成本的概念，但也默认利润是长期大于零的，并且给出了从阶级角度出发的解释[3]。

在资本收益不可能三角理论中，中长期状态下，一个经济体能够吸纳的资本存量增长上限为资本存量（K）× 经济增速（g），相比起其资本总收益（$K\times r$），能被投资的比例仅为g/r，这个数值目前在大多数国家中都很低。接下来我们研究的核心就是经济增速（g）和资本回报率（r）存在什么样的关系，以及上文提及的，资本回报率无法继续下降的边界在何处、如何触发。

整体利润来源的几个假设

我们对市场经济环境下利润的讨论从三条简单的假设出发，看看在设置这些简单的前提条件以后会得到什么样的结果。

1. 退出规则：企业在经济利润低于某个值后，会有一定概率选择缩减企业规模甚至关停，我们把这个值叫作退出下界；

2. 波动规则：企业来年的利润是当年的利润加一个随机增量或者减量，

---

1 Stigler, G.J. “Perfect Competition, Historically Contemplated.” Journal of Political Economy, 1957, 65(7) (February), pp. 1-17.（注：此处利润沿用古典理论的利润定义即未考虑机会成本的利润）

2 Sutton, J. “Market Structure: Theory and Evidence.” MIT Press, 1991.

3 Marx, K. “Capital: A Critique of Political Economy.” Das Kapital, Volume 1, 1867.

这体现了企业经营风险是不确定的；

3.其他规则：在用上一年的市场环境对新加入的企业进行评估时，如果满足退出规则，则不会创办。收益高的企业会吸引更多资金进入而拉低所在行业的整体资本回报率。

在这三条假设里面，退出规则中的某个值具体是多少放在后面讨论；波动规则能导出一些有意义的结论；而其他规则部分包含了基本无争议、会成立的规则。在不考虑上述规则前，可以想象所有企业的收益分布是类似正态分布图形的分布，并且分布的均值等于退出下界。开始考虑退出规则后，可以想象位于正态分布左侧、收益低于退出下界的一些企业会退出市场竞争，使得分布在左侧的企业变少。再继续考虑波动规则后，由于每个年度间企业的经营带有不确定性，位于退出下界左侧、上一轮没有退出的企业下一轮有可能来到右边，所以在退出下界上，企业的数量应该是连续的，最终企业的分布将呈现为均值在退出下界右侧的正态分布（见图2.3）。

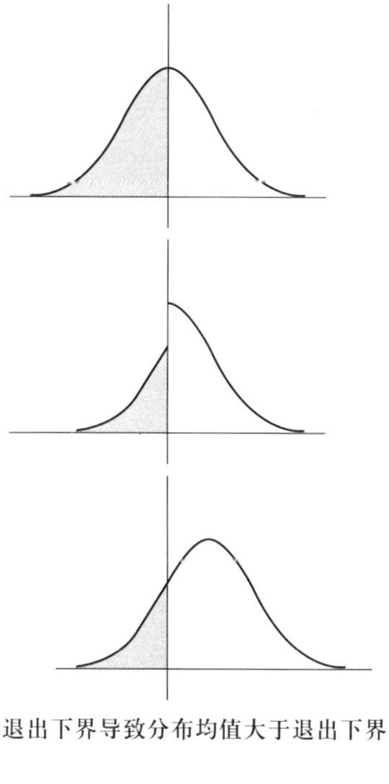

图 2.3　退出下界导致分布均值大于退出下界示意图

如果用计算机模拟，或者进行需要一点高等数学知识的推导，也可以发现均值高于退出下界的幅度，是和波动规则中资本回报率的年度波动呈正比关系的。计算过程略复杂，因此不在此展示，但是结果应该是符合人们直觉的。

这个结果其实非常容易理解，简单来说，就是我们随机地在地上撒一把豆子，把撒到自己左边的豆子都扫走以后，那么剩下的豆子的平均值必然偏右，豆子撒得越散，那它们的平均值就越靠右边。这仅仅是一条极为简单的数学规则，只要企业满足上面三条假设，得到这样的结果是必然的。

如果从均衡角度来分析这个问题，习惯经济学范式的读者也会更容易看出这是某种风险补偿的实质。在传统的商品供需曲线中，供给曲线和需求曲线相交于E_1。但当买卖双方获得的商品、资金存在不确定性时，供给和需求曲线便会向左侧移动，移动之后新的均衡点位于E_2。E_2相对E_1，均衡价格P_2相对P_1的变动有可能高有可能低，取决于哪方的风险更大，但均衡交易量Q_2相对Q_1一定是减少的（见图2.4）。

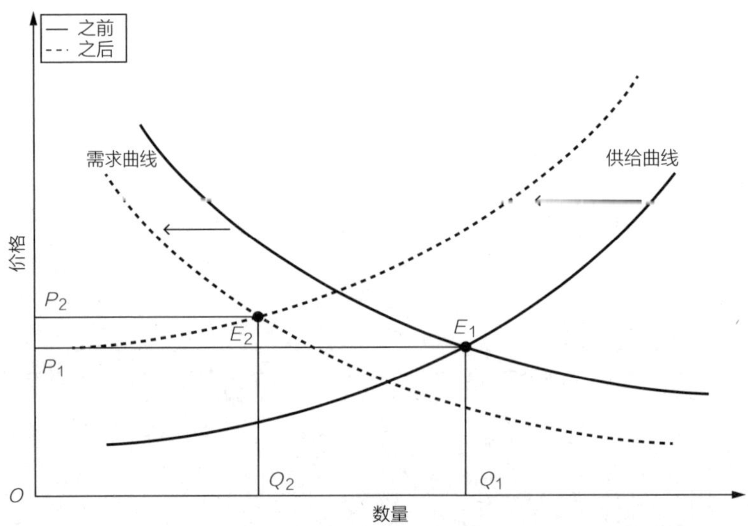

图2.4　需求与供给关系曲线，同时左移后均衡点产生改变

电商市场从无到有的过程正是比较典型的满足这一效应的范例。初期买卖双方彼此尚未建立信任关系，正常的收货和付款都存在相当大的不确定性，因此交易量受到抑制。当电商平台主动成为承担风险的中介，买卖双方的风险都下降以后，价格的变动便取决于买卖双方的弹性及风险下降的程度，但可以肯定的是，交易量显著上升。

当这个现象出现在劳动力市场时，资本面临的不确定性首先在于把劳动力作为一种商品买入，而劳动力本身就具有不确定性。当然，这种不确定性对劳动者也同样存在，但由于劳动者和资方属于长期博弈，所以这两项不确定性带来的风险在可以辞退员工或可以辞职时，是相对较小的，更多的还是企业经营本身带来的不确定性。这些不确定性带来的风险，绝大部分由资方承担，导致资方必须在自由市场要求的回报上，额外增加一项风险溢价。资方希望在考虑风险的情况下获得更高的回报，即常规回报加风险溢价。这种风险溢价最终就会体现为资本的真实回报大于资本对生产的边际贡献。

最终我们看到，如果市场上的企业遵循上述三条规则，那么从整体看，企业资本回报率必然高于退出下界，我们把这一规律称为企业总体利润源泉定律。这三个条件并非必要条件，假设企业经营没有任何不确定性，也就是波动规则不成立的情况下，极端地认为由一个资本家垄断社会所有企业，那么他也可以轻易地使企业的整体利润高于退出下界。但我们谨慎地认为这应该是充分条件，当企业满足这些条件，特别是满足退出规则和波动规则时，企业的整体利润必将大于退出下界。如果在未来出现一些极端假设下的例外，那么我们将认为这既非充分条件，也非必要条件。但至少这一规律在目前的经济运行中是真实存在的。

退出下界对结果的影响

我们接下来需要讨论的是，根据上面的假设，退出下界的条件应该如何确定，也就是企业家在什么时候倾向于缩减企业运行规模，甚至直接退出。

一个最容易想到的条件就是，当企业出现亏损，企业家会逐渐开始退出。短期内，企业家有可能考虑到可变成本等原因，在企业亏损的时候寄希望于来年而坚持继续经营，但在长周期中，企业亏损应该是一个无可争议的退出下界。企业利润为负时就会退出，这是自然的，剩下的企业利润一定为正。

大部分经济学理论都认为，企业整体的利润应该等于资本的机会成本，通常认为该机会成本应该等于短期利率。这引出了我们的第二个退出下界——短期利率。如果整体而言利润等于资金成本，则意味着大约有一半的企业，是在经营利润低于短期利率的情况下仍坚持经营的。

对于大多数企业家而言，这种假设应该是非常不自然的。这意味着企业家在预期自己的经营利润甚至不如买短期国债的情况下，仍然愿意承担风险去获取比无风险收益更低的收益，这在长期状态下是难以理解的。和前面一样，这里要注意的是，我们并不是在讨论短期内（例如一年）企业会不会因为利润低于短期利率而退出，而是在讨论一个中长周期稳定情况下的局面。在这种局面下如果一个企业预期的中长期利润低于资金成本，那么相信大多数企业家都不会坚持经营的。

实际上，如果我们看一下历史数据，就会发现企业的资本回报率几乎在所有时间内都是大幅度高于短期利率的，仅在极少数经济危机期间才会出现资本回报率低于短期利率的情况（见图2.5）。这和我们认为企业家不会在平白无故承担风险的同时接受较低回报的朴素常识是一致的。在此基础上，如果我们将假设更改为当企业利润低于短期利率时就会退出，就能自然地得出“最终企业利润大于资金成本”的结论。

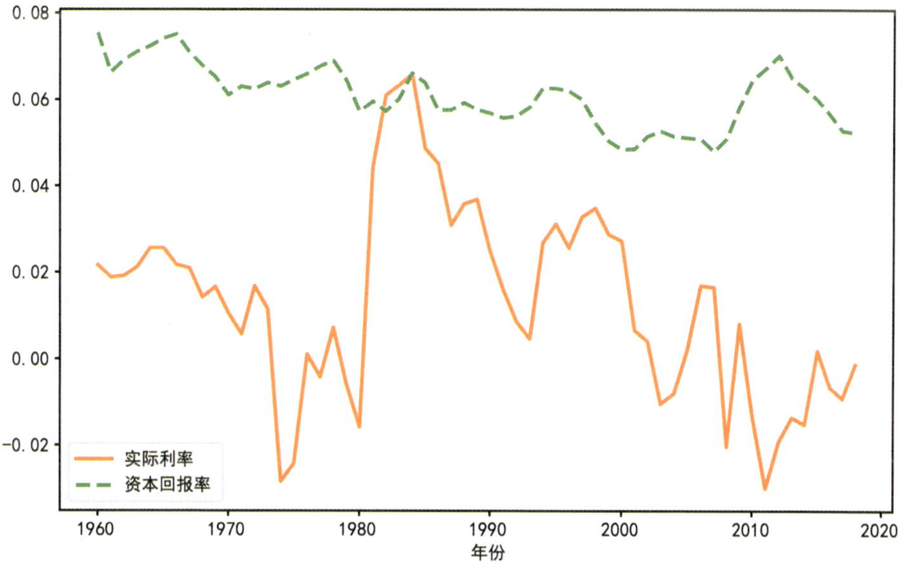

图 2.5　美国利率与资本回报率变化

数据来源：Wind

我们在上一节中讨论了当社会收入、投资与消费以等比例增长时，社会的总投资等于资本存量 $K\times$ 经济增速 g。这个等式对任何一个企业也是成立的，如果某个企业的资本存量增长速度低于 g，就意味着这个企业在经济活动中的规模将会越来越小，如果这种情况持续足够长的周期，意味着企业要维持相应的规模，除了将所有的资本回报进行再投入，还需要不停地获得外部资金。从自由现金流[1]的角度看，这样的企业需要有不间断的现金流流入，才能保证自己不被经济增长所抛弃。于是这类企业的投资者会发现，要么企业的市场份额持续下降，在竞争中变得越来越弱势，要么就得不停地为这个企业补充资金，但也仅能维持企业不处于弱势地位。自由现

1　企业产生的在满足了再投资需要之后剩余的现金流量，这部分现金流量是在不影响公司持续发展的前提下可供分配给企业资本供应者的最大现金额。

金流为负的企业，从某种意义上来说，对其投资者而言是一种“亏损”的企业。长期来看，对自由现金流为负的企业进行投资并不是一个很好的选择。所以当资本回报率 r 持续低于经济增速 g 时，至少会有部分投资者更加倾向于选择减产或退出。

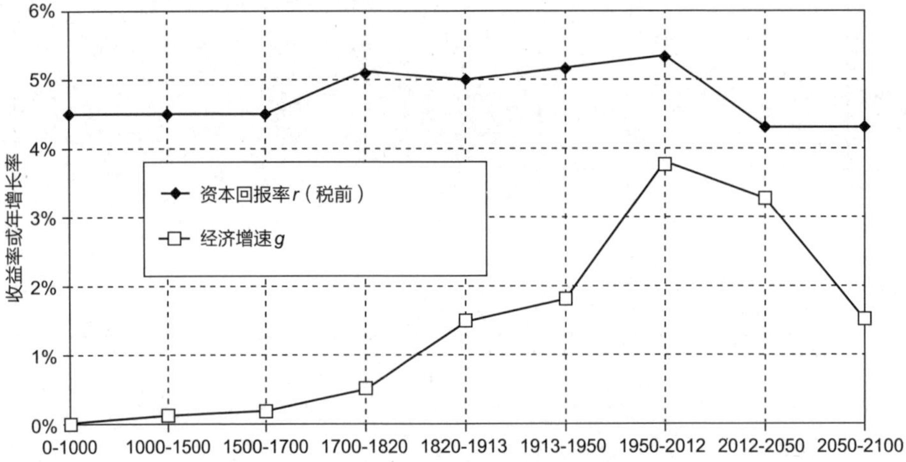

图 2.6 资本回报率（税前）与经济增速[1]

《21 世纪资本论》对 $r > g$ 的现象进行了非常详细的描述，作者统计了西方国家几百年来的历史，得出了 r 总比 g 大 3% ～ 4% 这样的结果（我们后续的叙述中如果提到这个差值，会用 4% 这个粗略的数据来对这个效应进行估计）。实际上，在上面的论证中，在资本回报率低于经济增速的时候，并不是所有企业立刻就会选择减产或者退出。实际的数据是，企业整体资本回报率分布的标准差约为 30%。如果我们简单地把企业的分布大致看作三角形，那么通过估算可以得出，当资本回报率低于经济增速时，只需要 10% ～ 15% 的企业选择减产或退出，就能够使得图形整体右移的幅度达到所需要的值，从而使得企业整体盈利水平超过经济增速 3% ～ 4% 的水平。这也

1 [法]托马斯•皮凯蒂. 21 世纪资本论 [M]. 北京：中信出版集团，2014.

和我们自身的感受是接近的，并不是每个企业在资本回报率下降后都会立刻选择退出，而只有很少的企业会这样做。但即便是其中这很小的部分，已经可以使得整体分布往右侧移动足够多的距离了（见图2.7）。因此我们讨论的第三个界限就是经济增速。

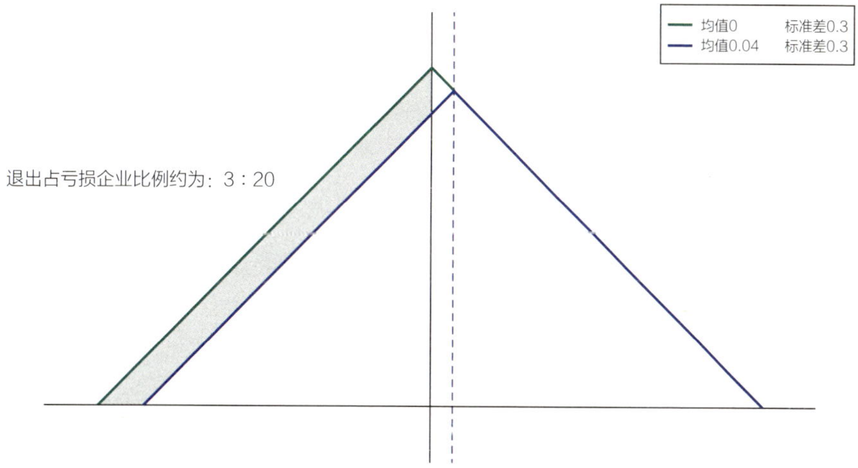

图 2.7 企业收益情况示意图

我们得到的三个界限，从下到上依次是资本回报率为零、资本收益为实际利率、资本回报率为经济增速。上一节我们讨论过，“资本回报率无法继续下降”是十分关键的要素，而三个退出下界中，最为刚性且不可打破的就是资本回报率为零。从实际数据来看，在中长期，世界各国的资本回报率都比经济增速高3%～4%，可以把这个值认为是风险溢价。那么只要企业的收益率分布的标准差及企业亏损后每年度退出的比例大致不变，企业要求的风险溢价也就不会有太大变动。这就是说，企业的资本回报率无法在低于风险溢价（3%～4%）的区域一直停留，因此这个区域也就是在上一节中讨论的，超额投资引起的资本回报率下降的终点。

风险对结果的影响

从图2.8中我们能看到，在长时间周期中，资本回报率、经济增速、实际利率存在依次递减的关系。如果我们从风险角度考虑，把利率认为是低风险的收益，资本回报率是高风险的收益，那么经济增速则代表了社会的平均收益。三者的收益排序也满足我们对三者风险评估的排序。基于前面关于企业收益低于退出下界的幅度与风险正相关的推理，我们可以得到，资本回报率和经济增速之差将会和某个能表征市场风险的指标呈较强的关联性，而我们在现实数据中也确实看到了这种情况。

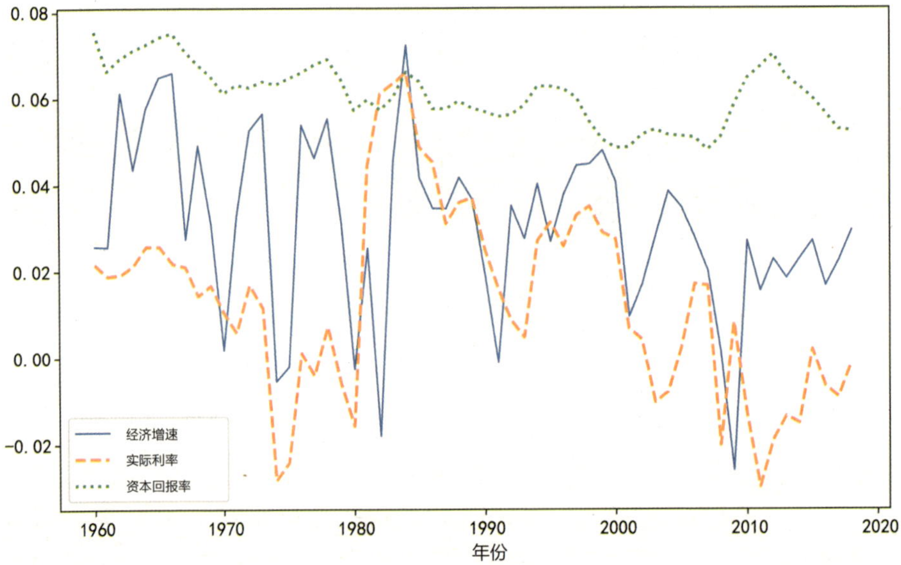

图 2.8　资本回报率、经济增速、实际利率的变化（以美国为例）

数据来源：Wind

图2.9显示了西方主要经济体平均资本回报率和经济增速的差值，我们用美国市场上20%分位的上市公司的资本回报率减去80%分位公司的资本回报率作为一个风险的代理变量，可以看到这个代理变量和资本回报率与经

济增速差值（$r-g$）存在关联性。推导一下可以发现，利润超过退出下界的值与波动规则中假设的企业年度间波动率成正比，同样企业20%分位回报率与80%分位回报率的差也和企业年度间波动率成正比，所以利润超过退出下界的值与回报率之差在理论上也应该是正比关系。只要满足前面提到的几个假设，这就是一个必然的结果。

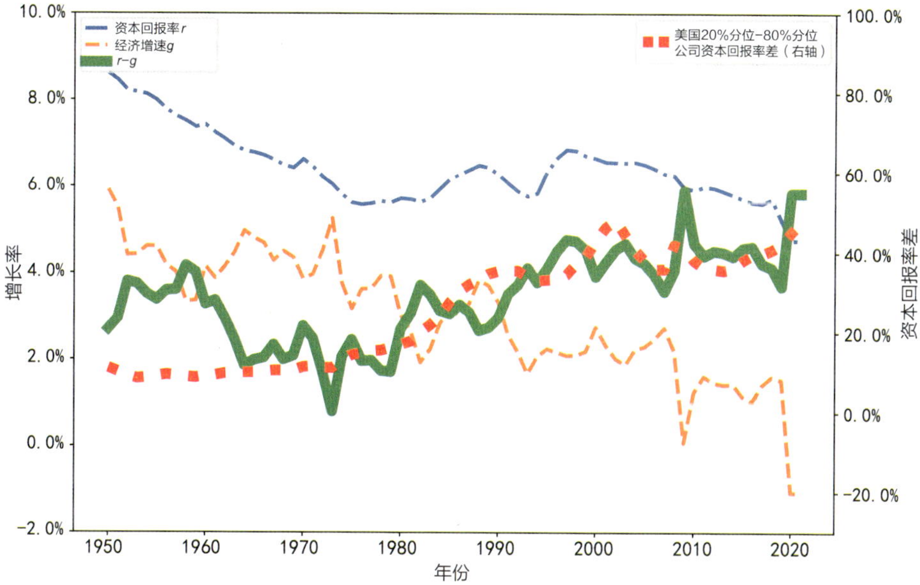

图 2.9　9国平均资本回报率、经济增速与不同分位公司资本回报率差值图

数据来源：WID世界不平等数据库，Wind

另外，如果企业的资本回报率和风险存在关联性，那么我们可以期待在风险较高的行业，企业的资本回报率更高，实际上只要看一下美国上市公司的情况就可以清楚地看到这一现象（见图2.10）。该现象在金融学中已经被研究得非常透彻，马科维茨有效前沿理论[1]对其进行了比较完整的阐述，得到的结论是，市场中风险和收益是存在正向关联性的。换句话说，

1　Markowitz, H. "Portfolio Selection." The Journal of Finance, 1952, 7(1), pp. 77-91.

如果单纯承担风险而没有额外的收益作为补偿，那么该项风险投资就很难有人投资。我们只不过是为这个微观层面的规律在宏观中找到了表现方式而已。

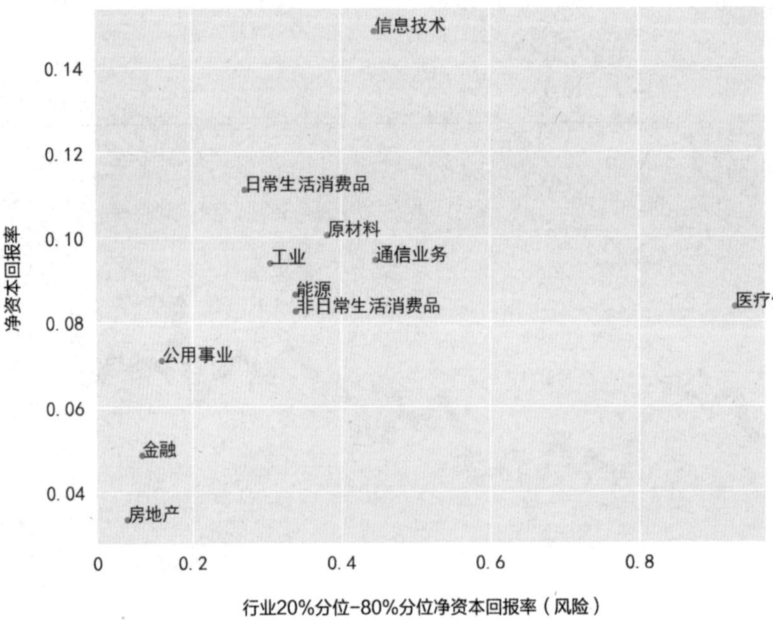

图 2.10 美国不同行业收益—风险情况

数据来源：Compustat，Wind

这里的逻辑是，我们可以根据假设推导出资本回报率和风险存在关联，然后通过事实去验证，而并非试图用这两个数据支撑这一关系，毕竟还可能存在其他原因导致出现这样相对简单的数据结果。但如果从利率推导出的结果在现实中得到验证，至少说明我们前面的理论推导并非没有现实基础。

税收与资本回报率

现在已经清楚，只要退出规则和波动规则成立，资本回报率就会大于经济增速。接下来要讨论的是，税收能否使得税后资本回报率低于经济增速。注意，这里仍然是在这两条规则成立的前提下，来讨论税后资本回报率对税收的传递规则。而如果我们在真实世界中找到了打破以上两个规则的路径，这里的讨论自然也就不成立了。

税收分为两种，一种是类似增值税这样的税种，不管企业盈利与否，都会无差别地进行征收，最终的赋税由企业和消费者进行分摊。另一种是类似所得税、分红税这样的税种，只对利润部分进行收取，结果仍然会由企业和消费者分摊。当然，还有一些比较特殊的遗产税等，暂时不在这里讨论，在讨论财富分配的章节会提到这个问题。

我们先看增值税、房产税等不和企业利润挂钩的税种。征收增值税相当于商品涨价，涨价的部分值被政府拿走。从微观供需平衡的角度出发，涨价行为使得消费者承担更高的价格，进而减少消费的物资量；企业因为获得的资金减少，也倾向于提供更少的商品。但在这种调整机制下，并没有讨论最终企业是否会因为减产、降低税后商品价格等行为而导致企业利润率下降，因为站在微观均衡的角度是难以计量的。

运用我们前面的框架来分析增值税调整的过程：首先，增加增值税后，确实会促使企业降价或减产，导致企业的营收下降，进而使资本回报率下降。并且由于这种税收作用于商品价格，不管之前企业盈利状况如何，都会经历大致相同幅度的资本回报率下降，对应着企业整体利润分布曲线向左侧移动。从退出规则的角度来看，这样的左移将导致一些企业进入退出区间，并在经过一些年份后被挤出市场。随着这些企业退出市场，导致竞争减弱，其余企业的整体资本回报率仍然会恢复或接近之前的水平。只要税收调整前后，企业的退出下界以及经营风险没有较大的变动，那么稳定情况下的资本回报率也不会有较大变动。也就是通过增加增值税，不会降低企业的整体利润水平，最终企业还是会获得和之前相近的资本回报率。

国民总收入由资本收入和非资本收入（劳动收入、税收、折旧）组成。税收确实让政府从经济体中拿到了一笔钱，所以这时有两种可能。一种可能是，这笔钱使得资本收益下降了，而我们上面分析过，企业的税后资本回报率并没有明显变化，所以资本收益下降只能是资本存量下降了。其路径是，在增加税收的当年及临近年度，资本存量并未突变，而税后资本回报率在短期内有所下降，此时的税后资本回报率无法满足投资人覆盖风险的要求，因此社会总体投资会下降。经过若干年折旧大于投资后，资本存量下降，税后资本回报率恢复到经济增速与风险溢价之和的水平，才能达到新的平衡，而此时的资本存量比之前已有较大下降。一个国家的人均资本存量越高，则生产能力越强，所以，如果增加增值税使资本收入占比下降，那么损伤的是整个国家的经济增长。

另一种可能是，增加的税收转移到劳动者身上，使得劳动者收入下降。而我们增加税收的目标是从资本收益中收一些税来补贴劳动者，如果此时税收的承担对象是劳动者，再通过转移支付返回给劳动者的话，整个税收行为的意义就改变了。通常而言，增加税收会是上面两种效应的综合效果，即导致资本存量有部分降低，同时又从劳动者身上收一些税。

再来看涉及企业利润的所得税以及资本持有者的分红税。相比增值税对所有企业的无差别征收，所得税按比例征收的结果是税后企业的利润分布不会发生整体平移，而是利润大于零的部分的分布整体以某个比例缩减，比如原来资本回报率是4%的企业变为3%，原来是2%的企业变为1.5%，而对小于零的企业不再收取。在经济增速接近零时提高盈利企业的所得税，能避免更多的企业跌入退出规则发生作用的区间，从而使资本回报率下降。但这也会带来亏损企业在扭转亏损后预期收益下降的问题，使亏损企业的退出动力更大，因此其总体效应很可能仍然无法取得预期效果。在经济增速大于零时，这个缩减效应会造成一些企业税后资本回报率从原来高于经济增速变为低于经济增速。这些企业仍有可能减产，以使得税后资本回报率回升，这个过程仍然会产生和增加增值税类似的效果，即不会造成税后资本回报率下降。最后，要么是税收被转移给劳动者，要么是导致社会资本存量下降。

结合图2.11的历史数据来看，美国、英国、法国、德国四国在1940—1980年间曾制定了最高达90%以上的边际所得税税率。但美国1970年以来的相关数据[1]显示（见图2.12），1970—1980年间企业的税后资本回报率确实仍旧高于经济增速。全局来看，除了个别经济体增速突然加快的年份，大部分时间里，企业税后的资本回报率仍然是大于经济增速的。

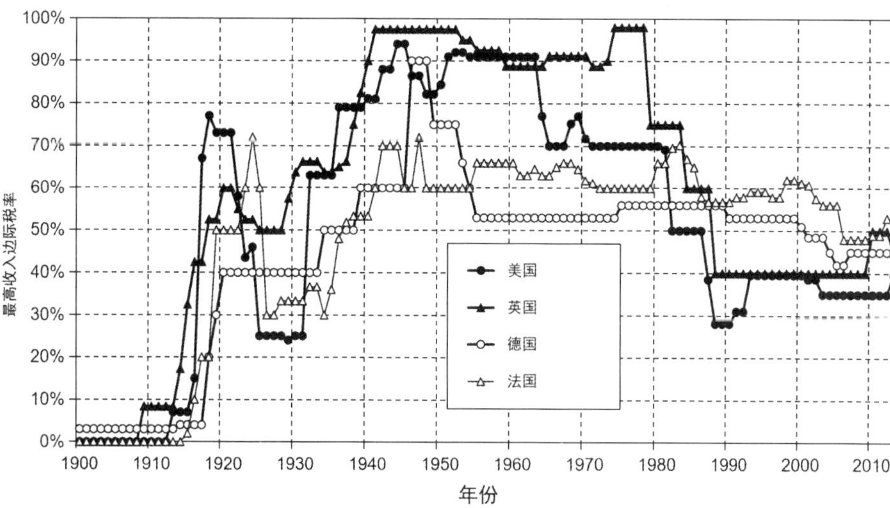

图 2.11　1900—2013 年最高所得税税率

引自《21世纪资本论》[法]托马斯·皮凯蒂

1　1970年之前的数据由于未找到准确的税收数字而无法提供。

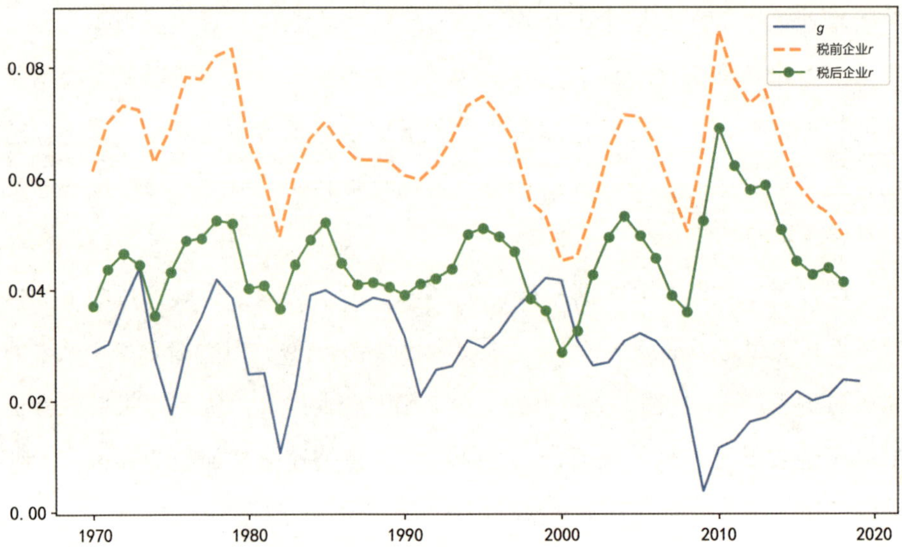

图 2.12　税前与税后企业的资本回报率对比

数据来源：WID 世界不平等数据库，Wind

另外，还有一些税种，例如遗产税，其征收过程并不直接影响企业的资本回报率，也不会对企业的经营行为造成干扰。所以这个税种可能更像是每隔若干年对一笔存量财富收取的财富税。在我们讨论的框架“收入 = 投资 + 消费”中，实际上它的意义在于当一个人的财富下降后其消费倾向会发生某种变化。而在这个等式中，遗产税并不影响现在讨论的“收入”项，我们把它留到后续讨论消费的时候再讨论。

依旧在前述两条假设的基础上，表面上看增收遗产税并不会明显地导致资本回报率产生变动，而且似乎也不会影响资本存量的变化，所以从目前的角度无法分析这类税种可能产生的影响。但近几十年和以往大为不同的是，在一代人的时间里就有可能积累巨量的财富。我们统计了福布斯排行榜里前 50 位富豪，发现在 20 世纪 70—80 年代出生的人有 34 位，占了 68%，其所拥有的财富更是占到了 72%[1]。所以遗产税在时间上并不一定来得

1　数据来源：福布斯官方数据。

及解决财富差异巨大的问题。

总之，从我们的框架来看，税收并不能使企业的税后资本回报率降低。其原因是，企业税后的资本收益需要覆盖企业的经营风险，企业经营环境如果不变化，甚至因为税收的增加而变得更差，那么风险溢价就不会下降。在税后资本回报率不变的前提下，将一部分收入从企业转移至非资本收入者手中，会导致企业整体的资本存量降低，引发社会生产水平的下降。而且，社会生产水平下降后，社会仍然处于企业税后资本回报率高于经济增速的状况下，资本可投资比例（g/r）依然比较小，问题并没有被解决。

劳动者之间的收入差异

我们前面一直在讨论企业收入与投资的相互作用，并没有深入探讨劳动者收入。这里做一点简单解释。

第一，如果劳动者的收入无法通过变为资本而获取持续的资本收入，劳动本身的收入差距在当今社会是相对有限的，通过劳动最高收入可能在每年数千万元这个级别，而最低的收入大概在每年数万元级别，中间大约差1000倍，然而如果是资本性收入，到100亿元这个级别都是有可能的，差距放大到一百万倍。另外，年收入千万元级别的人基本上消费占比至少还可能有30%～50%这样的比例，但年收入上亿元的人，消费占比可能很难超过其年收入的5%～10%。这些无法正常转为消费的钱才是经济出现“堵塞”的原因。

第二，一个更重要的点在于，经过我们前文的分析，资本回报的特殊性质使税收很难发挥控制资本回报率下降的功能。所以普通的税收方式恐怕难以解决资本稳定地获得相对经济增速更高回报的问题。而劳动者收入则不然，如果确实觉得部分劳动者收入过高，提升其边际个人所得税率，会使得这份赋税由企业和高收入劳动者分摊。资本回报率受制于退出下界与风险溢价之和，经过再平衡之后，这份赋税会全额转嫁到高收入劳动者身上，可以有效地降低他们的收入。

综合前面两条，劳动者收入差异的问题由于强度不大，以及可以通过税收来解决，所以我们之前没有讨论，在后文中也不会过多讨论劳动者收入差距的问题。而企业的资本回报率无法通过税收使之真实有效地下降，才是造成问题的关键，也是本书要分析的核心问题。

利润大于零的其他相关研究

上面我们解释了为何资本回报率会高于资金成本以及经济增速。企业整体利润持续大于零这个客观事实，目前西方主流的经济学习惯将其归因为垄断利润[1]、技术壁垒等来源，认为是由于市场机制没有充分发挥其效用才导致企业利润大于零。

当市场中仅剩一家垄断企业，在边际利润仍大于资金成本，但继续扩大规模会造成总利润下降的情况下，垄断企业会为了确保其总利润的最大化，选择不继续扩大生产规模。此时企业的利润会高于其资金成本，取得了和控制风险下限类似的效果。传统经济学在讨论垄断时，本身并没有假设企业的经营存在年度间收益不确定性，所以，当我们去除波动规则，考察当存在退出规则及垄断时的情况，得到的结果和传统经济学是一样的。但如果我们去除退出下界，可能就会出现一些企业即使面临亏损，也仍旧不会退出市场的结果。虽然在常规经济学中这件事不太容易理解，但如果我们假设存在政府补贴，使得亏损的企业并不会退出市场，那么我们可以

1　垄断利润指由于市场垄断产生的超额利润。在完全竞争市场中，由于存在较多买卖双方，单一企业无法影响市场价格。但如果某一企业垄断了市场，控制了大部分市场份额，它可以操纵价格获得超额利润。

想象，垄断是无法形成的。所以，如果要通过垄断形成利润大于零的局面，仍然需要退出规则能够起作用。

从另外一个角度对资本利润持续大于零这个事实的研究，在接近200年前就已经被马克思所发现并写入《资本论》中。他把这个效应归结为“剩余价值”，并认为这是资本家对劳动者的一种剥削，他并没有区分哪部分利润算是剥削，而是认为所有利润都源于对劳动者剩余价值的剥削。经过我们的讨论，可以意识到马克思的剩余价值理论和企业风险补偿思想，本质上是对同一个事实从两种不同角度的描述。只不过从剩余价值的角度考虑，是不同阶级的行为模式与结果；而如果从风险溢价的角度出发，则更容易了解其本质，并发现通过何种路径可以更好地解决这一问题。实际上即便是按马克思所希望的变为公有制，如果企业长期亏损就会减产或退出的话，那么剩下的企业作为整体也必然是盈利的，也获取了剩余价值。

此处的讨论并不是要给资本剩余价值洗白，试图承认资本获取剩余价值的正当性；而是认为，在更清晰地了解剩余价值的来源后，有利于对症下药地解决问题。

我们在接下来更加深入的分析中会发现，“剩余价值”的存在，即便对劳动者而言，也并不是一件必然侵害其切身利益的事情。剩余价值的存在是经济走出供给型经济危机的原动力，如果没有剩余价值，也就是企业利润，那么企业再生产规模就无法扩大，经济体就无法走出低收入陷阱；而存在过多的剩余价值，经济体又会走入我们提到的部分人群的损益必须储蓄起来的困局。

所以在对待剩余价值或者企业利润总是大于零这件事上，我们还是应该保持一种客观的态度，去分析什么时候它是有利的，什么时候又是有害的，并且基于上文所讲的退出规则、波动规则两个条件，去限制或控制其发生的强度。

第三节　消费由何决定

关于消费，我们需要判定的是，在什么情况下，消费能够满足前面提到的（1-资本可投资比率）大于零，这样的情况下不会必然地造成富人的资产盈余为正，社会将运行顺畅。而在什么样的情况下这个条件无法满足，富人的资产盈余就会持续为正，导致在别的实体中必然出现金融负债。

边际消费倾向递减规律，最早由凯恩斯提出，其内在含义是：随着人们收入的增加，在所增加的收益中，用来消费的比例会越来越少[1]。事实上，观察实际的统计数据，这个结果也是显然的。以美国为例，我们可以很清晰地看到，不同收入阶层的人，消费占税前年收入的比例和收入呈稳定的负相关（见表2.5）。这其实也和我们日常生活中的感受是一致的。中国有同样的现象。高收入家庭具有高储蓄率，远高于中低收入家庭，且高收入家庭的储蓄率会随着相对收入的增加而增加[2]。

表 2.5　美国不同税前年收入人群分组消费支出比例及人口占比（累积）

税前年收入	项目	
	除房贷、房租、房产税外消费支出占税前收入比例	人口占比（累积）
< 15000 美元	262.14%	100.00%
15000 ~ 29999 美元	114.73%	87.25%
30000 ~ 39999 美元	95.12%	71.87%
40000 ~ 49999 美元	82.72%	62.00%
50000 ~ 69999 美元	74.05%	53.98%

1　[英]约翰·凯恩斯. 就业、利息和货币通论[M]. 上海：立信会计出版社，2017.

2　甘犁，赵乃宝，孙永智. 收入不平等、流动性约束与中国家庭储蓄率[J]. 经济研究，2018, 53(12): 34-50.

续表

税前年收入	项目	
	除房贷、房租、房产税外消费支出占税前收入比例	人口占比（累积）
70000～99999美元	63.76%	40.90%
100000～149999美元	57.52%	26.48%
150000～199999美元	53.17%	13.14%
≥ 200000美元	39.89%	6.88%

数据来源：Consumer Expenditure Survey，U.S. Bureau of Labor Statistics

边际消费倾向递减规律是出于常识和对现实世界的观察，似乎是正确的。如规律成立，自然可推导出当贫富差距加大的情况下，由于大部分收入归于富人，其较低的边际消费倾向，会降低社会总需求。但从整体经济角度的数据实证结果上看，社会的总消费并未随着贫富差距的扩大而产生缩小的现象。如图2.13所示，美国从1980年开始，前10%人群的收入在所有人群收入中的占比从35%提升到了45%，但同期个人消费占GDP的比例也从60%左右涨至65%左右，并未出现按上述推理所预言的贫富分化扩大会使得消费降低的情况。对此不同学者进行了不同角度的分析。例如霍尔（Hall）提出了消费服从"随机游走过程"[1]，认为我们无法通过上一期的消费情况推断下一期的消费情况。不管从何种角度看，从数据中确实可以得到社会总消费并不依赖社会财富分布变动而变动的结论，如此看来凯恩斯假设的边际消费倾向递减规律确实是错误的。

1 Hall, Robert E. "Stochastic implications of the life cycle-permanent income hypothesis: theory and evidence." *Journal of political economy* 86.6 (1978): 971-987.

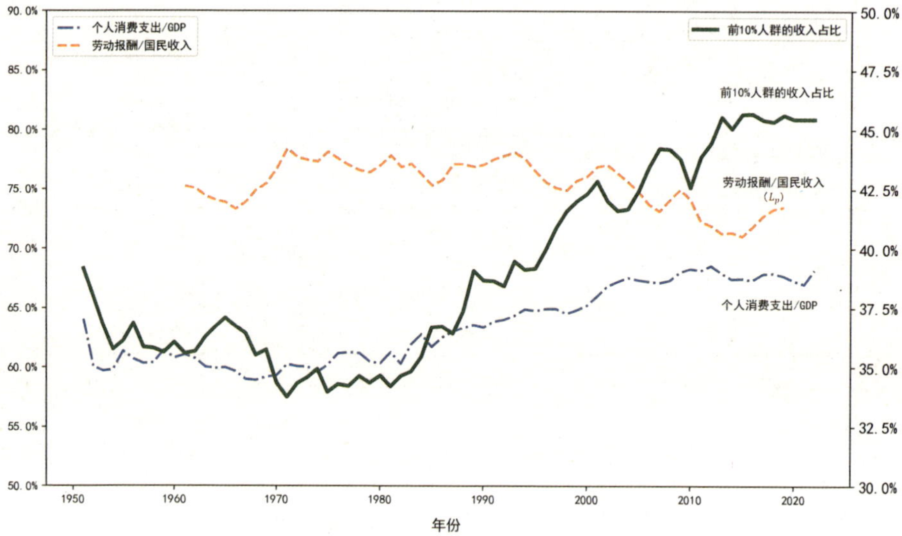

图 2.13　美国个人消费支出占 GDP 比例、劳动报酬占国民收入比（L_p）及前 10% 人群的收入占比

数据来源：WID世界不平等数据库，Wind

事实果真如此吗？如果我们从另外一个角度来看，可能容易明白：消费是受多重因素综合影响的变量，而这些变量中有些是主动适应消费进行调整，使得消费必须维持在某个水平上下，否则社会其他方面就会出大问题。因为从个人层面，消费可能并不是一个可以被随意压缩的量，或者更严格地讲，如果我们的消费已经在比较低的水平了，它便不能再被进一步压缩了。因过度压缩消费而导致的社会动荡将迫使政府极力避免这种情况的发生。所以我们看到的现实是：当潜在消费有下降趋势时，并不会带来消费数据的明显下降，而是通过消费这个“中介”，将此类下降趋势传递到了其他地方。

观察美国的国债总额以及利率数据，就很容易看明白，本该下降的消费是被什么支撑住的。几乎在前10%人群收入占比提升的同时，国债相比GDP的占比也在提升。在2008年之前，美国的国债总额仅是温和上涨，同时利率都处于相对较高的区域。在这个区域内，当社会出现总需求不足时，可以进一步降低利率来刺激投资，进而维持整体的“总供给—总需求”间的平衡。从2008年之后，美国利率快速降低，接近零，利率调节投资的功能已经丧失，即便后来有所反弹，也仅到2%量级。如果总需求进一步减少，社会将面临持续性的衰退。政府要避免经济衰退出现，唯一能做的就是扩大财政赤字。我们从图2.14中也能清楚地看到，1980年以来，美国的财政赤字是稳步增长的，并在2008年以后增长趋势进一步加速。

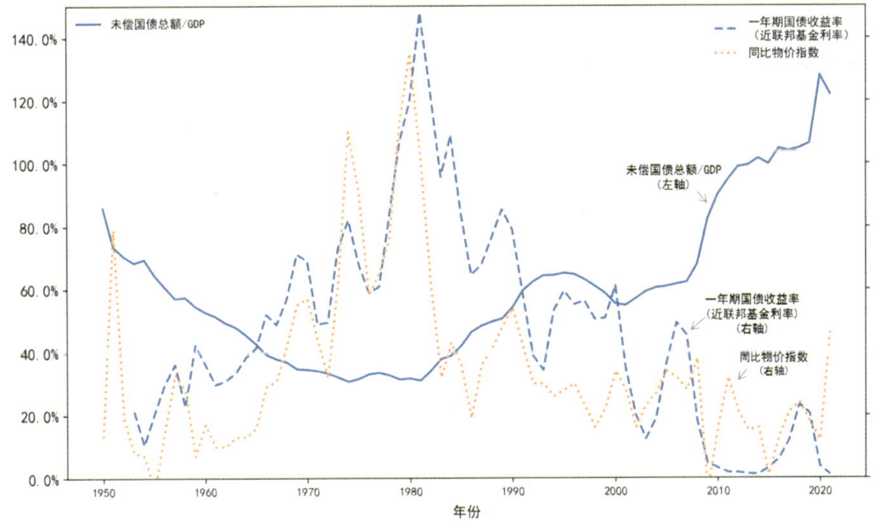

图 2.14　美国未偿国债总额占 GDP 比例、国债收益率及同比物价指数

数据来源：Wind

所以，由于全社会总消费特殊的被动变量的特性，很可能使我们不能用总消费去解释其他任何现象，也无法通过总消费数据去推断某一时期的贫富分化到了什么级别。但是有一点可以确定，就是当一个国家如果本身贫富分化处于较高的水平，同时利率接近于零，且财政赤字快速上升，那我们可以认为这段时期已经进入总需求不足阶段。

所以从微观角度看，收入越高的人群边际消费越低是符合人们的日常认知及统计数据的。但从宏观角度看，由于政府必须实现社会的稳定运行，当总收入向高收入人群集中时，并不会出现明显的社会整体消费下降，而是会转入国债中。而转移到国债中的行为，就是在我们针对某个具体人群提出的“收入＝投资＋消费＋损益”公式中，由于富人的消费过低，总是产生正的损益，而这种正的损益必然导致在社会其他地方存在负的损益。这种负的损益2008年前集中在居民群体，主要由负债买房产生。而在2008年之后，因为这些本不具有偿还能力的居民不能够再获得贷款，这些负的损益只能集中在国债上。

再提一下上一节提到过的遗产税。遗产税本质来说并不影响当期某个企业的资本收益。收取遗产税之后，假设一位父亲持有公司股权的10%，儿子继承父亲遗产时，必须卖出其中n%用于交税，使公司股权集中程度下降。这对于公司的总的资本收入而言没有任何影响，只是使得享有资本收入的人的财富有所下降。而只有当享有资本收益的大部分人的财富很少，或者说收入总量很少的时候，才有可能使得他们的消费倾向提升。所以我们必然要看到通过遗产税等诸多方式的综合作用使得收入不再集中于少数人手中的局面达成，才能认可遗产税能起到使得总消费上升的作用。因此，遗产税本身并不能改变个体收支平衡等式。

第四节　两种性质的经济危机

本章我们对资本收益者的收入、投资、消费的机制进行了讨论。得到了在长期全国总投资约等于资本存量K×经济增速g，而资本收益者的资本收益等于资本存量K×资本回报率r。在所有投资都由资本收益者来完成的情况下，也最多能将他们收入中g/r的比例用于投资。剩余资金占收入的比例为（$1-g/r$），将这个结果和资本收益者人群的边际消费倾向相比，如果大致相当，那么经济运行平稳；如果差异较大，则会进入供给型经济危机或者需求型经济危机[1]。

供给型经济危机是指当g和r比较高，同时也比较接近，此时g/r无限接近于1。也就是必须将接近100%的企业利润进行再投资，经济体才能维持均衡增长，否则就会出现投资带来的来年生产能力增长低于消费能力增长，进而出现供给不足。并且如果此时享受资本收益的人群较为分散，绝对收入并不高，可能会出现这部分人群获得资本收益之后，有相对大的比例被消费掉。由于富裕人群也无法无限扩大债务来实现长期损益为负，所以此时投资并不足以保证再将$K \times g$的资金进行再投资，来年的生产就会受到影响。因此会出现生产商品无法满足社会上购买力需求的情况。政府往往会通过票证制等方式尝试压低总的消费量，以鼓励更多资金进行投资。不能成功跨越这个门槛的国家，将会一直处于“低收入陷阱”中。我们在第四章中会详细描述这一类型经济危机的成因及解决思路。

需求型经济危机是指，当g和r都已经相对较低，但风险溢价（$r-g$）本身不会下降太多，g/r就会显得较小。也就是整个社会只能将很少的企业利润用于投资，否则将带来生产的商品多于社会上购买力的增长。如果此时资本收入还集中在绝对高收入人群手中，那么消费将会比较小，由于投资又被过低的资本回报率限制住，投资也会较小，最终必然有持续的正的损益被保存下来。由于这些人群获得了持续的正损益，那么在社会其他地方会产生持续的负损益。我们在第三章和第五章中会深入探讨这一类型的经济危机。

1　由于这里假设了所有投资由资本收益者完成，现实情况显然并非如此，所以如果结合真实经济数据，还需要将相关科目按实际发生的数字进行修正。

第 三 章

静态陷阱

通过对资本收益者的收入、投资、消费的讨论，可知需求型经济危机的成因。接下来，我们先从一个非信用货币体系的例子引入需求不足型社会的演化模式，再讨论在信用货币存在的情况下，问题可能会如何演化。我们认为，演化到最终进入“静态陷阱”的经济体，其经济是很难再次恢复增长的，我们所熟知的“中等收入陷阱”，也是“静态陷阱”的一种表现形式。

第一节　银本位下的需求不足

在现代信用货币体系被大规模运用前，白银在很长一段时间里都是最重要的货币。一块白银自从被开采出来的那一刻起，就融入了整个社会经济体系的运转，白银的数量与流通状况反映了一个帝国的兴衰。

公元1567年，明朝隆庆皇帝宣布了一项对日后影响深远的政策：解除海禁，允许民间开展海外贸易，史称“隆庆开关”。当时，中国在商品品类上基本可做到自给自足，对西方进口的商品并没有特别大的需求，而特有的丝绸、茶叶、瓷器则是其他国家稀缺的商品，吸引了大批海外的贸易商人。白银作为当时的货币，虽然无法像信用货币一样被凭空创造出来，但通过开采和富集，社会中的总存量依旧在不断增加。正逢16世纪西班牙、葡萄牙在美洲开辟殖民地，对当地丰富的白银资源进行了大量掠夺和开采，殖民者手中巨量的白银需要找到消化的出口，因此在“隆庆开关”后，明朝的商品疯狂地向外出口，而鲜有进口，中国很快成为当时世界上贸易最繁荣的国家，大量的贸易顺差使无数的白银转移到明朝。根据《剑桥中国史》的描述，1567年至1644年的这77年间，通过贸易流入明朝的白银总数超过3.5亿两，相当于当时全世界白银总量的三分之一以上。[1]

1　崔瑞德，费正清．剑桥中国史[M]．北京：中国社会科学出版社，1992.

著名经济史学者、依附理论的代表人物安德烈·冈德·弗兰克（Andre Gunder Frank）在他的著作《白银资本》中描述：从1493年至1800年，世界白银产量的85%和黄金产量的70%来自美洲。美洲的白银产量在16世纪约为17000吨；到17世纪达到42000吨，其中的31000吨是运往欧洲的。而欧洲又将收到的白银的40%（约12000吨）运往亚洲，其中的4000吨至5000吨直接由荷兰东印度公司和英国东印度公司运送；另外有6000吨运往波罗的海地区和利凡特地区，其中一部分留在当地，其余部分继续向东到达亚洲。18世纪美洲的白银产量约为74000吨，其中约20%横渡太平洋经马尼拉运抵中国，如果加上日本和其他地区生产的白银，全球白银产量的一半最终抵达亚洲，尤其是中国和印度。贵金属流动的意义在于，某些地区需要从其他地区进口商品，却不能出口同样数量的商品，所以不得不用货币来结算贸易逆差。弗兰克对此提出了三个问题：

> 为什么有些人需要进口商品，同时却不能出口足够的商品来支付进口所需的费用？为什么有些人能出口自己生产的商品，并且收取货币，而不是其他商品？也就是说，他们为什么需要货币？最后，为什么货币生产是必不可少的？

实际上，这些问题是同一个问题的两个方面，即，为什么欧洲需要亚洲的商品，却不能用自己的商品同亚洲交换，而必须剥削美洲的贵金属？为什么亚洲可以向欧洲出口商品，却要求用贵金属支付，而不是进口欧洲的商品？弗兰克认为这个问题的答案很简单。欧洲和亚洲之间的贵金属和商品的反方向运动，代表着它们各自在世界体系中的位置。除了美洲和非洲，欧洲与所有其他地区之间都存在着长期的、结构性的贸易逆差。出口来自美洲的贵金属是它唯一的弥补逆差的手段，因此这些贵金属源源不断地被运到波罗的海地区、东欧、西亚、印度、东南亚和中国。欧洲的结构性贸易逆差可以从下列事实反映出来：

1516年荷兰东印度公司的全部出口货物中，产品只占6%，贵金属则占94%。从1660—1720年的60年间，贵金属占东印度公司对亚洲出口总值的87%。出于同样的理由，代表制造业和其他“出口促进”利益的英国政府，要求英国东印度公司在其全部出口总值中至少包含10%的英国出口的产品，但是英国东印度公司很难满足这一并不过分的要求，因此他们不得不削减出口总额。他们发现，介入亚洲内部各地区之间的贸易，要比进行欧亚之间的贸易更加有利可图。[1]

巨量的白银流入引发了欧洲的“价格革命”——中世纪以来稳定的物价受到美洲贵金属的巨大冲击，导致通货膨胀，物价开始飞涨，引发了一系列变革。当时的西班牙农学家埃雷拉哀叹：

> 今天（1513年），一磅（约453.59克）羊肉的价格在过去可以买一头整羊，一块面包相当于过去一法内格（墨西哥的土地测量单位）小麦，一磅油或醋的价格顶得上过去12磅。

1580年，一位那不勒斯商人抱怨物价上涨了三分之二以上，西班牙的国会为了应对物价上涨，甚至要求国王鼓励殖民地发展工商业，减少西班牙向殖民地出口产品。[2]

欧洲传统的以土地所有权为特权的封建阶级开始瓦解，掌握手工工厂和商业贸易路线的新兴资产阶级开始掌握巨大的财富和权力。这改变了欧洲的阶级力量对比，为后来的社会革命奠定了基础。同时，价格革命也引

1 [德]贡德·弗兰克. 白银资本：重视经济全球化中的东方[M]. 北京：中国科学技术出版社，2022.

2 [法]费尔南布罗代尔. 菲利普二世时代的地中海和地中海世界[M]. 北京：商务印书馆，1996.

发了巨大的混乱，哈布斯堡王朝的国王菲利佩二世在位期间，西班牙凭借掌握的巨大财富，对外与奥斯曼、热那亚、法国、英国等国家进行了一系列的争霸战争，对内镇压犹太人、穆斯林以及胡格诺派教徒，试图建立一个统一的大型天主教帝国，这些政策耗费了巨量的财富，导致西班牙三次宣布国家破产。布罗代尔（Fernand Braudel）写道：

> 16世纪的物价普遍上涨使地中海国家备受折磨，1570年以后更是这样，物价上涨产生了众多的后果，这场革命实际上一直持续到17世纪，其激烈性和持久性必然引起当时人的注意，他们因此对复杂的货币问题，对金钱具有的新的和革命的力量以及人和国家的普遍命运等问题进行了思考。[1]

价格革命同样影响到了中国，明朝商品出口贸易的赚钱效应，使得大量人口投身于商品生产和贸易活动，同时张居正推行的“一条鞭法”强制使用白银代替实物交税，在社会上制造出巨大的白银需求缺口。多种原因叠加，使得外部流入的白银在明朝的经济体系中快速流动起来，经济水平得到发展。

另一方面，由于白银拥有较强的货币属性，在流通和存储上优于土地和实物，使得以白银为主的财富集中效应愈发显著。李自成在京城从官员身上搜刮出的7000万两白银已经是一个庞大的数字，但民间白银的集中程度同样令人咋舌。当时，以晋商为代表的商人团体掌握着众多盐业和票号，处于社会白银流通的中枢位置，他们积累了巨量的白银，并遵循一个传统：将白银“窖藏”于地下。无数的商贾和官员也热衷于这种操作，被

1 [法]费尔南布罗代尔．菲利普二世时代的地中海和地中海世界[M]．北京：商务印书馆，1996.

埋入地下的白银不计其数，只能通过总流入和流通的数量估计，“消失的白银”已经超过亿两。根据《天水冰山录》[1]及《泾林续记》[2]的描述，明朝嘉靖时期的严嵩、严世蕃父子在家中“掘地深一丈，方五尺，四围及底，砌以纹石，运银实其中，三昼夜始满”。简单估算，一个囤藏银子的地窖大约有10立方米，昼夜装银子，需要三天才可将地窖堆满，而在严家这样的地窖就有十几个。

一边是贸易“银泵”不断向明朝注入白银，一边是富商官僚将白银收集后在地下窖藏，在一段时间内，社会的白银流通量达到了一种微妙的平衡，并没有发生由于货币暴增导致的恶性通货膨胀。

明朝后期，由于欧洲自身的白银存量减少，西班牙、葡萄牙等国切断了与中国的贸易；日本也因为德川家康的闭关锁国政策，减少了向明朝的白银输出。一时间，把白银作为商品贸易货币的明朝陷入了有史以来最大的“钱荒”。贸易的中断也使国家内部制造的商品无处销售，在商品积压与白银短缺的共同作用下，一轮严重的通货紧缩开始了。

从表面上看，通货紧缩是商品价格按白银的计价在下降，但百姓并没有享受到商品降价的益处，因为他们手中根本没有可使用的白银。大部分的白银依旧窖藏于富商官僚的家中，且因为流通量减少，更刺激了“窖藏白银”的行为，该行为又导致白银继续减少，通货紧缩现象愈发严重。在这种情况下，整个工商业遭到重创，百姓不得不把仅剩的银子存起来，并压缩自身的消费需求以应对危机，社会经济状态急转直下，百业停滞。

货币本来只是一种计价工具和交易媒介，如果只是因为货币数量减少而无法满足交易需求，通过提升流通速度或者是将白银面值永久性增值之后，理应足够应对社会的交易需求。但在大量白银被富裕人家窖藏之后，

1 （清）吴允嘉．天水冰山录[M]．北京：商务印书馆，1937．
2 （明）周玄暐．泾林续记[M]．上海图书馆明刻本．

其实相当于获取白银的一方向社会提供了等值的商品，而因此获得的货币却再也不会去市场上购买其他人的商品，意味着社会上等量的商品永远无法找到买家，而这和市场上有多少白银并无关系。西班牙、葡萄牙等国的贸易终止表面看是终止了白银的流入，从商品的角度看则是终止了商品的需求。民间大量储蓄白银的行为实际上构成了整体消费需求的下滑，在贸易顺差期间问题尚不严重，但贸易顺差一旦无法维持，那么社会总需求不足的危害就会显现出来。封建社会政府并没有进行宏观经济调控的能力，这种情况也对应了如果我们不做任何宏观调控，最后可能的结局；同时也是如果需求不足危机一直深化，到主要经济体都放弃信用货币体系转而采用金本位后最有可能的演化结果。

第二节　信用货币社会总需求不足

市场中的任何一笔交易，都有买方和卖方，卖方获得的收入，都是由买方的支出构成的。如果某个地方的人制造的商品的价格总和低于他所消耗的，那么结果就是社会上必然存在另一些人，其消耗的商品大于制造的。而商品和货币总是一对一交换的，那么前者就会不停地持有货币，而后者在开始的货币花光后就只能负债。所以要维持社会的运转，需要将储蓄的人的购买力“借”给消费过多的人，否则社会上的商品必然不能被完全出售。比如第一年社会生产了100单位的商品，所有国民获得100单位货币，但是有人储蓄了5单位货币，那么最终这些商品只能整体降价以95单位货币出售。第二年所有国民总收入就只有95单位，而其中再被储蓄起来5单位的话第二年只能继续螺旋下降。所以这些储存起来的钱只能通过政府干预的方法补贴给其他人去消费。可以看到，这些年许多经济体的国债疯狂增长的背后，是源于有人在持续存钱，如果国家不替他们把这些存起来的钱返回到经济体中，经济就会螺旋下跌。

不管在信用货币社会和非信用货币社会都与上述演化路径相似。在一个存在信用货币的世界里，上述现象的产生并不是问题的终点。在没有超发货币的世界中，资本收益者之外的人买不起他们所生产的商品[1]，就必然导致经济螺旋下滑。而在一个信用货币社会中，政府可以通过发行货币来暂时获得购买力，用这些新发的货币来补充那部分被储蓄的购买力。如果这些被储蓄的购买力永远不会再次回流到经济循环之中，那么确实是可以通过无休止的货币发行来抵消由于储蓄而离开经济循环的购买力。而且如果二者的节奏精确吻合，那么这些多发行的货币刚好可以弥补缺失的购买力，社会并不会因为这些货币而发生通胀。但问题在于，这些储蓄的货币并不会永久地消失，当某些特殊情况下，这些货币的持有者逐渐意识到社会已经超发了太多的货币，货币可能会失去部分价值时，他们可能会争先恐后地将自己的购买力兑换成实物，这将在短期内引发剧烈的通货膨胀，而到了这个时候，很可能导致这种信用货币体系遭受冲击，甚至遭遇灭顶之灾。

即使可以通过一些高超的技巧避免信用货币崩溃，整个体系也还是会面临诸多问题。我们接下来将深入探讨社会如何从一个供需平衡的状态演化到需求不足，以及进入这个状态后社会继续演化的路径。

第三节　超额资本增量的影响

我们再回顾一下资本收益不可能三角理论，该理论表明，当投资超过投资上限时，要么非资本收入占比下降，要么资本回报率下降。从1970年

1　中共中央马克思恩格斯列宁斯大林著作编译局．马克思恩格斯全集[M]．北京：人民出版社，2016.

以来的历史数据来看，世界各国真实资本存量的增加是高于经济增长允许上限的，其中10个国家的情况如图3.1所示。

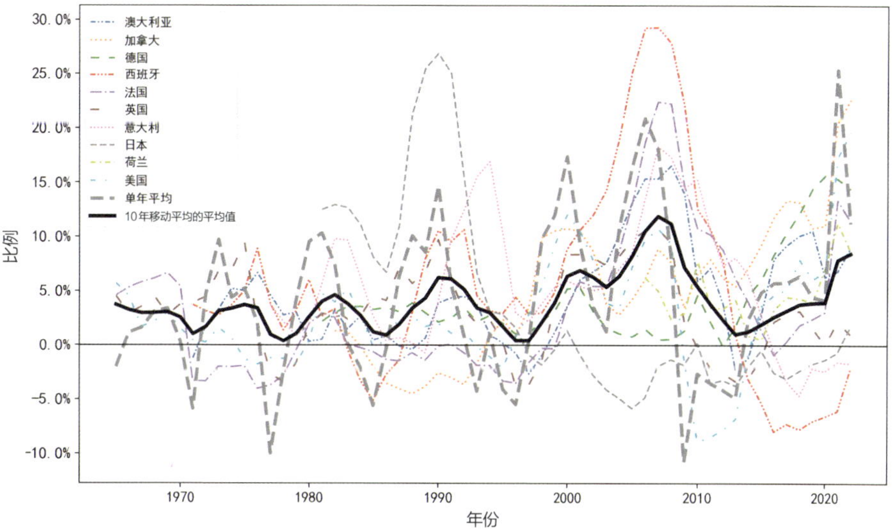

图3.1　超额资本增量占GDP比例变化

数据来源：WID世界不平等数据库，Wind

图中列出了各个国家超额投资占比的10年移动平均、所有国家整体10年移动平均的平均值，以及国家整体的当年平均。可以看到，年度波动是非常大的，危机爆发的年份g大幅度下降，导致超额资本增量大幅为正，而后续的投资下降又使得超额资本增量大幅为负。但从中长期的整体情况来看，超额资本增量为正是一个普遍且长期的现象。按我们前面的分析，这将导致资本回报率下降或者非资本收入占比下降。

图3.2展示了西方10国的非资本收入占比的变化情况。

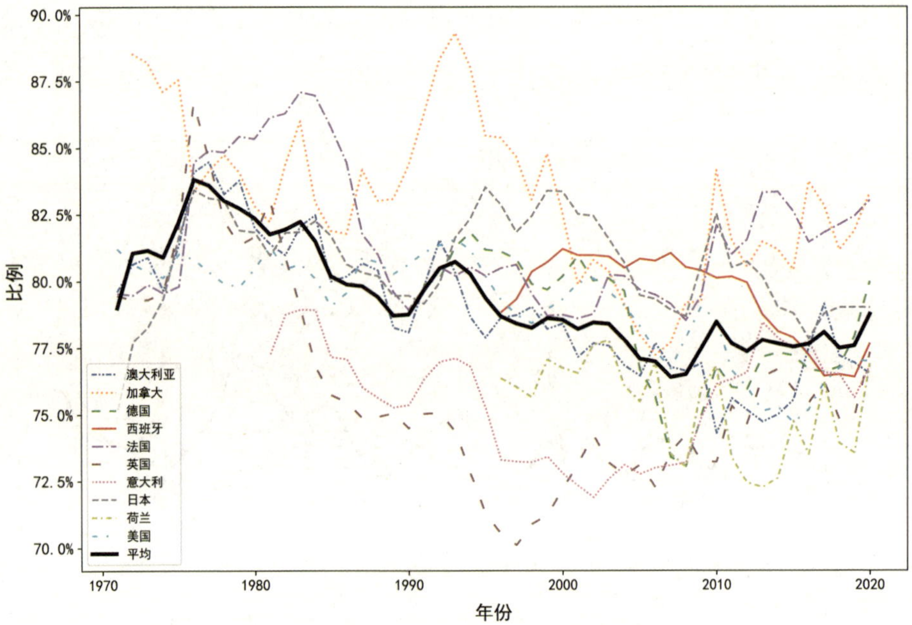

图 3.2　非资本收入占国民收入的比例变化

数据来源：WID 世界不平等数据库，Wind

可以看到，各国虽然有波动，但将西方10国作为一个整体看，其均值在次贷危机爆发前是稳定下降的。其中英国和意大利在2000年前后曾分别到过70%左右的位置，但之后迅速反弹。非资本收入占比中最主要的成分是劳动者收入占比，和我们在第二章讨论过的消费不可能大幅度下降可能是相似的原因；当劳动力收入占比足够低以后，多数国家可能不得不采取一些措施使之回升。所以我们看到在次贷危机之后，由于世界各主要经济体都在积极干预经济，使得非资本收入占比不再继续大幅度下滑。在新冠疫情发生的2020年，由于资本收入下滑特别明显，使得非资本收入占比大幅度上升，这体现了一些极端事件可能会带来的冲击。

再来看资本回报率。图3.3是10个西方国家的资本回报率分布情况，大致可以看到自1990年后整体下滑的趋势比较明显，尤其是最后几年。

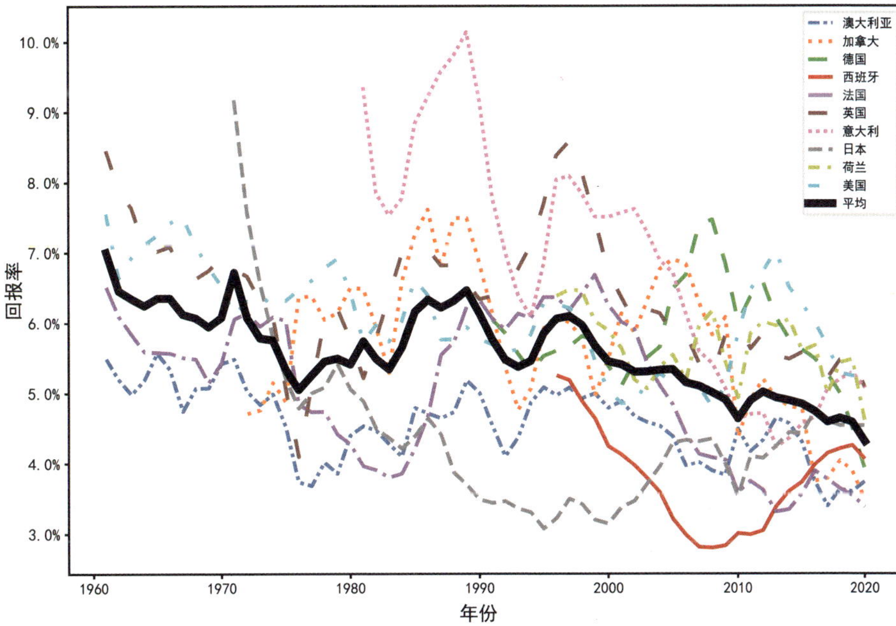

图 3.3　资本回报率的变化趋势

数据来源：WID 世界不平等数据库，Wind

结合上面非资本收入占比在后面年度并未大幅度下降的事实，可以感受到，此时超额资本增量主要的影响是导致各个国家的资本回报率下降。当资本回报率位于6%或者以上区间的时候，经济增速大致为2%～3%，这个时候资本可投资比例约为50%。考虑到资本所有者还包括了大量中小企业，这些资本所有者获得的利润仍有一部分需要用作日常生活的消费，在这个区间，投资或许还能维持低于上限的要求。但国家资本回报率在4%～5%区间的时候，资本可投资比率大概率会低于40%，这种情况下，剩余的资本收益无法消费完，就是大概率的事情了。

总体上看，在较长的历史周期中，对西方主要经济体整体而言，超额资本增量都是正的。从1970年中后期开始，非资本收入占比就开始持续下降，直到2010年左右开始平稳；而资本回报率的下降从1980年代中后期开始一直持续到现在。

超额资本增量长期为正，说明资本收益者很难将收入的大部分用于消费，特别是考虑企业并不会将利润完全分红，资本收益者需要将分红消费掉的比例会更大。在这个基础上，由于消费不足导致部分购买力被“储存”是一个必然结果，如果国家完全不干预，放任这部分被“储存”的购买力远离社会，那么经济会不断下降。事实上，目前大部分国家会通过发行国债来支持二次分配，或通过财政干预等措施使得这些被储存起来的购买力回流至经济体，以避免整体经济下滑。但在非常长的时间内，绝大部分国家资本存量的增长，都是大于资本存量增长上限的，资本回报率下降是必然的。

资本回报率的下降是有下界的，当达到4%以后，由于风险的存在，无法继续下降。而由于资本回报率和经济增速总有4%左右的风险溢价，于是这个时候经济增速已经等于零，GDP不再增长；同时由于政府会通过各种转移支付维持住非资本收入占比，使其不再下降，意味着资本收入=（国民总收入×资本收入占比）也无法继续上升，而资本回报率约为4%，则说明有效的资本存量=（资本收入/资本回报率）无法上升。由于此时全社会的资本回报率 r 仍然是正的，人们仍然会在增速很低的市场上继续寻找投资机会，把利润以及劳动收入中的一部分投入再生产。然而，资本存量无法增加意味着新增的资本投入使等量的旧资本变得无效，或者简单地说，新投入多少资本就有等量的旧资本破产。

由此社会将进入一个非常痛苦的阶段，虽然资本整体上仍有4%左右的平均收益率，但这个收益率是分散在一个范围的，会有很多企业持续落入小于零的区间，致使它们关闭或破产，同时又会有等量的资本进入设立新企业。劳动者投资与政府的投资都会产生相同效应，无法真正提升社会资本存量。社会在此时达到了某种“均衡”状态，若无其他扰动，这种均衡将会永远持续下去，我们把该状态称之为静态陷阱社会。

第四节 已有经济学措施下的演进路径

与一般人认为的社会总会按经济周期发展、进入低谷后一段时间就会复苏不同，陷入静态陷阱的社会，若无干预力量让超额投资变为负或者让资本存量大幅度下降，资本回报率不可能自发地再次增长。在自然状态下，资本回报4%收益仍能吸引投资者，因而超额投资很难自发地大幅度为负，从而使得资本回报率能够显著上升。所以，我们也很难想象此时的企业在资本回报率仍然有4%的情况下会停止投资，特别是在前期因需求不足而大幅度降息，贷款利率保持较低水平，存款利率也接近零的情况下。

最后，除了前面提到的利率很低、通胀程度很低、国家发行的国债数额开始迅速攀升这三点，资本回报率降到4%左右，也可以看作经济进入需求不足的静态陷阱状态的标志。一旦资本回报率降至4%的水平并持续若干年，社会经济可能就难以从静态陷阱里面挣脱出来了。

纯自由主义经济学派认为，市场总会自发地恢复到均衡状态，对于经济危机，我们需要做的就是，让政府尽可能少地管控。实际的情形是，在整个循环里只要那些获得资本收益的人无法把60% ~ 80%的收入消费掉，并且政府也不进行任何干预，非资本收入占比的总量下滑是无法避免的。虽然工资收入可能因为经济周期等原因存在波动，但只要资本所有者作为整体无法使得自己的投资在一段时期内低于资本存量增长的上限，那么非资本收入占比下降就是必然的，于是劳动者作为一个群体获取的总工资也只能继续下降。

自由主义经济学派通常在这个问题上还鼓吹政府不应该干预经济、发行国债、转移支付等。而我们通过历史已经可以看到，如果有的货币被储藏起来，那么经济只能螺旋下降，在这种情况下并不存在经济自发恢复的可能性。除非重现类似历史上封建王朝更替的周期律，通过战争的暴力方式重新进行社会财富和资产的分配，此时社会上新出现的资本收益获得者本身财富额较低，所以能够将资本收益中较多的比例消费掉，推动社会再次进入一个新王朝周期。当然，在现代社会中，显然没有哪个国家会放任类似的王朝更替发生，实际上在1900年后的所有类似的经济危机中，几乎没有任何一届政府会对经济螺旋式下跌坐视不理。非资本收入占比下降到一定程度之后，必然会存在一个下限使得它无法继续下降。

如果采用凯恩斯理论的增加财政支出的救助方式，可选的主要途径无外乎增加投资。增加的投资在当年的GDP的统计中，似乎确实是稳住了GDP下降的势头，但当年GDP没法统计来年因增加投资而退出的其他企业。因此增加投资的行为仿佛在往一个已经装满水的桶里不停地注水，希望水能更多一些，完全没有意识到不管注入多少新的投资，都会使得等量的企业被挤出。与此同时，“注水”的源头不管是国债，还是货币，都将埋下长期的隐患。

而如果通过新古典主义经济学的货币政策进行刺激，即便将利率调整至零，或者用降低存款准备金率甚至是类似行政干预的手段使得广义货币供应量（M2）[1]扩张，但由于社会上并没有新的投资获利的机会，这些释放出来的货币并不能形成真实的购买力，仅仅是在金融系统中空转。这些货币并没有形成对投资或消费的真实需求，所以即便货币投放量增加了很多，却并不会有通货膨胀出现。当然同时也不会由此带来经济的增长。

接下来以日本为例，解读一个典型的静态陷阱的演变过程。如图3.4所示，1972年时，日本经济增速和资本回报率出现过短暂的“倒挂”情况，此时企业在一定程度上有减少投资的倾向。随后，1978年左右超额资本增量有

1　广义货币供应量（M2）是指流通于银行体系之外的现金加上企业存款、居民储蓄存款以及其他存款，包括了一切可能成为现实购买力的货币形式，通常反映的是社会总需求变化和未来通胀的压力状态。近年来，很多国家都把M2作为货币供应量的调控目标。

一轮下降，资本回报率有所反弹，但是，经济增速这个退出下界在短周期内并不是固定不变的，它可以被政府的经济刺激、资产的升值预期、出口的活跃等因素影响，让投资在经济的整体运行中处于较为激进的态势下。人们对未来经济向好的预期，可以让他们适当地忍受企业的资本回报率仅与社会平均相等的情况。此时，资本收益不可能三角的演进路径是超额资本增量为正，迫使资本回报率下降。20世纪80年代，长时间的高出口水平为日本创造了这个条件，超额资本增量得以长时间维持在较高水平，也使得资本回报率能快速下降。当资本回报率跌破4%后，由于退出下界为零这一刚性条件，企业无法长期在利润为负的情况下维持经营，此时资本收益不可能三角的演进路径是资本回报率和非资本收入占比都无法下降，因此超额资本增量也不可能为正，投资会突然减少。自此，经济增速迅速下降，日本进入“失去的几十年”。在这个过程中，超额资本增量持续为负，也会带来资本回报率的缓慢回升，不过即便资本回报率有脱离静态陷阱区域的机会，也会在脱离后的短时间内在超额资本增量提升的影响下再次回到这个区间。

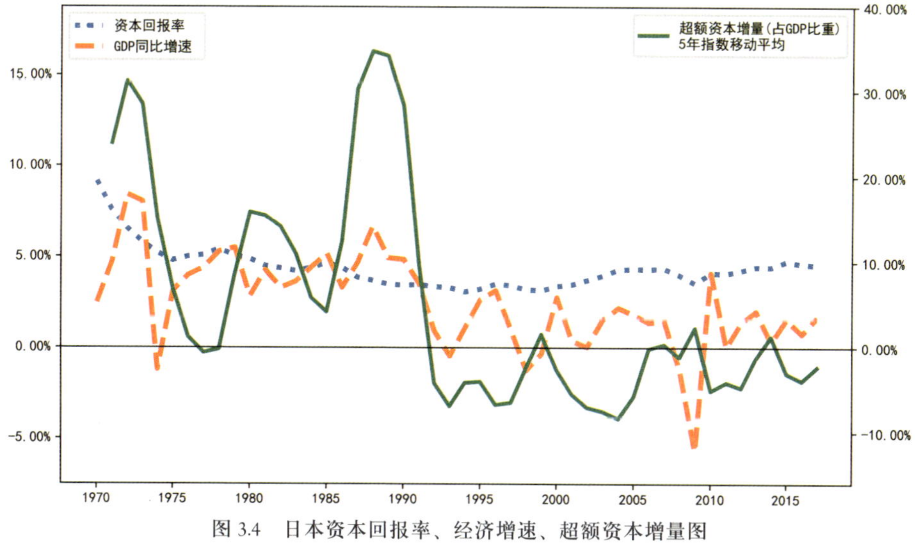

图 3.4　日本资本回报率、经济增速、超额资本增量图

数据来源：Wind

第五节　历史上如何走出静态陷阱

当然历史上即便发生过多次大的经济危机，除了日本，其他经济体还未长期经历如此典型的静态陷阱困局。有几股力量可以打破这种局面：战争、净出口稳定上涨以及科技突破。战争比较好理解，它会产生两方面影响，一个是消费（不追求未来有现金流回报的都是消费，追求未来有现金流回报的是投资）的增长，另一个是对现有生产资本的破坏。我们上面讨论过，生产资料的破坏相当于降低资本存量，消费相当于降低投资。根据资本收益不可能三角理论，资本存量或者投资额的下降，会使得资本收益或劳动收入得到回升。

净出口增长存在乘数效应，例如，如果净出口增长为GDP的1%，考虑其带来从业者的消费增加等因素后，对GDP的拉动可能在5%左右。短期经济增长促使资本存量增长上限得到提升，经济体便可以走出陷阱，因此增加净出口是一个理想的解决静态陷阱办法。但这只对个别国家有用，因为地球是一个整体，本国是顺差，那必然有其他国家是逆差，当全球主要经济体都逐步陷入静态陷阱时，不可能指望有哪个经济体突然贡献巨大的净进口量来帮助其他经济体走出陷阱。

科技革命让我们感受到生产效率的提升。先考虑这些科技革命中出现的新技术不需要任何新的资本投入即可运用的情况。假设一些企业因为科技革命获得了更高生产率，并由此带来更高的资本回报率，同时也提升了来年的GDP总量。此时经济增速从零变为正，这也将使得资本存量增长上限得到提升。由于企业大概率不会等比例地直接将新增利润发给员工，因此非资本收入占比很可能略微下降。但由于静态陷阱中投资一直存在，仅仅是因为资本存量增长上限的制约使得其无法真实增长，于是在较短时期内，年度资本存量增长上限（资本存量 × 经济增速）的扩容部分就会被新增投资填满，继而很快再次跌入静态陷阱。其微观意义是，本来在当前年份就要被挤出的一些企业，由于其他企业因科技革命带动GDP增长的缘故，暂时未被挤出。而由于部分资本回报率的回升，会使得投资热情比之前有所提升，这个效应在一段时间后又会使得资本回报率降回4%，资本回报率回归的时间视冲击的强度而定。因此科技革命通过提升生产率，仅仅能降低短期内企业退出的规模，很快又会回到之前的状态。

科技革命除了提升生产效率，还会造成另外一个现象，即在短期内需要更新大量设备才能够使用新技术。这一要求造成了所涉及行业的旧有机器设备在短时间内面临淘汰，此种情况下科技革命的作用类似战争，在短期内破坏了一些资本存量，并产生了较大需求。所以我们要思考科技革命的性质，如果科技革命不需要大量新投资，只能短暂地恢复经济增速，社会很快又会陷入静态陷阱；而如果需要大量更新设备，则可以让经济体在更长的时间中脱离陷阱，并在较长时间内保持一定的增长速度。于是大型的造成旧资产淘汰多的科技革命带来大的经济增长，小型的造成旧资产淘汰少的科技革命带来小的经济增长，不需要更新旧资产的科技革命带来更小的经济增长。

1939年之前，资本主义工业国家之间并未爆发过规模巨大、破坏力对所有国家的财富分配都产生巨大影响的战争，即便第一次世界大战也没有使得各国的贫富分化得到缓解，因此战后美国很快就爆发了大萧条。几乎绝大部分国家的经济增长都是依赖于某种形式的科技进步，而在科技没有大幅度突破的阶段，经济增速就会很低。在任何一个国家中都存在着大量的资本密度非常低的欠发达区域，但由于经济进入静态陷阱状态，无法继续高速增长，只有等待下一次科技革命，且在等待的过程中将不断地爆发小规模的经济危机甚至军事冲突。那时的世界并未高效地连接在一起，所以部分国家的经济危机很难演进成全球性的，这是和当今世界的主要不同点。而在1940—1980年，由于第二次世界大战及冷战的原因，贫富差距较低，不满足静态陷阱的前提条件。自1980年开始，世界性的贫富差距开始迅速扩大，使得当前越来越多的国家陷入了静态陷阱。

关于科技革命大到足以使得很多之前的企业必须破产、生产资料必须加速折旧的情况，和熊彼特在《资本主义、社会主义与民主》[1]中所描述的创造性破坏（Creative Destruction）的路径是有一些相似的。熊彼特认为，经济存在循环，从繁荣期循环到萧条期时，会迫使某些企业家寻求创新，只要将多余的竞争者筛除或是有一些成功的“创新”产生，便会使生产效率再次提高，于是经济开始恢复，投资再次增加，利润再次递减，开启新的循环。每一次的萧条都隐藏着一些技术创新的可能，这句话也可以反过来陈述为：技术创新的结果便是可预期的下一次萧条。

通过我们的分析可以很清楚地看到，熊彼特关于创造性破坏的描述实际上就是我们前面说的，当科技进步足以使得大量的现有企业被淘汰时，相当于大量的社会资产被清零，而资本存量的下滑，正是破除静态陷阱的关键。但这种“激活”不具有真正意义上的周期性，并不是随着经济增速放缓，就一定存在某种机制使得现有的企业生产效率相对变低并被淘汰。更可能出现的是，如果没有大的科技革命，那么每一笔新的投资都将挤出一些旧的资产，社会经济相对停滞。只有发生某些大的科技革命，同时这些科技革命必须使得大量的原有生产资料被迫废弃，才能在一段较长的时间里面驱动经济增长。

1　熊彼特是当代西方经济学界主要代表人物之一，在西方经济学界有着举足轻重的地位。《资本主义、社会主义与民主》是其代表作之一，是一部论述资本主义与社会主义问题的著作，它以创新理论为基础，将经济学和社会学结合起来，研究社会制度形态问题，得出了资本主义存在不下去，社会主义行得通，资本主义可以自动过渡到社会主义的结论。

第六节　长期增长的上界

首先，我们为非经济学专业的读者简单介绍一下经济学里面常用来研究经济增长的一个模型——索洛增长模型。

图3.5中的横轴代表了人均资本量K，纵轴代表人均产出量Y/L。$Y/L=f(K)$这条曲线代表了生产曲线，整个社会每个劳动力生产出来的商品是随着人均资本积累K增长而增长，并且存在边际递减效应的。$Sf(K)$代表了在固定的储蓄率S下，会将$Sf(K)$的资本投入到再生产中。nK的曲线代表了社会已有资本的折旧，随着总资本越高，折旧的绝对资金额越大，而且比例是固定的，因此nK是一条直线。

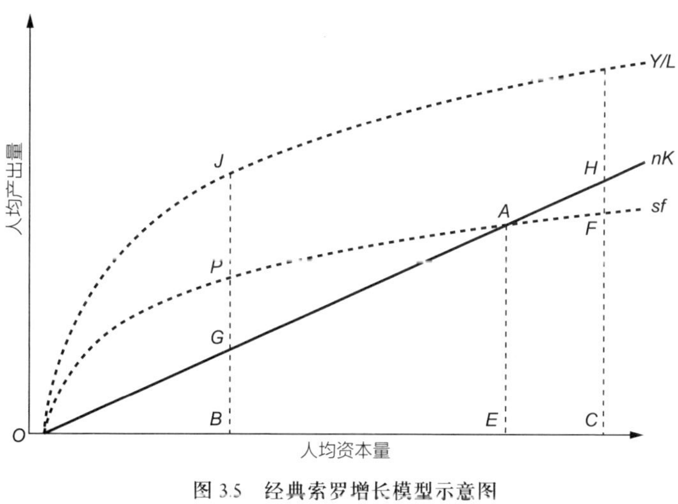

图3.5　经典索罗增长模型示意图

索洛增长模型认为，在完全竞争市场中，系统的均衡点位于储蓄（同时也是投资，传统经济学对这二者是不做区分的）的人均资本等于折旧的部分时，即图中的AE这条线。在这一点上每年储蓄等于存量折旧，因此资本存量不再增加或减少，社会达到稳态。但社会人均资本量低于AE，例如位于图中BJ这条线时，当年储蓄对应的P点高于折旧对应的G点，资本存量将增加，即下一年度人均资本存量将会高于B点，并且向A点逐渐移动，直到回到稳态的A点。同样的，人均资本量位于图中C点的时候，当年的储蓄F小于折旧H，资本存量会下降，逐步回到A点。于是整个系统会在受到经济波动扰动离开A点之后，自动地再回到A点。

索洛模型预言的增长的均衡点，其特征是当社会把所有储蓄都用来投资以后，也仅仅等于折旧，这样的情况使得资本存量无法继续增长。其内在含义为，当我们把所有的剩余资产用来投资，也无法使得资本存量继续提高，无法使得社会能生产更多的商品，因此社会发展到了当前科技水平下的极限。索洛模型可以有几个简单的推论，即在同一个国家内，由于有着相似的制度文化，以及生产要素可以充分流动，虽然不同地区由于地理位置会有差异，但其对生产函数的影响应该不是颠覆性的。所以当经济处于稳定状态的时候，不同地区的人均资本量应该不会有非常大的差异。而我们在现实世界中所看到的情况是，同一个国家间核心城市和次一级的城市，人均资本量可以存在很大差距。特别对于中国，现在很多人喜欢提到的一种说法是，中国已经度过了高速发展阶段，减速是一种必然趋势，但这种说法完全无法解释为什么上海市在人均GDP达5万元的时候还可以高速发展十几年，而同样是沿海地区的广西达到这个数字的时候经济增速就会慢下来。所以，必定存在新增投资等于折旧之外的其他因素，使得一个地区在远未达到这个条件的情况下发展速度就已经快不起来了，在这里，静态陷阱就是一个重要原因。

大家不妨再回忆一下，在推导资本收益不可能三角理论之时，并未使用过生产函数，这个条件对任何生产函数都适用。在索洛长期增长模型中，要达到均衡点，需要生产函数对资本的边际收益呈递减趋势，以保证出现生产函数对人均资本量的导数等于资本折旧率这个点时，经济存在收敛。而陷入静态陷阱状态，在任何生产函数下都可能会发生，这意味着即便没有规模报酬递减，或是社会资本还远未到规模递减的区间，陷入静态陷阱也会发生。这就解释了为什么现实世界可能已经有人均GDP达10万美元的国家，但同时很多国家会在人均GDP处于很低区间时就出现某种增长停滞。换句话说，假设世界上所有国家的生产函数都是相近的，对大部分陷入此类陷阱的国家而言，如果能成功走出这类陷阱，则理应所有国家最后都收敛于索洛模型预言的相近的人均资本存量K，以及由此带来的人均GDP。所以，人均GDP低于世界最高人均GDP值较多的国家，如果出现增长停滞，极有可能是掉入了静态陷阱。

我们分析陷入静态陷阱时的资金情况就会发现，真正无法增长的是资本存量，此时投资[1]是大于资本存量增长的，而储蓄又是大于投资的。所以和索洛模型中的“储蓄等于折旧”不同，这里的储蓄远大于折旧，只不过由于任何新增的企业都会导致部分旧企业退出，才使资本存量无法增长。回到现实中，我们看日本的情况，日本在国外有大量投资，在国内却少有投资，并不是储蓄的部分不足以投资，而是因国内的投资无盈利预期，所以资本不在国内投资。如果认为日本的均衡点是索洛模型描述的增长终点的话，那应该是全社会所有的储蓄对抗折旧后刚好持平，这样的状态才是索洛模型描述的增长终点。如今的世界并没有这样的国家存在，大部分国家都在远未达到索洛模型描述的均衡点之前就因为各种原因停止了经济增长。

在索洛模型中，无法增长的原因在于，新的投资等于折旧，这仅仅是从生产端探讨了增长无法继续的原因。即在这个模型里面，总是假设需求不是造成增长无法继续的原因。而静态陷阱框架中，造成经济无法增长的原因主要来自社会上总需求的不足，当一个经济体跌入静态陷阱之后，如

1　为了和索洛模型对应，特别提醒读者，在前面我们提到过这里的投资是指已扣除折旧的投资。

果某些原因造成了大量的出口需求，经济也是能恢复增长的。而在索洛模型中，由于经济的增长是受限于经济体的生产能力，此时大量的出口需求并不会刺激经济增长。所以我们也能根据一个经济体大量的出口需求能否带来经济增长，来判断一个经济体的经济停滞是由哪种因素导致的。

目前经济学界提出的三类发展陷阱，贫困陷阱、中等收入陷阱和高收入陷阱，从我们的体系看来，都是由于贫富差距在不同的区间，导致供给和需求之间不平衡而造成的锁死现象。贫困陷阱的发生，本质上是由于贫困人群边际消费倾向都比较高，天然地整个社会需求都集中在消费品的生产上，很难将资源导入生产资料的生产。第四章中，我们会详细讨论这个问题。

中等收入陷阱和高收入陷阱，都是当社会发展到一定程度时产生的静态陷阱型危机。进入中等收入陷阱时，社会明显远离索洛模型预测的在长周期生产函数中资本边际增加值等于折旧的点。因为在世界上确实存在着非常多的国家，其人均资本数量高于已经进入中等收入陷阱中的国家，所以在未达到社会的发展极限时就陷入停滞，显然是受到了某种阻碍。进入中等收入陷阱的国家（例如巴西）从数据上看已经处于贫富差距较高的区间，并且自21世纪以来投资持续大于资本存量增长上限，使得资本回报率快速下降。在我们前面列出的国家里面，巴西的资本回报率下降幅度位于前列。所以可以认为，中等收入陷阱是静态陷阱的一种表现形式。

至于西方国家遇到的高收入陷阱，我们不太容易直观地确认西方国家是否已经达到索洛模型的均衡点。毕竟计算一个国家的生产函数这种事仅仅存在于理论中，想要通过现实数据得出一个国家的生产函数，目前并没有具体的实现路径。但从另外一个角度看，即便在发达国家，在不同的地区间、人群间、企业间的人均资本存量的差异也是巨大的。而且近些年这些国家先后经历了用消费主义鼓励消费者提前消费，贷款买房，进而引发次贷危机，以及后续通过大量增发国债来创造社会总需求，可以说种种迹象显示这些国家确实已经进入了静态陷阱的状态。而发达国家陷入静态陷阱可能还有一个重要的外部原因，即高端产业在全球性需求不足的情况下，需求总量是有限的，这种有限只能通过逐步提升地球上的其他地区的需求来解决，而这需要地球上其他地区逐渐得到发展才能实现。

所以，当我们提到静态陷阱会让经济进入停滞，很多人会认为经济显然不会无限增长，到某个极限停下来是理所当然的。这是没深刻理解静态陷阱的停滞和发展到极致的停滞之间的区别。发展到极致代表的是当前科技已经无法让一个人的生产效率再行提高，典型特征是不管这个经济体有多少贸易顺差，也不管其外部有多强烈的需求，经济也不会再增长了。而在静态陷阱中，只要有规模化的外部需求，经济马上能好转起来，说明经济的发展离“天花板”仍然有较大空间。所以如果经济停滞是因为进入静态陷阱的状态，只要我们能够找到跳出陷阱的路径，经济还是有可能再度恢复快速发展的，这也是本书希望达到的目的。

第七节　静态陷阱中若干机制讨论

在静态陷阱中，我们没有仔细讨论这样一个问题，即在资本回报率约等于4%，经济增速等于零的情况下，为何资本回报率不会继续下降。在静态陷阱发生的时候，前面提到过的利率、经济增速、三个退出下界都接近零了。在经济增速稍高的时候，可能只有一部分投资者会在资本回报率低于经济增速时选择缩减产能；而在经济增速低的时候，但凡落到零以下并且未来一段时期内预期不会有所好转的企业都没有继续经营的可能。所以当投资继续增加使得企业整体收益率的分布向左侧移动的时候，新进入负的区间的企业必然会在坚持一段时间后选择关闭。4%的资本回报率是由企业间收益不确定性形成的展宽决定的，这个展宽如果遇到市场风险提升，反而可能进一步上升；而在经济普遍比较困难的情况下，风险大概率是上升的。所以在经济体处于静态陷阱状态的时候，任何新增的投资都是徒劳的，因为增加多少就会挤走多少；同时，投资者自发的投资由于看到资本回报率并不是非常高，也会裹足不前，如果硬要由国家来刺激投资，那么结果很可能是相对低效的企业反而分走了其他企业赖以生存的利润。

另一个问题是，为何世界到现在才开始明显地感觉到总需求不足？前面说的资本存量增长上限，实际上并不是硬上限，只是超过这个上限会使得资本回报率下降而已。在资本回报率相对较高的时候，不管政府刺激，还是私人自身赚钱的欲望，面对高于经济增速的资本回报率，总是倾向于多投资一些，大家并不会保持某种默契，使得资本回报率不下降。前面我们说过，除了日本，其他国家的资本回报率在21世纪初时并不低。这也使得这些国家的真实资本存量增长一直高于其上限，而日本已经面临资本回报率无法继续下降的局面了，也就使得其资本存量增长不会超过上限（见表3.1）。所以，一个比较清晰的路径是，在资本回报率下降到无法再降之前，社会总的产业结构是偏向于略多生产一些投资品的，但到了资本回报率无法再降的时候，社会上真实的投资会突然出现断崖式下跌。此时很多国家会倾向于用各种方法刺激投资，使得投资不下降，但这些国家没有考虑到的是，所有的刺激手段以及刺激出来的投资，只不过是让市场中已有的其他企业被挤出而已。

表3.1　2001—2017年部分世界主要经济体主要投资相关指标

国家	指标					
	资本存量增长上限（占GDP比重）	资本存量增长（占GDP比重）	净投资（占GDP比重）	超额资本存量增长（占GDP比重）	资本回报率变化值	非资本收入占比变化值
美国	7.38%	8.97%	5.43%	1.59%	0.42%	-3.37%
日本	3.64%	0.38%	1.00%	-3.25%	1.07%	-3.42%

续表

国家	指标					
	资本存量增长上限（占GDP比重）	资本存量增长（占GDP比重）	净投资（占GDP比重）	超额资本存量增长（占GDP比重）	资本回报率变化值	非资本收入占比变化值
德国	4.88%	10.24%	3.12%	5.36%	-0.45%	-3.24%
英国	7.30%	9.55%	2.65%	2.25%	0.54%	0.60%
法国	5.40%	13.34%	5.64%	7.94%	-2.26%	3.34%
意大利	0.26%	5.31%	3.22%	5.05%	-2.41%	4.62%
加拿大	8.92%	17.04%	7.51%	8.12%	-1.81%	0.38%
巴西	6.92%	12.96%	8.35%	6.05%	-3.65%	2.67%
澳大利亚	15.52%	24.96%	10.75%	9.44%	-1.04%	-0.47%
西班牙	8.25%	13.96%	9.51%	5.70%	0.24%	-4.47%
荷兰	5.79%	9.54%	4.43%	3.75%	0.24%	-3.68%

数据来源：WID 世界不平等数据库，Wind

第三个问题是，当资本回报率被过多的投资压低以后，如何导致经济增速下降。在一个中长时期中，由于投资总是倾向于适度地超越资本存量增长上限，进而使得资本回报率逐渐下降，此时经济增速并不会马上开始下降。当过度的投资使得资本回报率和经济增速之间的差值越来越小，也会导致风险溢价逐渐不能再覆盖经营所带来的风险。之前年度的经济增速，包含了生产投资品带来的经济增长以及生产消费品带来的经济增长。在一个主要由民间资本自发进行投资的社会里，作为投资主体的投资者投资的目的是获利。当资本回报率已经不足以覆盖风险时，本质上发生的是越来越多的资本回报率跌落到退出下界之下，这将会带来投资品需求的下滑。

这时候有三种选择。第一种选择是，政府不做任何干预，那么投资品需求的下滑将导致未来几个年度内由投资拉动的经济增速部分比之前年度要小，使得经济增速下滑，直到资本回报率和经济增速之间的差距再次扩大到满足风险溢价。而由于资本回报率在下降后很难回升，这也将导致经济增速永久性的下降。

第二种选择是，政府主导投资将由于自发投资缺失的部分弥补上。这里说的政府主导投资指的是，政府仍旧希望这些行为在未来能提供正向的现金流，如果并非如此，我们可以把这样的行为归结为政府促进消费的努力。由于在未来年度总的资本回报的大池子里面，政府还要抽取一部分，这代表了民间资本的回报率将进一步下降，自发投资将很难再发生。因此如果政府希望在来年继续有投资带动经济增速以遏制其下滑，只能无止境地继续扩张政府债务进行投资。

第三种选择是，政府主导的消费，包括提高转移支付，雇人“挖坑—填坑”等方式直接将一大笔钱投入到总需求中，那么当年本来由投资拉动的经济增速部分可以由消费来替代，使经济增速暂时不下滑。而此时，民间投资者因为过低的资本回报率也会减小投资，所以在未来几年中，资本回报率有可能逐步回升，民间投资可能又能继续发挥作用。这种情况下，为了应对一次次的资本回报率降低必须由政府去填补消费的行为，同样也会造成政府债务的不断上升。和第二种选择的区别在于，这种选择下经济发展周期中会有若干年度民间投资恢复。

第四个问题是，资本回报率与企业的生产组织或科技水平是否有关。在我们考察企业个体时，如果所有企业面临的市场环境相同，那么资本回报率越高的企业，整体的效率就越高，这种高效体现在更低的成本、更高的产出、更有力的竞争商品等方面。但当我们讨论社会整体的资本回报率时，就会发现并不是资本回报率越高的社会，其效率就越高。

这里我们用一个简单思想实验来说明。

> 假设社会上的所有企业都获得了某项外星科技，使任何生产线上生产的商品都会同时产出两份，任何提供的服务都能同时被两人获得，此时社会的生产效率得到了极大的提升，GDP可能会

翻好几倍（这里我们就先假设翻了3倍）。而社会整体资本回报率等于资本获取的利润除以投入生产的资本的总价格——其分子是企业总利润，只要在社会中还是把相应比例的收入划分给资本和劳动，企业总利润的增长倍数就和GDP增长的倍数相同，都是3倍；其分母是总资产数额，社会中的总资产主要由房地产（大致占总资产的60%～70%）组成，而我们知道一个城市的房地产价格与人均GDP有关，例如，在中国各个城市的人均GDP和房地产价格的关系图中，就可以看到房地产价格的上升速度比人均GDP的速度更快。因此人均GDP上升3倍，总资产的价格涨幅可能会高于3倍。带入前面的公式我们会发现，资本回报率几乎是不变的。所以，即便是科技得到了神话量级的提升，从社会整体角度上看，资本回报率也不会有明显的变化。

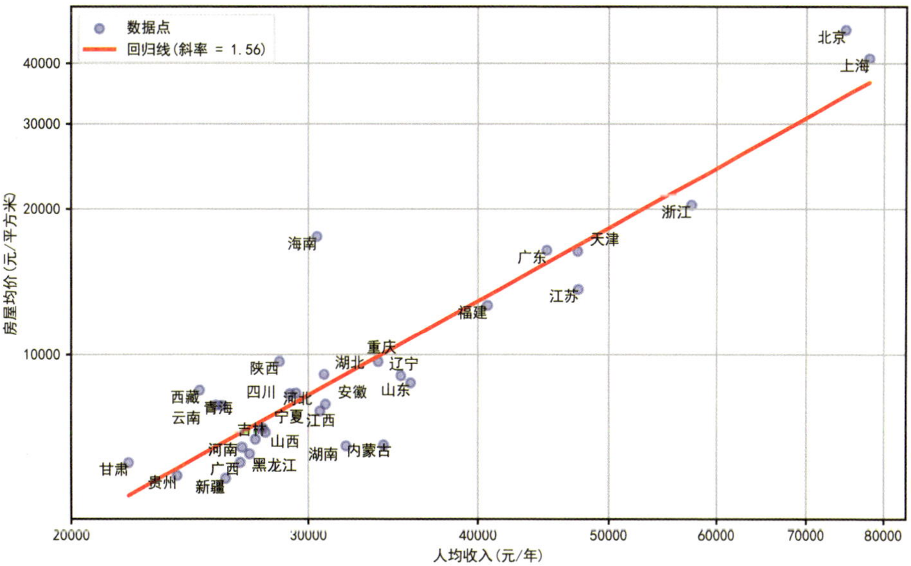

图 3.6　2022年中国各省份人均收入和房屋均价

数据来源：中国房地产统计年鉴，Wind

接下来我们深入地看看社会整体资本回报率的构成。分子上，对企业总利润能产生较大影响的是将社会中的多少收入分给资本、多少收入分给劳动，这本质上是全局的分配问题。分母上，总资产数额，表面上看大致与历年累计投资的数额相等，在实际计算中，通常用每一年度生产商品的总价格减去消费商品的总价格，得出的被积攒起来的这部分财富的累积值表示。这实际上是个在历年累积的分配问题。所以应该明确，在讨论一个社会整体资本回报率时，我们面对的是一个分配问题而不是效率问题。这个分配问题既牵涉当期的收入，又牵涉由收入累积而成的财富。如果我们将天平向资本倾斜，会使当期的资本回报率提升，但由于财富的累积效应，资本存量会以更快的速度上升，使未来期的资本回报率下降，反之亦然。可以看到，简单地将财富分配的权重向资本或劳动中的一方倾斜，并不能有效拉升资本回报率。在短期和长期两个不同周期下，财富分配对资本回报率的作用效果截然不同。

第五个问题是，在现实中经济是如何从一个正常状态演变到静态陷阱的。

从整个时序演化的角度看，总需求不足开始产生的标志是：

（经济增速g/资本回报率r+资本收益者边际消费比例）<1[1]

此时资本收益者已经无法在维持资本回报率的前提下将自身的收入完全变为支出，在这个阶段就将开始看到社会总需求不足的态势。

此时，要么通过进一步提振投资者信心，使投资者仍旧能在资本回报率不足以覆盖经济增速与风险溢价之和时继续投资。持续地出口，以及某些投资品本身的资产增值都能够创造这种信心。要么就是将资本收益者收入大于支出的部分转化为金融资产，同时必须有社会上其他成员的金融负

1　这是假设社会上仅由资本收益者进行投资的情况，如果考虑政府和劳动者的投资，需要增加修正项，最终变为（g/r+资本收益者边际消费比例－其他单元投资修正）<1，这个修正项会使条件变得更容易达成，也就是其他社会角色的投资的挤出，会使资本收益者的钱无法花光的时间提前。

债与之相对应。这种情况对没有健全信用货币和债务体系的社会来说就是社会“崩溃的终点”。而在有信用货币和债务体系的社会中，政府往往会开始承担多出来的这部分金融负债，帮助经济继续蹒跚前行。

当资本回报率下滑到约等于风险溢价（3% ～ 4%）时，社会的经济发展将进入静态陷阱。由于资本回报率已无法继续下降，即便通过各种手段拉动投资，资本存量也不会增长。实际上，投资者无论从哪个角度看投资都无法获得回报，因此已经很难进行超额投资。此时，需求的缺口就只能由政府以“财政赤字＋债务”的方式来填补，否则经济将马上面临需求螺旋下滑带来的灾难。

原理小结

我们构建的整个体系的逻辑框架如图3.7所示，其核心在于资本收入及其可能的出路。我们的理论并非针对整个经济的所有参与者，而是聚焦在导致问题出现的资本收入，以及获得资本收入的人如何花掉这笔收入上。图3.6中的投资、消费讨论的都是资本收益者的投资和消费，而非全国的总体消费。如果其他角色，包括劳动者及政府还要进行一些投资，那么资本收益者能投资的额度只会变得更少。

从资本收益者的角度看，企业的资本回报率无法低于“退出下界＋风险溢价”，在长期，可以看到资本回报率r不会低于经济增速g，因此我们可以推断出风险溢价为3% ～ 4%。在短期，经济增速这一下界可以被打破，当经济体整体对未来的态度比较乐观时，企业可以承受在一段时间内资本回报率仅和社会平均一致，但当经济增速逐渐下滑至零时，资本回报率不可能低于风险溢价，因此这也是资本回报率的最低值。如果此时希望通过税收等方式降低资本收入（资本存量K×资本回报率r），就只能降低资本存量，但这也意味着社会生产力下滑，同样是我们不愿看到的。所以，在这种情况下，资本收入就会有不可能过低的限制。

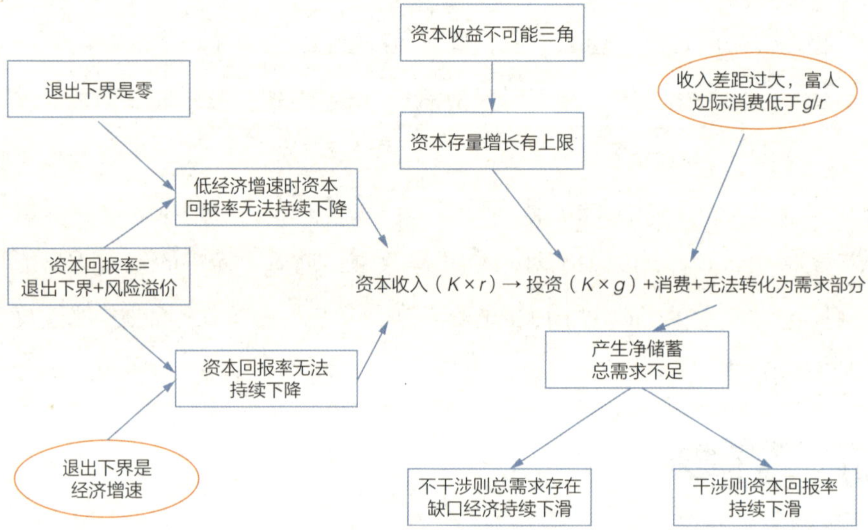

图 3.7　逻辑框架示意图

在支出端，资本收益者的钱从持续性的流量角度看只能进行投资、消费两种行为。由于不可能三角的存在，当投资过量时，资本回报率会降低，使得未来的投资对投资者缺乏吸引力，进而导致未来的投资减少。所以在一个中长期内，投资或者准确说资本存量增长的上限就是被完全锁死的，并无法像通常经济学者认为的那样可以靠降低利率无限刺激。这个增长的上限大致等于资本存量$K\times$经济增速g。而资本的收益是$K\times r$，对于较多的西方国家而言，现在资本可投资比率g/r已经低于20%～40%的区间，意味着如果要保证无法转化为需求的部分等于零，资本收入的获得者（企业+得到企业分红的人）要把所有收入的60%甚至80%以上的部分用来消费，这几乎是不可能的。

所以，从流量角度资本收入者的收入和支出注定是不平衡的，多余的收入只能结转为储存起来的资本，这种资本在古代可能表现为窖藏的白银，在信用货币年代则表现为银行存款或者其他形式的金融资产。当一方持有金融资产的时候，社会上一定有另一方持有等量的金融负债，在次贷危机发生前，一些经济学者鼓吹消费主义使得穷人承接了这类负债，但由于穷人并无偿付能力，最终只能转为由国家来承担这笔负债，但面对资本收益者只会是不断增加的金融资产的压力，国债也只能继续无休止地增加，似无尽头。

要特别注意的是，这并不是一种周期，而是一种状态，只要获取资本收益人群的边际消费倾向无法达到60%这个级别，总需求不足就一定会发生，并不会伴随着经济过热、衰退等循环而使得总需求再度复苏。凯恩斯理论的方法用于干预短周期的经济波动是可行的，短期增加的国债可以指望在未来经济复苏以后得到偿付。但对于经济问题，如果是一种状态而不是循环，并且找不到改变这种状态的路径的话，这种国债对总需求的补贴将成为永续性的。正如凯恩斯的名言“在长期我们都死了”，凯恩斯理论的方法里对这种状态长期持续的积累效果似乎考虑不足。

图3.7中，我们用了两种形状颜色的框图来对流程进行标记，其中蓝色矩形是根据严格的逻辑推理得出的严谨的结论，并不需要现实中的数据推导。而红色椭圆形中的结果需要用现实数据加以验证。

第一个需要验证的假设是企业的退出下界是经济增速。正如前文所说，这个假设在长期范围内成立，短期不一定成立。也就是说，长期资本回报率高于经济增速，实际上是长期资本增量总大于资本增量上限的原因。如果这一假设在长期范围内被颠覆，那超额资本增量就不会长期为正，这也避免了社会演化至接近静态陷阱的地步，我们也就无需研究总需求不足的问题；如果社会资本回报率已经从10%跌到接近4%，那么这个假设能不能被颠覆就不重要了。

第二个需要验证的假设是，资本收益获得者的消费到底在一个怎样的范围。前面讨论的资本收益者的回报主要组成部分有企业利润及房屋租金收入，在对应的资本存量中，主要由企业生产类资产以及个人自住房两类组成。通过本章的讨论，我们知道问题主要出在企业端，通过对企业的资本回报率r与经济增速g的比较，得到企业的资本可投资比率，可以看到，该比率甚至比前面合并计算个人住房部分的比率更低，仅在10% ~ 30%附近。这主要是由于在几乎所有国家，企业的投资回报都大于个人投资住房的回报。所以，如果我们仅考虑企业资本回报获得者会不会无法消费掉所得的收益，只需要考虑这部分人的消费倾向即可。在上一章表2.4中，美国过去十年年收入在30万美元以上的人群消费比率只有40%左右。将这个值与美国国债增长规模对比可知，在已出现了严重的总需求不足的状况下，消费比率并没有自发地恢复到维持平衡所需的80%这个级别。其实，我们也可以想见，并没有什么机制可以使相对富裕的人群的消费比例变得那么高。

在经济学领域，通常会有各种生命周期等分析个人收入和消费相关关系的理论，用奢侈品、必需品的效用替代等去分析各种品类产品的供需关系。或许利率等的变化能使得消费比例有一些相应的变化，但从这个数据的量级看，我们很难希望有什么机制能够使富裕人群的消费比率从40%上升到80%。注意，这里的消费是指不把钱转化为任何可以持续至未来的资产，而是在当期让一些购买力回到社会并且不给原主人带来任何未来的现金流。所以购买昂贵的字画、古玩、豪宅等都不是消费。在一个生产高度发达的社会，任何合法的商品和服务只要存在高价情形下的需求，就会很快被压低到接近或略高于成本价的价格进行大量的供应。特别是超高收入人群，限制他们消费的不是经济学规律，而是他们花钱的生理极限。年收入过高的人无法消费掉他收入比例中的哪怕很小一部分，并不是由于他要考虑为未来的消费、养老或子女教育等积累收入，仅仅是花不掉而已。实际上，大家凭生活常识都知道富豪榜上的那些人，无论如何都很难消费掉他收入的80%这样多的钱，他们喜欢做的事就是继续投资，可惜投资总量对于全社会而言是有上限的，所以他们的钱注定“无处可去”。

所以对于第一个需要验证的假设，此时此刻并不会带我们远离遇到的困境；而第二个需要验证的假设，除非能在现实中找到确证，证明确实存在能使得富豪们把80%左右的钱用于消费的方法，否则应该可以认定，由此带来的总需求不足是必然的。值得一提的是，前面的一系列推论都是把假设条件放宽到认为所有劳动收入、国家税收最终会进入消费的前提下，而在现实中这些收入还是会至少有一部分进入投资。另外，我们前面已经展示过美国的企业分红数据，仅利润留在企业的部分就有30%左右，而企业是不具有消费能力的，所以扣减这一部分后，分红里能被用来投资的比例将在10%以下。同时，资产本身还会增值，在资本收益不可能三角中，增长其实是受限于资本存量增长而不是投资，所以资本存量的自发增长会进一步使得可投资量下降，富豪们可投资的额度实际上是更少的，如表3.2所示。

表3.2　西方10国企业可投资比率（2001—2017年）

国家	项目			
	同比经济增速	资本回报率	企业资本回报率	企业资本可投资比率
美国	1.90%	5.67%	6.45%	29.16%
日本	0.80%	4.19%	4.92%	13.26%
德国	1.31%	6.10%	5.68%	19.47%
英国	1.71%	5.69%	7.37%	23.47%
法国	1.25%	4.15%	6.96%	16.67%
意大利	0.17%	5.46%	6.99%	0.27%
加拿大	2.62%	5.38%	8.08%	29.73%
澳大利亚	2.90%	4.19%	7.75%	37.47%
西班牙	1.62%	3.42%	7.31%	21.45%
荷兰	1.33%	5.56%	8.13%	16.33%

数据来源：WID世界不平等数据库，Wind

那么，贫富差距是如何导致总需求不足的？我们回顾美国的数字，有理由相信，其他国家大致情况也不会有巨大的差异（见表3.3）。如果资本收益获得者在整体上财富并不是那么多，并且平均水平在10万～20万美元之间，他们还有可能将自身收入的50%～60%消费掉。同时不使得GDP增速下降到2%～3%这个级别，这种情况下社会的整体供需是大致平衡的。而当GDP降速和资本收入集中到富裕人群之后，这中间的供需差额就很难平衡了。所以收入分配的差距造成获得大量资本收益的人的消费倾向变低，从而出现了总需求的缺口。而这个缺口是资本回报率无法下降、投资无法超过上限、消费低于上述两个值的差额三个效应综合作用而导致的，所以上述三者中只要能打破其中之一，问题就可以得到解决。

表 3.3　美国不同税前收入人群分组消费支出比例及人口占比（累计）

税前年收入	项目	
	除房贷、房租、房产税外消费支出占税前收入比例	人口占比（累计）
＜15000 美元	262.14%	100.00%
15000～29999 美元	114.73%	87.25%
30000～39999 美元	95.12%	71.87%
40000～49999 美元	82.72%	62.00%
50000～69999 美元	74.05%	53.98%
70000～99999 美元	63.76%	40.90%
100000～149999 美元	57.52%	26.48%
150000～199999 美元	53.17%	13.14%
≥200000美元	39.89%	6.88%

数据来源：Consumer Expenditure Survey，U.S. Bureau of Labor Statistics

破题思路概览

本章第五节主要归纳了历史上碰到类似情况时，最终是如何走出来的。但我们绝不希望通过战争来解决这个问题，也不一定能很快碰到一场非常大的科技革命，那么我们现在应该怎么做呢?

前面提到的资本可投资比率为g/r，本质意义是只能把“资本存量$K\times$经济增速g”的部分再投资，而资本在当前获得的收益是“资本存量$K\times$资本回报率r”，也就是必须把$K\times(r-g)$的部分想办法再转移至消费。我们接下来把**$K\times(r-g)$称为预期资本收益转移量**，这是一个非常重要的概念，是我们解决需求型经济危机的核心思路。

本书第二章曾提到过，消费不足出现后，政府出售国债，加大赤字，而该赤字中很大一部分其实是富人花不掉的钱，它成为金融资产，最终通过整个金融体系变为国债。这个过程本质上是“富人购买国债—国家发钱给穷人—穷人消费—钱转移给富人”的循环。如果不考虑国债持有量上升，在当期而言，相当于富人把一部分钱通过政府这个中介借给穷人消费，可以理解为这部分钱回归了消费。但这个使得一部分富人的收入回归消费的路径的前提是，资本回报率一直比较低——在投资亏损和国债低利率或零利率之间，一大部分无更好投资渠道的富人们还是会选择投资国债或者是存款，而存款很可能又会被银行用来买国债。但我们想让经济增长，就需要资本回报率维持在一个相对较高的水平，拉高经济增速。当资本回报率开始变高时，富人闲置的金融资产又会被激活进入投资。于是一旦资本回报率有所回升，就会被更多的投资压回去，压低资本回报率进而又压低经济增速，经济也就不可能摆脱静态陷阱，进而无法恢复增长。

所以要打破静态陷阱，唯一途径就是设法将资本收益中的“预期资本收益转移量”转移到消费，并且要使这种转移带有主动性质，才能保证在资本回报率回升后，仍然会有更多的收益转移到消费，以使资本回报率一直维持在一个相对合适的、有利于经济增速增长的区间。无论使用何种手段，只有在资金流量上达到这种转移，才有可能摆脱静态陷阱。

其实，换个角度就很容易理解。假设将社会能制造的商品价值总额记为GDP_p（GDP product），将社会上有能力并有意愿消费支出的总额记为GDP_u（GDP use）。真实GDP只能取两者之中小的那个，生产能力大于消费能力时，会有部分产能闲置，对应需求侧经济危机；消费能力大于生产能力时，会发生物资短缺，造成通货膨胀，对应供给型经济危机。解决需求型经济危机的办法，是降低GDP_p增速，而生产能力会受资本积累的影响，把资本积累增长速度降下来，同时提高消费增速，让二者匹配。当$GDP_p \approx GDP_u$时，经济就不会出现需求型或者供给型经济危机。我们所说的限制投资低于资本存量增长上限，与其说是限制投资，不如说是让消费也能以g或高于g的速度增长，才能在需求不足的环境下带来更高的经济增速。

如图3.8所示，随着投资以r的速度增长，GDP_p也是以r的速度在增长的，这个时候进入GDP_u的资金就一定低于GDP整体增速g。这种状态持续一段时间后，GDP_u就会成为限制GDP增长的主要因素，且随着g逐渐变为零，GDP_u的增速甚至有可能为负。唯一的解决方式就是将相当于$K\times(r-g)$的资金强行从投资转到消费，才有可能使得GDP_p、GDP_u，以及GDP，都以g的速度增长。

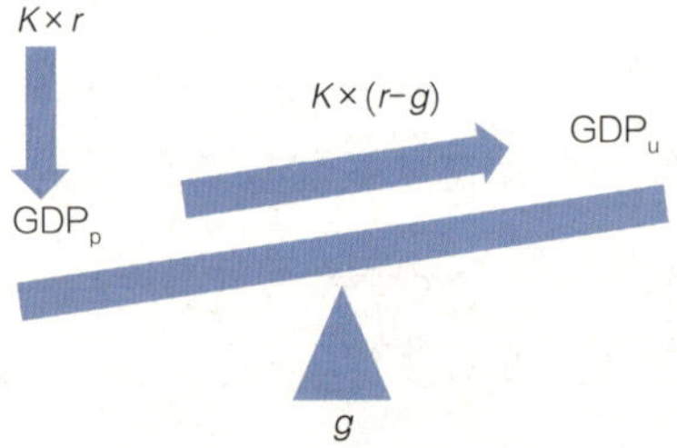

图3.8　$K\times(r-g)$是关键

特别需要回顾的是，前文讨论的核心——投资过剩，或者说消费不足。收入平等或者不平等并不是问题的核心，这也是我们一直强调的，结论并非必须绑定某种价值观。在不同价值观下，可以选择不同的路径将资本收益中心的“预期资本收益转移量”转入消费，只要实现这种转移，不论是通过让资本收益获得者拼命消费，或者是通过转移支付把钱转移给边际消费倾向更高的人，都能避免社会进入静态陷阱。

我们看一个现实中的例子。过去二十年，日本的资本收益$K \times r$值约为GDP的22%，$K \times (r-g)$值平均相当于GDP的16.3%。年均国债增长总额相当于GDP的5.92%，这部分相当于通过国家的手段将富人花不掉也投资不了的钱借给国家，由国家再转移给穷人使之进入消费。此期，日本对外资本账户逆差相当于GDP的2.15%，同时经常性项目顺差也大致与之相等。在这个路径上，相当于日本国内市场吸收不了的投资来到了国外，在外贸账户大致保持持平的基础上，增加了外部对内部消费品的需求。这两项合计相当于已经实现了GDP的8%由资本收入转到消费。我们在上一节已经看到，日本在过去的二十年，实际上资本存量增加并没有高于资本存量增长上限，资本回报率也有一定程度的回升，所以上述16.3%−8%=8.3%的部分应该是自发地转入消费了。所以整体而言，在日本的总资本收益中，资本存量增长可容纳量、主动消费、需要用其他手段转移至消费的资本，三者大致各占1/3左右。但毕竟日本目前仍然没有走出“失去的几十年”，所以主动转移至消费的资金可能还需要在目前的基础上增加一些才行，不过不需要增加得太多。

所以，凯恩斯理论主张通过国债来实现一部分资产转移至消费的方法并不能使得经济脱离静态陷阱。而另外一个获得财政可使用现金流的方式是税收。第二章花了大量篇幅描述企业税收和资本回报率的关系，就是试图说明，企业的税后资本回报率很难被税率所影响。只要还维持退出下界以及企业收入的波动，那么纳税前后的资本回报率差别很小。税收最终的目的是把企业收入转入劳动者收入，因此我们并不希望纳税行为最终转移至劳动者身上，所以税收的结果一定是资本收入总量下降。再考虑纳税前后资本回报率不变，那么向企业收税，实质上的结果是资本回报率不变，而资本存量变少，最终使得国家的生产率变低。同时即便在更低的资本存量上建立的新平衡里面，新的$K\times(r-g)$还是大于零的，并没有破除静态陷阱，仅仅是K变小而已，于事无补。但税收有更多的机制，可能会影响其自身和资本回报率的相互作用关系，所以我们在此仅认为税收可能不是一种可行的路径。

另外一种思路是，设法降低资本回报率与经济增速间的差值，即让$r-g$尽可能小。静态陷阱的推导过程要求前面流程图里面的所有部分都成立。而资本回报率无法下降的前提是，它依赖于前面提出的退出规则及波动规则，若这两个规则不始终成立，那么企业的资本回报率就可以下降。例如，中国过去的40年间，部分国有企业如电力公司、自来水公司等，确实只要在低资本回报率下保持不亏损就可以正常运行。如果市场可以自由定价，水电的价格应该会更高，但在行政指令下，这些企业并不会去追求更高的资本回报率。在经济增速水平较高的情况下，这确实是一种让企业能在资本回报率低于经济增速这个退出下界时，仍然能够维持经营的方式。但如果经济增速已经比较低，需要突破的退出下界就会变为零，这就要求企业在亏损的情况下也不减产或退出，则必须有其他资金来源对其进行补贴。而补贴的资金来源，通常又只能是上面提到的不能持续维持的国债，或者是有可能无法有效发挥作用的税收。当然，如果此时政府手里还拥有其他利润为正的企业，那么确实可以让利润为正的企业补贴利润为负的企业，使得这两部分企业合起来看整体利润为正或为零，这样就可以打破退出规则，使得经济体中这部分企业能在整体利润接近为零的情况下运行。

如果这部分企业规模足够大，最终使得全社会资本回报率不再大于经济增速，便摆脱了静态陷阱的困境。这可能是一种从我们的理论体系看来能更有效解决静态陷阱问题的思路。

马克思的剩余价值学说认为，企业的利润是剩余价值，对应的利润相当于我们提到的退出下界为零时的利润。该学说认为当剩余价值为零时，在他那个年代反复看到的经济危机就不会再发生。现代经济学家们认为，在完全竞争市场下，企业的利润应该等于利率，这样市场总是自我平衡的。经济学家们普遍认为，在现实中普遍存在的超过利率的资本回报率中，高于利率的那部分是不符合自由市场原则的；然而如果经济真的按照自由市场原则运行，那么将不会有静态陷阱发生。但根据我们的推导，资本回报率不仅会大于零，还会大于利率，甚至还会大于比利率更高的经济增速。但和他们所要求的不同，经过我们的分析，实际上社会并不需要将$K \times r$的资本收入部分去除，也不需要将企业维持在经济学家认为的资本回报率等于利率的情况也就是将[$K \times (r-$利率$)$]的部分去除，甚至也不需要将[$K \times (r-g)$]的部分从企业收入中拿走；而只需要将[$K \times (r-g)-$资本收益者自身消费]的部分拿走，就可以维持经济不落入静态陷阱。

还是套用日本的例子用剩余价值理论解释，相当于22%的GDP的都是因“剥削”而存在的；由于日本一直几乎零利率，所以从经济学角度看来，大约也有20%左右的GDP是超出经济学认知的“资本超额利润”；而通过我们的框架分析，实际上只要实现其中8%左右能稳定地转移到消费中，就不会出现经济危机。需要再强调一下的是，这里并不是认为这14%（22%与8%之差）的GDP“剥削额”是合理的，而是在尽可能把问题更加精准地最小化定位，以减少社会为此而付出的调整成本。如果不对GDP的8%这部分进行调整，社会上的富人和穷人都会陷入“增长停滞”，甚至触及社会性危机的境地。并且随着富人积累在国债上的财富有可能随着国债违约而荡然无存，在只靠国债来维持的路径上，这8%收入代表的财富最终肯定是会被消灭的。所以在控制这8%的收入转向消费这一点上，富人的利益是和穷人的利益一致的。而是否调整剩下的14%，就属于一定程度的零和博弈了，并不是本书主要讨论的内容。

两种经济危机的分类

本章对资本收益者的收入、投资、消费的机制进行了讨论。围绕着一个核心关系式，即对于资本收益者收入和支出的关系。如果把前面一些结论代入，可得收入=$K \times r$，中长期稳态投资=$K \times g$；消费=收入×消费比例=$K \times r \times$ 消费比例。进行一些简单约分，可以得到最终问题取决于下式

$$g/r+\text{消费比例} \longleftrightarrow 1$$

为了讨论简单，可以把它称为支出因子。判断经济处于何种状态，实际上也就是看支出因子和1的差异问题。当支出因子在1附近时，代表着对于资本收益者而言，支出和收入基本是平衡的，经济中供需整体不会有太大偏差[1]。

当支出因子大于1较多时，会进入供给不足状态。供给不足状态下，即便资本收益者将其收入扣除必要的消费后完全进行再投资，经济体也很难维持资本存量跟得上当前经济发展速度。如果不能从其他渠道找到稳定的投资来源以补充资本存量增长，来年的生产能力的增长就会低于消费能力的增长，进而出现供给不足。产生的原因一种可能是整个社会中所有人群都普遍贫穷，因此即便是资本收益者也有较高的消费比例；另一种可能是资本收益的人群较为分散，绝对收入并不高，这部分人群获得资本收益

1　我们前面一直在讨论的前提是社会中仅有资本收益者进行投资，这显然是不符合真实情况的，所以如果在实际中运用这一关系时，有必要对真实存在的其他科目进行修正。

之后，有相对大的比例被消费掉。政府往往会通过票证制等方式尝试压低总的消费量，以鼓励更多资金进行投资。如果不能成功跨越这个门槛的国家，将会一直处于“低收入陷阱”中。我们在第四章中会详细描述这一类型经济危机的成因以及解决思路。

当支出因子小于1较多时，会进入需求不足状态。需求不足是指，当g和r都已经相对较低，但风险溢价（$r-g$）本身大小不会下降太多，于是g/r就会显得较小。也就是整个社会只能将很少的企业利润用于投资，否则将带来生产的商品多于社会上购买力的增长。此时，如果此时资本收入还集中到绝对高收入人群手中，那么消费将会比较小，由于投资又被过低的资本回报率限制住，投资也会较小，最终必然有持续的正的损益被保存下来。由于这些人群获得了持续的正损益，那么在社会其他产生持续的负损益。我们在第三章和第五章中会深入探讨这类型的经济危机。

在社会的不同阶段，经济平衡会处于不同的状态中，并不存在一成不变的方式去应对所有经济环境。

第 四 章

供给侧不足的经济危机

本书的主要内容是，讨论如何避免需求型经济危机。但实际上，很多克服需求型经济危机的手段，在经历过供给型经济危机的人看来是很难理解的。例如，我们提出拉动需求来恢复经济的时候，如果对比20世纪80年代的中国，就会有人得出拉动需求对经济发展并无助力的结论。所以，我们有必要将两种类型的经济危机都加以充分阐述，以使人们明白其实两种情况分别是经济滑向各自不同的两端带来的结果，而摆脱两类经济危机的手段往往也是截然不同的。

第二次世界大战后全球经济高速增长持续了近80年，在这期间，除日本外，类似1929年的需求型经济危机一直没有再次出现过。而近些年需求型经济危机让人越来越觉得迫在眉睫的原因，和1980年前后“医治”供给经济型危机的方式有关。虽然当时的“医治”方式是对症下药的，把经济领到了正确的方向上，但在40多年后的今天，这味“药”最终又让经济走到了相反的方向上。所以对整个供给型经济危机的研究有助于我们厘清现有问题的来源。在前面的章节中，我们已经详细讨论了需求型经济危机的成因，本章我们简要讨论一下供给型经济危机的特征。

有两种情况会导致经济体整体处于供给不足状态，一种是绝对贫穷，那么所有人群边际消费倾向都很高；另一种是虽然整体贫穷程度不高，但社会财富或者收入集中度较低，也会导致整体边际消费倾向比较高。

第一节　绝对贫穷情况下的危机演化

危机成因

在社会生产力极度落后的情况下，自由市场状态下的大部分人群都会把自己获取到的收入用在维持日常生活上，此时几乎社会上所有人都保持着较高的边际消费水平。他们会把自己拿到的绝大部分收入用来改善生活或维持生活，或许会有少量储蓄，但这些储蓄从整体而言很低或接近于零。即社会的总消费倾向较高。

从需求端看，投资+消费+贸易顺差=总产出，对于较为落后的经济体，若消费已将全年生产的大部分物资占有并消耗掉，那么其他几项就会被压得较低。社会几乎没有剩余产出可以用来生产投资品，而投资能力的低下将导致来年的总产出无较大提升。同时由于消费品一直紧缺，当社会仅有的可用于投资的资本选择投资项目时，也会投资于轻工业产品，以便获得巨大的消费市场，保证获取利润的确定性；而投资重工业则市场相对较小，盈利水平有比较大的不确定性。

综合而言，即便社会上存在少量资本，其投资选择也会集中于轻工业领域。此时，社会上总GDP中被用于投资的较少，被投资于重工业的就更少，投资品价格就高，使得经济发展很难加速。同时，国际贸易顺差低将导致外汇储备非常紧张，想要自主引进外部技术，也会非常困难。此外，因为贫富差距小且收入都很低，不同人群也看不到收入提升的可能性，以及收入提升后对生活改善的可能性，民众看不到能追求更好生活的可能性，仅仅是保持自己不挨饿，处于一种被动消极的工作状态中，生产的积极性和主动性也无法发挥。

虽然由于财富的天生集中趋势，社会上的财富终究会向少数人集中，但经济体内部生存条件过于恶劣，少数有钱人会愿意将自己及资产一并转移到生活条件较好的国家；或者是这些人在其他国家见识过奢靡的生活后，在一个贫穷的国家也会追求同样的生活。而这种追求，很可能会进一步耗尽经济体中已经比较紧缺的外汇储备资源，最终导致被集中起来的财富很难投入到生产中。

在此经济模式下，并不会出现通常周期理论预期的结果，即不会形成“低谷—高速增长—泡沫”这一系列阶段的循环。如无其他外生的因素刺激，该经济体可能会一直保持当前状态并持续几十年至上百年。按照持自由市场观点的人来看，自然的演化路径本应是这样的国家由于劳动力成本极低，相对而言必然有其比较优势的禀赋，通过发展这些具有比较优势的产业，也能积累起足够经济发展所需的资本，进而降低与发达国家的差距。但实际上，世界上除了先发的资本主义国家，后发的国家摆脱绝对贫困并不是自发性的事情，而是必须在天时、地利、人和，以及政府积极参与的条件下，才有可能实现。

这类国家一直无法从绝对贫穷中走出来，究其本质，是储蓄率过低，或投资过低。应当注意，虽储蓄总是跟随投资一起变动，但当市场上不存在资金供应者时，是储蓄限制了投资的增长；而如市场上无可投资标的时，则是投资机会限制了投资的增长。前者对应供给型经济困境，后者对应需求型经济困境。经济发展必须有生产资料积累，持续过低的投资，将使经济长期陷入低水平的循环中。当然这种状态本身也是一种市场均衡，在这类经济体中，按照索洛增长模型，过低的储蓄率确实对应着过低的稳态资本存量。该状态也是符合经济学理论模型的，但经济学理论模型并不能告诉这样的经济体如何走出困境。在现实世界中，这样的经济体由于需求较大，很容易成为工业化经济体的商品倾销地。随着工业化经济体用商品交换的购买力将这些地区的自然资源等的所有权收购完毕，这样的经济体可能也失去了脱离这种状态的机会。

解决方法

要改变这种需求不足型经济难题有两个途径，一是人为压低消费，通过国家有力的控制措施，将大量生产导向重工业比如钢铁、水泥、机械设备等领域，以便增加未来的总供给。由于最后生产出来的用于消费的商品价值小于全体民众手上持有的愿意用作消费用途的资金，这种情况下，无法只通过价格机制出清市场。因为在价格机制下，一定会导致短缺的消费品价格上涨，上涨趋势最终会促使工业体系转而生产更多的消费品而不是投资品，导致最初试图增加投资的目的无法完成，又回到低水平循环的状态。此时物资短缺会成为必然，只能通过配给制、票证制等非市场手段调配物资，以实现将较少物资分配到更多需求对象手中，维持一些更基本的需求。由于这类经济体之前的重工业积累几乎为零，在对外贸易上，商品需求过高，天然处于逆差状态，而且很多时候，发展重工业必不可少的技术及一些关键设备，只能通过国际市场获得。经济体只能从社会上搜集本已紧缺的消费品用于出口，以换取该类关键资源。此时，大量的资源被从消费品的生产移走，外加需要出口大量消费品，人们感受到的生活状况与之前相比会有较大幅度的下降。而只有当这个阶段积累较长时间，使得即便在较高的储蓄率、投资率状态下，持续积累的资本提高的生产力也能有较多剩余去生产消费品时，人们的生活才能逐渐开始改善，并逐步走出之前的困局。

落后的经济体要通过这个路径实现工业化，国家强有力的导向以及对经济的深度干预必不可少。因为把资源向重工业倾斜，本就是从市场角度看当期低效的资源配置方案。如果任由市场自发配置资源，消费品的短缺会使得投资于轻工业总是更有利可图，而重工业资本密度高，又无法发挥落后经济体的劳动力比较优势，并且投资总量巨大，在自发环境下很难由一个落后经济体的个人资本去投资完成。

另一个途径是寻求大量的外部投资。外部投资有两个作用：一是外部投资本身就带着关键资源、技术及设备，投入到经济体中，带来了额外的物资流入，免去了上述路径中为了获取这些关键资源所需要积累的出口量。二是外汇的投入，本质上仅从国内市场看，类似政府额外发行货币，这些货币多半用于投资品的采购，增加了整个市场对于投资品的需求。由于额外的投资需求抬高了投资品的价格，此种情况下，通过市场手段可以达到偏向重工业的均衡。随着投资品价格上涨，整个社会的物质生产开始向投资品倾斜，取得了和上面路径一样的效果。同样由于生产被转移到重工业，消费品的生产出现下降，消费品会短缺，也同步拉高了消费品价格，这样就导致消费品的需求量大幅度减少，从而实现市场均衡。整个过程中，投资品的需求是由外力拉动的。首先提高投资品价格，让自发发展重工业有利可图，高价格逐渐扩散到消费品，最终会使整个经济体经历一段较长时间的通胀，整个过程结束以后物价水平比之前会有非常大的提升。

该环节因为获得了较多外部资源，持续时间会比上面的路径短得多，但外部资源的投入并非没有代价。首先，外部资源的投入必然要获得经济体成长后的一些收益，导致之后归属经济体人群的收益变少，这当然是一个公平的对双方都有利的交易。另外，外部投资者可能会较深地介入本国政治，在一些极端情况下，本国可能会被迫作出有利于外部投资者而不利于本国的政治决策。在某些情况下，落后经济体对外部势力借由经济波动实施的掠夺也没有足够的抵抗能力。现实世界中，从时间稍远一点的日本“广场协议”，以及近些年一些欧洲国家的情况，都可以看到这种经济与政治不独立带来的负面效果。但总体而言，用未来经济发展高度，换取大幅度减轻痛苦积累期的长度，并不算完全低收益的交换。采用这种路径的经济体，首先必须保证内部政治稳定，降低发生较大政治动荡的可能性，外部资源才可能将其作为投资的备选目标；其次，从地缘政治角度需要具备一定战略意义，事实上落后国家和地区都很难同时具备这两个条件。这种路径下，市场可通过自由调节达到平衡，在国际市场上，通常可选择自由贸易路径。

现实例子

新中国刚成立时，面临的就是典型的因贫穷导致社会陷入整体性供给不足的局面。但通过计划经济及改革开放两个阶段，分别采用我们上一节讲述的摆脱绝对贫困的两种方法，中国成为少有成功从农业大国发展成大型工业国的国家。

那时，刚经历百年的内外交困，中国的经济十分脆弱。1949年中国粮食产量仅1131.8亿公斤，工业总产值只有140亿元，其中钢产量15.8万吨，原油12万吨，原煤3200万吨，发电量43亿千瓦时，水泥66万吨[1]——而同年美国钢产量高达7000万吨。可以说新中国刚成立时的钢产量“都不够每个中国人打半把菜刀”。所以毛泽东主席在那个时候发出感慨，“现在我们能造什么？能造桌子椅子，能造茶碗茶壶，能种粮食，还能磨成面粉，还能造纸，但是，一辆汽车、一架飞机、一辆坦克、一辆拖拉机都不能造。”[2]在全国的工农业总产值中，农业总产值比重为70%，工业总产值比重为30%，而重工业产值占全部工农业总产值的比重仅为7.9%。按照当时的标准来看，现代工业也只占10%，且将近90%的人口在农村生活和就业。可见，在新中国成立初期，中国的工业就是以生产消费品的轻工业和手工业为主。就像我们之前所描述的，在贫困落后国家，自主发展只适于发展出生产消费品的轻工业，而不能生产出工业品进行资本积累。1949年的中国，居民人均可支配收入仅仅为66.1元[3]，可见当时的中国真正处在绝对贫穷的环境中。

新中国成立后，面对因为缺乏现代工业而处在绝对贫困状态的国内局面，如果仍然采取市场手段发展经济，那么一定是生产消费品的轻工业为

1　中国工业：挺起大国脊梁[N]. 中华工商时报，2009-09-29(014).

2　中共中央文献编辑委员会. 毛泽东著作选读. 北京：人民出版社，1986.

3　人民生活实现历史性跨越 阔步迈向全面小康——新中国成立70周年经济社会发展成就系列报告之十四[N]. 中国信息报，2019-08-12(001).

优先自主发展起来。因为整个社会贫穷到基本没有成规模的储蓄，所以发展重工业的资金是极度缺乏的。资金成本高昂，在市场条件下几乎没有可能发展重工业。而相对于昂贵的资本，此时中国的劳动力却是极其便宜的，因此劳动密集型的轻工业在市场选择下一定会优先发展起来。但如果放任市场发展轻工业，对当时的中国并没有好处，对改变极端贫困的状况也毫无助力。在回顾这段历史时，有关学者认为，重工业具有正的技术外部性，优先发展重工业能够提高轻工业的生产效率。但是重工业的投资一定低于其他类型投资的有效水平，因此发展重工业无法通过完全市场化的行为去完成。优先发展重工业，提高重工业在经济中的占比，有利于提高经济中用于积累的占比。[1]而发展重工业会暂时压低消费，这也是为了以后发展轻工业所做的牺牲。

单纯从经济学的角度而言，发展具有“比较优势”的行业是一个最优选择。中国当时的劳动力是比较优势，通过发展高劳动力密集型的产业，例如纺织等轻工业，似乎比起重工业更容易获得经济利益；然后通过出口轻工业产品换取外汇，再进口生产机器，或许会能够更快地发展。但这个纯经济学角度的观点忽略了两个重要的事实，一是当时以美国为首的西方资本主义国家正对中国进行封锁，中国基本上没有可能将生产的消费品大量地销往对消费品有大量需求的西方国家，进而换取他们的外汇以进行投资。二是在当时中国从整体军事政治角度考虑，为了避免被可能的战火波及，大力建设了三线地区工厂。例如，在云贵川陕地区，生产一双袜子与烧炼一炉钢铁做比较，确实是袜子的美元价值更高，但如果我们现在需要的是钢铁，即使西方国家解除封锁，把这一双袜子从西部三线地区运到美国的市场上卖掉，再从美国的市场买钢铁运回当地，是否还具有比较优势

1 姚洋，郑东雅. 重工业与经济发展：计划经济时代再考察[J]. 经济研究，2008(04): 26-40.

就非常值得怀疑了。毕竟我们发展经济要的不是赚取以货币计价的钱，而是在需要发展工业的地方能够得到钢铁和水泥。所以在这样的前提下，想要使资本存量迅速增加，自身发展重工业是不二选择，这实际上和苏联建立初期面临的情况是相似的。而这两点障碍在后发的亚洲“四小龙”身上是不存在的，一是他们没受到西方国家封锁，二是他们都沿海，交通运输成本相对低廉，1921年的苏联和1949年的中国都不具备这样的条件。

在改革开放后，中国具备了外贸条件，也迅速地走上了“出口袜子换取机器设备”的发展路线，并在交通成本低廉的沿海地区建立了用于“创汇”的大量轻工业产业。当然这种思路又助长了“造不如买，买不如租”的思潮，直到2020年“芯片封锁事件”的出现，又让国人意识到上面所提到的条件并不是总能够成立。套用目前流行的《三体》中的一句台词，“在人类历史上，不同国家之间能够互相自由交易物资甚至是战略级物资只是一种偶然”。现今活跃在社会舞台上的大多数70后、80后、90后都习惯了这种偶然，但这种偶然迟早有一天会不复存在，实际上我们现在可能将看到这种偶然消失的征兆了。至少现在我们已清醒地认识到，一个大的经济体是有必要建立能自主生产的支撑经济发展的关键产业的。如要举出具体的例子，70年前是钢铁，而现在是芯片。然而，这种偶然显然没有发生在1949年的中国，即便是那时苏联援建的“156计划”，很快也因为“中苏交恶”而中断。如果此时中国依靠所谓的“比较优势”制造了大量的袜子，试问能卖给谁，又向谁去进口所需要的钢铁、水泥、机械设备？！因此，对于1949年的中国而言，优先发展重工业无疑是唯一的正确选择，关键只在于需要从轻工业及农业抽取多少资源发展重工业，而不是要不要从轻工业及农业抽取资源。这中间确实也存在抽取资源过度使得经济失衡的年份，在1960—1962年间连正常的经济生活秩序都受到了影响，苏联在发展初期也碰到过类似问题。

于是，发展重工业的国家战略在1952年开始制定第一个五年计划时得到了体现：一方面集中力量建设苏联援助和设计的156个工业项目，以及其他694个大中型项目[1]，这两部分建设将组成中国最早的重工业体系，成为社会主义工业化的初步基础；另一方面，则是对农业和手工业进行社会主义改造，原先的资本主义私有经济逐步转变为国营、公私合营、合作社营等。

重工业属于资本密集型产业，建设周期长且初始投资规模巨大。对于没有工业基础的国家，还需要从外部引进技术和设备。而此时的中国，一没有足够的初始资本，二没有发展重工业的技术和设备。"一五计划"的两方面工作正是服务于优先发展重工业这一战略。

苏联援助和设计的重工业项目，对于当时国际政治环境下的中国，无疑是非常重要和难能可贵的。新中国利用苏联的援助获得资金和技术，以及完整的工厂，而不需要通过消耗珍贵的外汇去进口设备和技术。但最重要的，还是将原先的资本主义私有经济和小农经济模式转变为国有经济和集体经济占主导的模式。我们在前面的章节提到，为了发展重工业，需要将有限的资本投向重工业，而人为地压缩轻工业。由于轻工业被压缩，消费品在市场中将变得稀缺，价格将会上涨。如果企业仍然是私有制，以追求利润为主，将会有足够的动机去生产消费品，而不是生产投资品。因此，私有制企业几乎不可能成为贫穷的中国发展重工业的工业单元。只有受到国家计划指导的国有企业，才能按照计划去发展重工业。同时，国家对于国有企业的生产资料和生产要素可以调配和定价，将企业利润最大化的目标转变为积累资本发展重工业。这在私有经济模式下是无法完成的。到1956年社会主义国有工业产值占工业总产值的比重达到67.5%，公私合营工业产值占32.5%，私人工业几乎完全消失[2]。而农业的集体化，则是为了

---

1 陈云. 关于发展国民经济的第一个五年计划的报告（节选）[J]. 党的文献，1995(03): 12-20.

2 薛暮桥. 中国社会主义经济问题研究[M]. 北京：人民出版社，1979.

更好地调配农业资源，服务发展重工业的目标。因为发展重工业需要足够的粮食供养城市与农村的人口，同时需要一些重工业生产所需要的廉价农业生产工具和原料。因此，需要通过指导集体农业生产需要的粮食和农产品，同时利用“统购统销”政策控制农产品的价格。到1956年年底，参加农村生产合作社的农户达到了96.3%[1]。

微观上，企业和农业体制的转向，也使得宏观上经济体制从原先的市场主导的经济体制，变为计划经济体制。林毅夫在他的《中国的奇迹：发展战略与经济改革》中提到，要在资本严重缺乏的贫困状态下发展重工业，只能全面排斥市场的作用，需要人为扭曲生产要素和产品的相对价格。[2]只有计划经济能提供发展重工业所需要的宏观政策和手段。林毅夫在书中提到了四个方面：

> （1）低利率。重工业需要大量的资本长周期地投入，但此时中国由于贫穷而储蓄率极低，在市场上资本价格极高。因此需要人为压制利率，降低资本价格。1950年5月时的工业贷款月息为3.0%，但到1954年已经压制到0.5%[3]。人为压低的利率降低了资金成本，但是低利率又降低了储蓄意愿，银行获取的资金将会少于社会潜在的资金供给。为将资金落实以支持重工业发展，国家又建立了国有垄断的金融制度。通过中国人民银行对全国的金融业务进行控制。存贷款的利率、贷款的指标都由人民银行总行制定，以确保将有限的资金优先投入重点工业项目当中，而不是让珍贵的资金随着市场机制流动。

1 苏星. 我国农业的社会主义改造[M]. 北京：人民出版社，1980.

2 林毅夫，蔡昉，李周. 中国的奇迹：发展战略与经济改革[M]. 上海：上海人民出版社，2016.

3 郑炳先. 利率导论[M]. 北京：中国金融出版社，1991.

（2）低汇率。因为发展重工业需要从国外进口设备，需要消耗大量的外汇，但没有规模化工业生产能力的国家外汇水平又是不足的。在市场条件下，只能发展轻工业获得大量外汇，这将不利于优先发展重工业摆脱贫困。而缺乏外汇必定导致市场定价的汇率非常高，高汇率意味着高成本，为了保证以较低的成本引进发展重工业所需要的设备，只能人为控制汇率。但官方控制的汇率将会使得出口企业结汇意愿低，因此国家实行外汇管制，规定社会团体、企业和个人的一切外汇收入都必须按照国家规定的汇率结算成人民币。同时，低汇率会压制出口意愿，而不进行出口将无法获得更多的外汇。因此1952年国家成立对外贸易部后，到20世纪50年代中期，对外贸易全部由国家机构统一管理、集中经营，对进出口的商品价格和数量，以及贸易对象都进行统一管制（见表4.1）。

表4.1 统一汇率前后的汇率调整[1]（100美元或100英镑折合人民币之值）

时间	美元		英镑	
	汇率	调整幅度（%）	汇率	调整幅度（%）
1950年3月13日	420.00	—	—	—
1950年7月1日	375.00	-10.71	989.00	—
1950年7月8日	360.00	-4.00	956.00	-3.34
1950年7月26日	360.00	0.00	932.00	-2.51
1950年8月7日	350.00	-2.78	914.40	-1.89
1950年9月5日	322.00	-8.00	812.20	-11.18
1951年5月23日	223.00	-30.75	—	—

1 这里将人民币按1万元旧币等于1元新币折合。

续表

时间	美元		英镑	
	汇率	调整幅度（%）	汇率	调整幅度（%）
1971年12月	246.18	10.39	—	—
1978年7月	172.00	-39.07	—	—

资料来源：《汇价手册》，北京：中国金融出版社1986年版；马洪、孙尚清主编：《现代中国经济大事典》，北京：中国财政经济出版社1993年版，第960页。

（3）低工资和低能源价格、低原材料价格。为快速实现重工业的资本积累，需要提高重工业企业的利润率，所以从工业生产成本端的三个最重要的方面入手人为压低价格。拿工资来说，从1956年起，全国实行统一的国家机关、企事业单位工资标准，工资的标准、级别和升级方法全部由中央统一规定。但压低能源和原材料价格，会刺激需求、压抑供给。在供需不平衡的情况下，还要倾斜资源去支持重工业部门，就只能通过计划经济体制建立物资统一分配制度。到“一五计划”结束时，由国家计委直接分配的工业品由110多种增加到300多种，占工业总产值的比重提高到60%，统配物资则由227种增加到了532种[1]，建立了国家对工业发展所需物资的直接配置。

（4）低农产品、生活消费品和服务价格。在资源向重工业部门倾斜后，社会的消费品是稀缺的，而前面提到为了降低重工业部门的成本，城市职工的工资也被国家管制。这就导致在市场条件下，拿低工资的职工不可能买得起生活必需的农产品、消费品和服务。因此有必要压低这些产品的价格，保证有足够的劳动力愿意参与重工业生产。但压低消费品价格，会使得消费品供应

1 刘国光. 中国经济体制改革的模式研究[M]. 北京：中国社会科学出版社，1988.

出现大的缺口，而需求又因为低价而抬高。所以只能通过计划体制对必需消费品和食品采取配给制度，城市居民需要凭借粮票购粮，凭借布票购布，且配给额度根据家庭人口数量进行最低的满足。而对农业生产采取国家统购统销制度和集体化生产制度，保证农民对城市必需消费的农产品和加工企业的原料生产，且只能按照国家收购价统一卖出。

通过一系列政策的设计，“一五计划”结束后，中国顺利建立了优先发展重工业的计划经济体制，并建设了大量重工业部门：鞍山钢铁基地、长春第一汽车制造厂、沈阳第一机床厂等企业生产出了以前中国从来不能生产的工业产品。表4.2展示了1949年和1957年中国三大重工业部门的产值变化。在1957年“一五计划”完成时，中国的工业产值从1952年的119.5亿元增加到271.6亿元，平均每年增长17.8%[1]；农业产值也从1952年的483.9亿元提高到了583.2亿元，每年增长3.8%[2]。工业产值增长明显快过农业产值。可见通过“一五计划”，中国的现代工业发生了翻天覆地的变化，成为国民经济的重要支柱，完成了重工业从无到有的建设，为中国摆脱贫穷打好了工业基础。

表4.2 工业产值变化（1949年和1957年）

年份	钢产量	发电量	煤产量	工业产值比重	重工业比重
1949	15.8万吨	43亿度	3200万吨	30.00%	26.40%
1957	550万吨	180亿度	1.3亿吨	56.50%	48.40%

然而，当工业化基础打好并经过一段时间的发展后，计划经济的弊端也显露了出来。前面提到为了将资源向重工业部门倾斜，人为压低了生产要素和生产资料的价格，人为造成供需不平衡。计划经济的目标不是企业

1 数据来源：国家统计局。

2 中国工业：挺起大国脊梁[N]. 中华工商时报，2009-09-29(014).

利润最大化和工人收入最大化，而是为了更快地建立现代工业体系。当重工业部门缺失、资本无法积累的问题解决后，接下来的目标是建立强大而富有竞争力的工业体系，帮助国民从贫穷走向富裕。随着国家重工业部门的建立和发展，计划经济的红利逐渐消退，利用计划手段将资源倾斜给重工业部门的边际效果开始变差。投入相同的资本，不能像早期一样获得比较高的回报。由于长期压制消费品的生产，人民的生活水平也无法进一步提高。而此时，由于长期被调控，产业结构已经发展到阻碍经济发展的程度。特别是想要改善消费品生产不足的情况，由计划体制转型为市场体制是最有效、最符合当时中国的资源禀赋的。但如果只是放开国内市场，长期受到压制的消费品需求一定会要求资本更多地向生产消费品的轻工业倾斜。由于没有新的资本进入，昂贵的国内资本会抛弃投资周期长的重工业，而花费三十年时间好不容易积累的存量资本很可能会投向利润更高的轻工业。重工业则会因为缺乏投入而逐渐衰退，之前三十年所做的工作和取得的成果将付诸东流。

在1978年12月18日召开的党的第十一届三中全会决定开始改革开放后的仅半个月，1979年1月1日，《中美建交公报》生效，中国面临的国际政治环境得到改善，前面提到的发展轻工业的障碍也被扫除。可以看出二者是存在关联的，如果没有能够妥善处理好和美国的关系，改革开放显然是无法进行的。这使得，一方面，中国可以在交通运输便利、人口密集的沿海地区发展工业；另一方面西方廉价的资本开始进入中国投资，中国生产的商品也可以通过贸易进入西方市场。西方资本的进入对中国的市场化转型是极其重要的，因为西方相对廉价的资本进入中国后，弥补了中国资本积累较少的短板，使得中国境内资本的成本依然在改革开放后保持较低水平。同时西方资本的进入，增加了对工业品的需求，这样又反过来促进了中国重工业部门利润的增长，保证了这个部门资本的持续积累。随着中国改革开放的深入推进，特别是2001年加入WTO后，大量外资加速涌入中国，中国自身建设也不断提速，对基础重工业品的需求也迅速增大。为满足需求，中国的煤炭和钢铁产能继续扩大（见图4.1及图4.2），成为世界产能第一的国家。

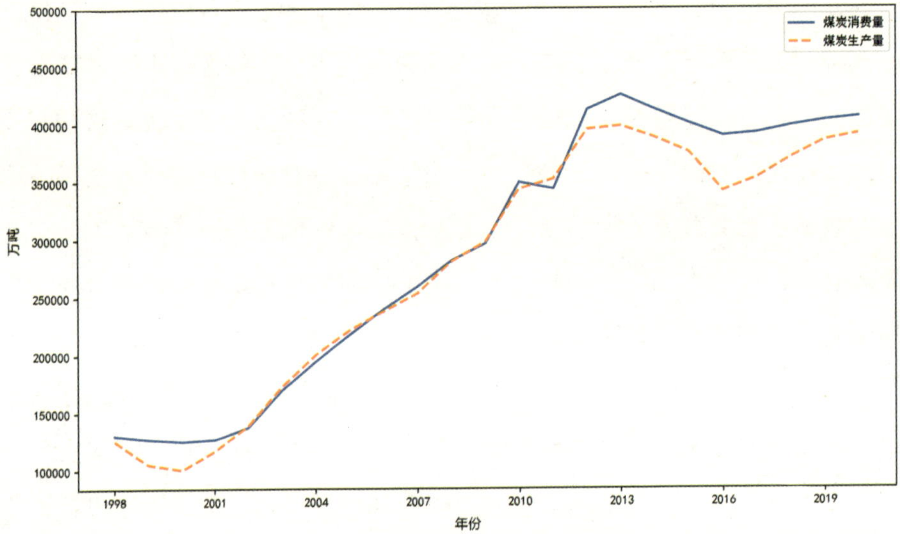

图 4.1 中国煤炭消费量及煤炭生产量

数据来源：Wind

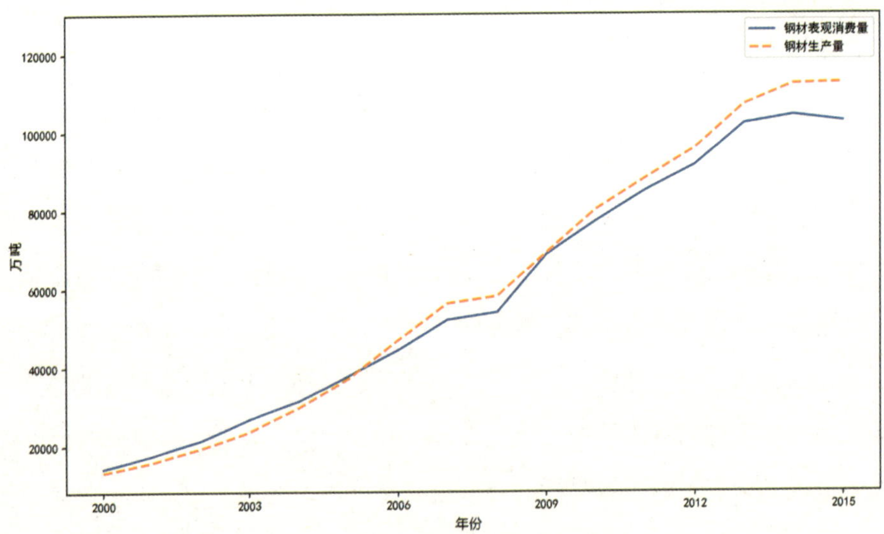

图 4.2 中国钢材消费量及钢材生产量

数据来源：Wind

在已经具备工业基础的情况下，中国引入西方资本主义国家的资本进行工业建设，而不用担心国家重工业部门都被外国公司掌握，也不用担心积累的资本会被带出境。同时，仍然采用外汇管制制度，可以确保不会发生严重的资本外流造成经济动荡。改革开放后，西方资本主义国家过剩的资本开始流入中国，带来订单、工厂和技术，使得中国的工业在新的市场经济中进一步飞速发展。

新增的西方资本压低了资本价格，使得中国有能力保护前三十年计划经济时代获得的经济基础。而中国优良的重工业基础，反过来又能帮助生产消费品的轻工业快速发展。除了20世纪80年代刚改革开放时过低的消费品价格造成供不应求而引发价格通胀，1990年后，特别是2001年加入WTO后，中国生产消费品的轻工业得到了迅速发展。进入21世纪后，中国成为世界上少数的具有全部工业门类的国家。

改革开放后，我国吸收的外国投资持续增长。外商直接投资（FDI）从1979年的几千万美元，增加到2018年的1350亿美元[1]，40年累计吸收FDI为2.1万亿美元[2]（见图4.3）。外商投资企业的工业增加值在全国工业增加值的比重，1998年超过20%，2006年达到了28%，虽然后来有所下降，但在2018年仍占23.1%[3]。可见外资对中国保持较低成本的资本价格起到了重要的作用。

外资的流入启动和助力了中国工业的快速发展，创造了世界历史上的工业奇迹。短短40年，中国的工业增加值达到了40.2万亿（2022年）[4]，占全球比重近30%，成为世界第一制造大国。中国城镇居民人均可支配收入从1978年的343.3元增长到2022年的49383元[5]（见图4.4）。

1 数据来源：国家统计局、商务部外资统计。
2 数据来源：联合国贸易和发展会议。
3 数据来源：国家统计局和商务部。
4 数据来源：国家统计局。
5 数据来源：国家统计局。

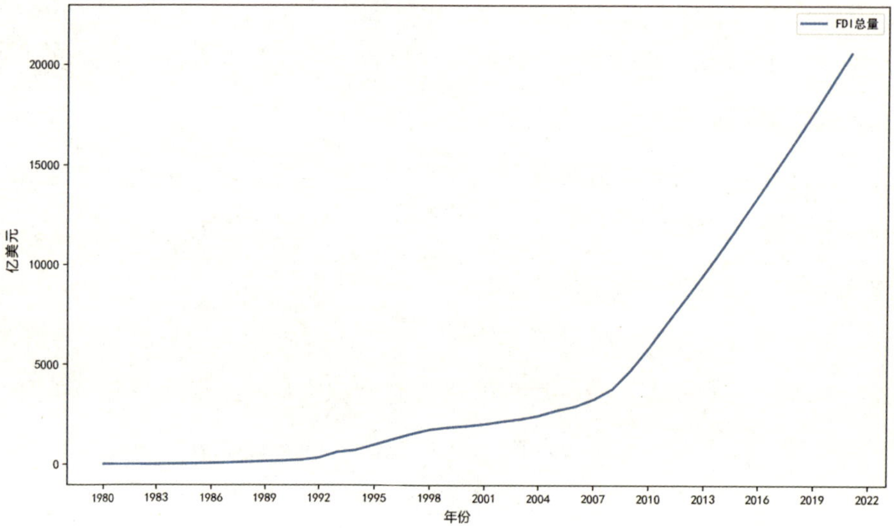

图 4.3　中国的外国直接投资（FDI）总量

数据来源：Wind

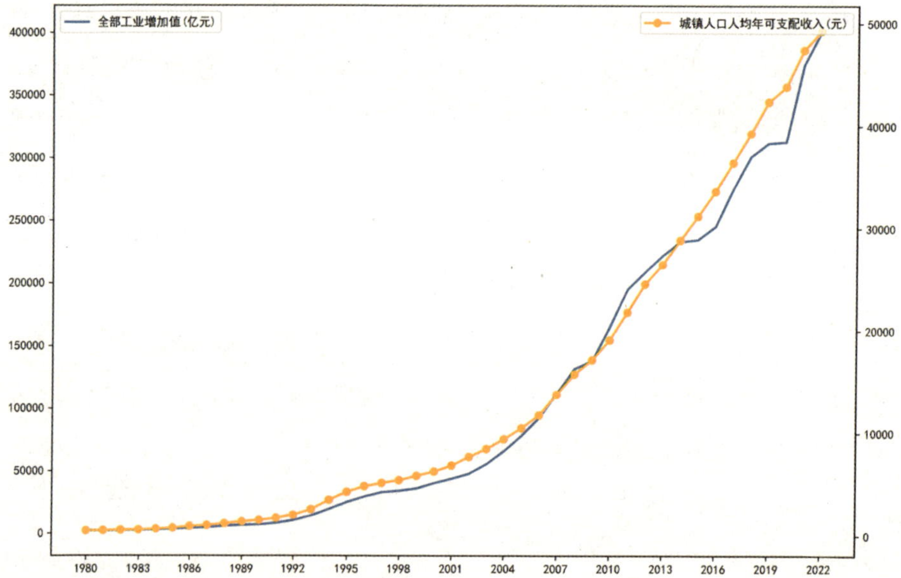

图 4.4　中国工业增加值和城镇居民家庭人均可支配收入（1978—2022 年）

数据来源：Wind

新中国成立后，前30年通过计划经济人为调控生产要素和生产资料的价格，将资源倾斜给重工业部门，成功地在一个90%人口都是农民的国家建立了现代工业体系，实现跨越式发展。又在1978年之后开始实施改革开放，利用市场经济发挥自身的资源禀赋，吸引西方过剩的资本，利用西方的市场提高自身的工业化水平和人民的收入水平。经过70多年的努力，中国成为世界第二大经济体、第一大工业生产国和第二大市场，成为摆脱绝对贫穷危机的世界典范。

第二节　低贫富差距模式下的危机演化

成因简析

对于发达经济体，如果依然存在贫富差距比较小，社会整体需求较高的情况，则有可能进入供给不足的经济状态。通常而言，发达经济体并不会自动滑入这种状态，但如果在接近这个状态的边界上，则可能由于个别行业的供给型冲击，带动整个经济体进入这种状态。

当某事件型冲击来临时，首先个别行业的供应受到影响，这些行业所关联的消费品以及工业原料供应缺口突然扩大，导致相关行业产品价格上涨。若行业在CPI系数中占比较高，就会看到突然飙升的通货膨胀率。面对急剧上升的通胀风险，政府通常的操作就是提高利率，试图压低短期的投资需求及部分可能通过借贷产生的消费需求，进而降低总需求来控制通胀。利率的提升所附加的长期效果是，导致部分资本回报率低的企业出清，资源将流动到资本回报率更高的企业。但由于企业的出清和设立运行都需要时间，短时间内将大量资本和劳动力从需出清的企业转移到收益更高的企业是不可能的，于是需要出清的企业在短期内确实会倒闭。然而新企业一方面由于利率较高缺乏投资意愿不会设立，另一方面即便有人投资，也无法在短时间内设立企业并生产产品，这会进一步加大供需缺口，并会带来大量人员的被动失业。由于失业人员增加，减少了具有购买能力的人员数量，于是总需求开始下跌。当总需求下跌幅度和前期总供给近似相等时，供需会逐渐趋于平衡，此时物价也开始恢复到正常状况。当物价恢复到可接受范围，利率也可以逐渐下调，此时投资开始恢复，更多前期失业的工人逐步开始找到新的工作，最终完成一个周期。

上面是目前主流经济学家认可的一次供给型经济危机大致的来龙去脉。通常对于供给正常的经济体，该流程没问题。虽然经济付出了一些代价，但又能恢复正常。但如果一个经济体本身已经处于供给不足的状态，问题就变得复杂了。

供给不足状态，本质上对应的是所有人的财富处于相对平均水平的状态。在这样的社会体系中，低收入群体获取的收入以及可能的边际收入占比略大。如果维持分配体系不产生较大的变化，那么上述最后步骤——“经济恢复”完成一轮冲击阶段后，其恢复的收入大部分也仍用以前的方式进行分配。但由于前期失业人口较多，这些人可能在失业期间已经将储蓄花得所剩无几，实际上每个人的边际消费倾向都比经历危机前要更高。于是，在这笔收入恢复后，需求的提升要高于经历危机前的水平。若之前社会本已处于供给不足边缘，这种需求提升很可能又会造成新一轮的供给不足，继续重复前面的循环。在这种状态下，唯有改变社会整体的收入分配结构，使得更多的收入被分配给底层穷人，才能缓解危机。

过去的经历

第二次世界大战后的20年，战争缩小了社会的贫富差距，同时国际上

“冷战”在持续，20世纪西方国家的民主社会主义运动蓬勃发展。英国的工党、德国的社会民主党、法国的共产党，北欧推行的福利社会制度，都是受到第二国际影响，具有强烈费边主义[1]色彩。他们通过议会斗争，不断推行有利于劳工阶层的法律，建立健全社会福利制度，让劳工阶层可以组织起来和资产阶级进行斗争，一些西方工业国家有了一定的社会主义色彩。当时西方国家普遍采取了较高的所得税税率，导致贫富差距一直维持在相对低位，虽然比起社会主义国家还是大很多。此种程度的贫富差距，既未导致社会达到总需求过高、总供应不足的状态，也适当保留了人们的生产积极性，因此经历了一段较为稳定的增长期。但由于这个状态离供应不足的一端更近，从图4.5中利率的变化曲线能发现，在危机爆发前的1970年利率已经处于高位。

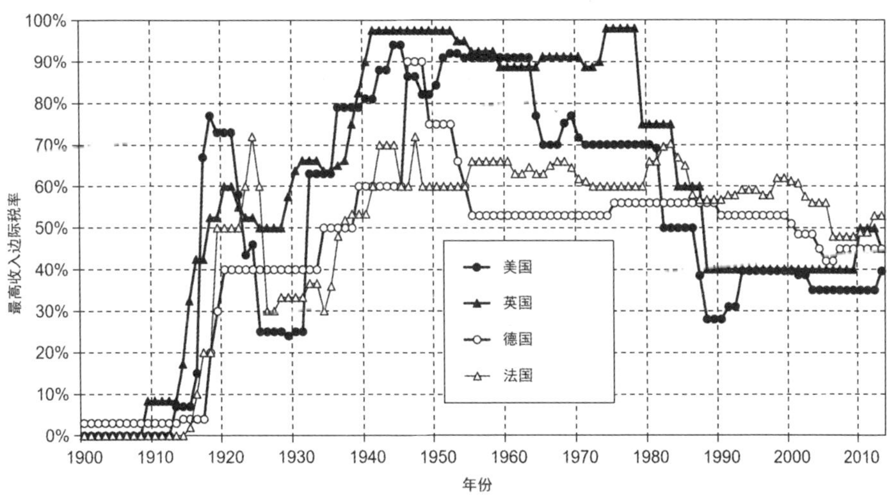

图 4.5　1900—2013 年 4 国最高所得税税率变化

1　费边主义指费边社，是20世纪初英国的一个工人社会主义派别，其传统重在务实的社会建设，倡导建立互助互爱的社会服务。尽管费边社本身并未创建一套完整的社会福利理论，但是在他们的社会实践中，明显地贯穿着期望通过社会各阶层的平等，包括平等的财产、社会地位和政治权利的分配而至自由，由实践平等和自由的理念达至社会合作和互爱的人际关系的理念。这是英国工人群众对福利国家制度最早、最直接的要求。

如果仔细分析图4.6的曲线变化，甚至能发现相似的情况实际上发生了3次，分别在1969年、1974年、1981年联邦基金利率三次达到过最高值。每一次都重复了前面提到的“通胀抬头→加息→失业提升→通胀下滑→失业率下滑→通胀又抬头”这样的循环。和通常认为的石油危机发生在1973年和1979年不同，读者很容易从图中看出这种有规律的周期性的经济波动，实际上从1965年开始物价就已经位于上升通道，而利率显示最早在1968年已经出现了第一次试图通过加息来控制物价上升的举措。所以“石油危机”事件型的冲击并非问题的根源，或者至少无法解释1965年就已经开始出现的周期现象。

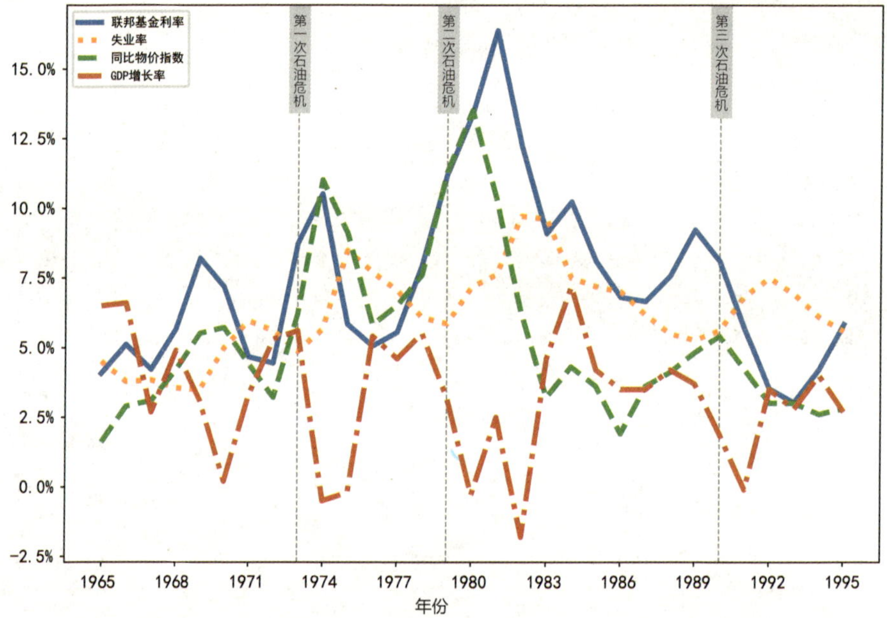

图 4.6 美国两次石油危机前后的各项经济指标变化

数据来源：Wind

可以看出，从1965年开始的10年一直处于高通胀、低增长状态，原因并不是我们前面说的通胀循环本身无法被加息阻止，而是循环结束并未带来平缓的后续周期，很快一个更高的通胀周期会接踵而来。并且现实中的例子是在三轮周期中，强度一轮高过一轮。

与前面分析的结果一样，一旦失业率稍有缓和，就业人口新增的收入很快会导致新增供给完全无法满足需求的状况，紧接着就带来下一轮的物价上涨。直到1980年以后，由于凯恩斯学派主张的干预经济的做法完全无法应对此类危机，导致凯恩斯学派逐步退出决策核心，正在执行的一系列以降低贫富差距为目的的政策陆续终止。西方主要国家在1980年前后最高所得税税率大幅度下降，从这之后，产生供给型经济危机的土壤彻底失去，危机也才在这一轮周期结束之后没有进入下一轮的循环。即便在1990年发生了“第三次石油危机”，也并未进入新的通胀循环，这也反映出了哪些因素才是造成20世纪80年代美国经济危机的根源。

在供给不足的情况下，凯恩斯学派的理论并无用武之地，由国家主导的投资无法精准地弥补社会上供给不足的行业。与前面提到的绝对贫穷类似，社会上此时缺乏投入到生产里的资源，市场需求大大超过供应。此时，劳动生产率的提高以及资源分配效率的提升十分重要。如果由于国家投资导致本来更高效的民间投资被挤出，供给不足问题反而会更严重。

按照新自由主义经济学理论的方法，若不改变底层收入分配结构，仅让经济自己恢复，会产生多轮通货膨胀循环。但新自由主义经济学理论主张减少政府干预，收入分配结构对需求较高，本就是国家为了收入平等做出的各种努力的结果，此时只需适当地放开一些之前为使收入平等而增添的限制，危机就自然而然地可以解除。这使得新自由主义经济学理论在这轮滞胀后，迅速成为近40年来西方最主要的经济理论并指导着经济的运行。

在以往的经济体系内，如果只关注利率、通胀、失业等数据间的关联，不停地去调整这些数据的大小，根本不能解决供应侧经济危机。而如果釜底抽薪把供应侧经济危机的形成条件去除了，危机自然也就失去产生的土壤了。

总结

在供给型经济危机中，不管是绝对贫穷还是相对贫穷，本质都是由于收入集中在边际消费倾向较高的人群，导致全社会总体消费倾向较高，新生产的物资在自由市场状况下将被引导至消费品的生产。而此时经济体系本应该制造更多投资品，以提高来年的产量，否则供给将会一直相对不足。而目前应对通胀的主要方式是加息，反而会打击企业扩大生产的积极性，于是来年的总产品数量增长将更少，经济难以走出循环。

我们上面提到的不管是计划经济、外资投资拉动、还是加大贫富分化，本质都是将社会中的生产重点转移为投资品而不是消费品。区别仅仅在于，计划经济是指令式转移，而外资拉动和加大贫富分化，是通过特殊的方法使得投资品的需求高于原本的水平，牵引经济体系转移向投资品。实际上，物资不足就应该增加工厂是个再简单不过的道理，新生的苏联和新中国在建立初期就非常清楚这一点，并制定了相应的经济政策去引导经济实现这个转变。而20世纪70年代的美国，甚至2023年的美国还在做同样的事，就是提升利率打压消费的同时连带着投资也被一并打压下去了。这样做必须让消费比供给下降得更快，才有可能使得消费和供给下降到差不多的水平并重新实现平衡。当然，在纯粹的自由市场环境下，实际上缺乏有效的手段来鼓励投资、抑制消费。毕竟政府进入市场并进行投资肯定不是美国人民希望看到的措施，所以美国的做法就是将投资和消费一起打压。

第五章

需求侧不足经济危机

无论发源于美国进而影响世界的“大萧条”还是日本“失去的三十年”，都是陷入了需求型经济危机。两次危机的区别在于，在“大萧条”开始的时候，自由放任的思想还占据着主流，在这种情况下，经济并不会自我恢复。直到罗斯福开始实行干预主义的经济政策后问题才开始缓解。而日本的情况，则验证了干预主义的思路确实可以缓解初期问题的严重程度，但饮鸩止渴的方案并不能真正地解决经济危机。在目前的经济学理论及实践中，人们已经非常清楚地认识到通过政府扩张赤字稳定经济的重要性，但对稳定之后该如何解决无限增长的国债却只能以“鸵鸟心态”面对。

第一节　从柯立芝繁荣到大萧条

1919年，第一次世界大战结束，美国作为后期参战的战胜国获利颇丰。战争结束后，工厂“军转民”改建完成，美国本土的工业领域出现了大繁荣。截至1921年，世界黄金储备的一半都在美国；美国的电气化程度为50%，为世界最高。

1923年，新上任的美国总统柯立芝对国内奉行完全不加经济干预的自由放任的经济政策。其任下的财政部部长安德鲁·梅隆支持减税。完全自由放任的经济政策在顺风的经济周期里起到了加速作用，也通过经济增长掩盖了自身的问题。工人的工资并未随着经济飞速发展而同步提高。

经济飞速发展和对富人更有利的税收政策，导致20世纪20年代美国出现了极端的收入不平等问题。这“咆哮”的经济在消费方面更依赖奢侈品的消费支出，而奢侈品消费是不确定性强且极易受到外部环境影响的消费行为，这为经济衰退后社会消费大幅度下降埋下了伏笔。

另一方面，普通人也开始模仿上层人士的消费观，利用低利率进行借贷消费。脆弱的借贷消费在经济衰退发生后变得更加不堪一击。收入的提高和逐渐走低的利率，使得美国公民开始将闲置的钱拿去投机。到了1928年，纽约摩天大楼的擦窗工人工作时都会停下来打听下股票的价格。

第一次世界大战结束后，大部分欧洲国家不得已采用降低利率的方式来刺激经济。但怀念过去“帝国荣光”的老牌强国英国，采取了错误的恢复金本位的政策和固定汇率手段，与降息刺激经济的方式出现了矛盾。高估的英镑价值加上低利率政策，很快引发了英国的恶性通胀。欧洲大陆的经济强国法国、德国也面临着相似的通胀问题。恶性通胀侵蚀着普通民众的消费能力，也影响了企业再投资与生产。欧洲经济的供给与需求在极度动荡中失去了均衡。失败的经济造成的社会问题随之恶化，罢工和革命的风潮在欧洲此起彼伏。

为了遏制套利和通胀，1927年英格兰银行、德意志银行和法兰西银行这三家欧洲央行的负责人奔赴美国，劝说美联储降低利率，作为国际协调应对经济问题的解决方案。1929年开年，股市继续高歌猛进。每个人都渴望在“大牛市”中分到一杯羹。欧洲的通胀还在持续。为了遏制通胀，英国扭转了一直的低利率政策，将再贴现率从4.5%提高到5.5%，股市开始回调，但大部分人认为，这只是牛市的正常调整，股市又重新涨了回来。但是由于长期收入极端分配不均等，经济形势早已出现疲态。1929年秋，美国因为长期扭曲的需求出现萎缩，但市场供给却一直在扩张，需求与供给的落差不断扩大，终于把美国经济拖入了衰退。当最后一批人反应过来之时，经济已经出现了严重问题，11月的股市与9月相比已经腰斩。工业生产下降、企业破产，大批失业人群开始出现。股市的财富随着股指狂跌而灰飞烟灭，民众更无力维持以前的消费。美国经济整体陷入了“供给－需求”螺旋下降的恶性循环中。这便是所谓的“大萧条”。

大萧条发生后，时任美国总统胡佛的救市方法并未将美国经济从深度衰退中挽救回来。1933年，罗斯福就任美国总统，开始实施新的拯救经济的措施。罗斯福采用了凯恩斯的经济学思想，通过让政府负债提高政府开支，从而提振社会的总需求，补贴各行各业。

美国终于遏制了大萧条中通缩、紧缩和经济下滑的态势。美国联邦政府也从罗斯福政府开始大量发行国债以解决经济问题。但这样的措施仅仅能延迟经济危机的到来，并没有从根本上解决问题，政府大量举债也为后面的危机埋下了隐患。

饮鸩止渴的解决方案

在第一次世界大战前，早在1900年前后，美国的GDP总量就已经取代了英国成为新的世界第一。但相比英国，美国并没有广阔的殖民地作为倾销的市场。在第一次世界大战中，美国的工业并未受到战火破坏，因此在西方主要国家中，经济状况是最好的，并在战后迎来繁荣。

从图5.1中可以看到，在1919—1929年间，美国的贫富分化日趋严重，更多的发展果实都归属富人阶层，这造成了对消费品的总购买力上涨落后于经济增速。而富人手中的钱，根据我们前面介绍的理论体系，在逐渐缺乏真实项目可以投资的情况下，就只能涌入金融资产，造成了股市价格的抬升。在股市拉到顶点没有后续的资金接盘后，崩盘是必然的。由于本身社会已经处在消费不足边缘，再加上股市对投资信心的破坏，导致在一段时期内自发的投资受到抑制，社会进而转入总体需求不足的状态。

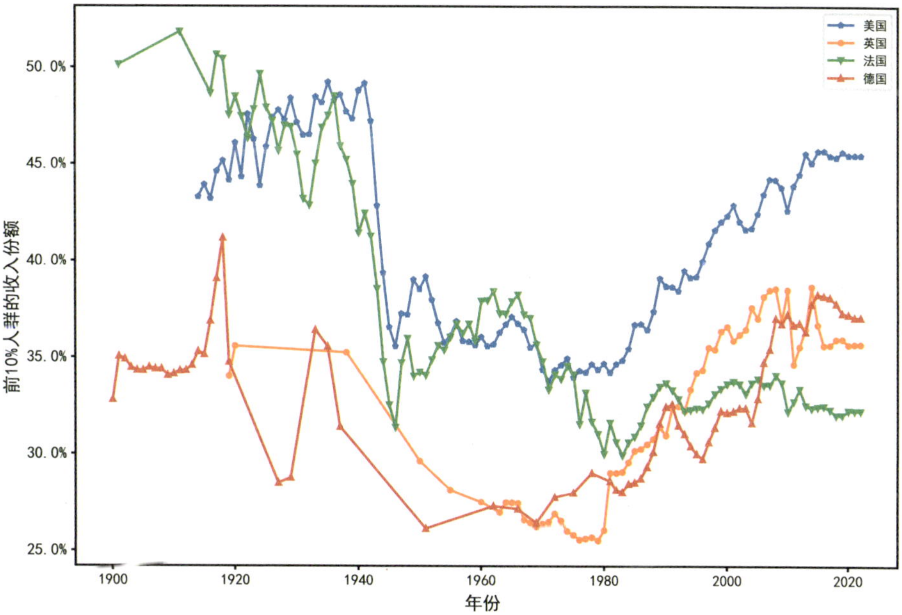

图 5.1　英、美、法、德四国前 10% 人群收入份额变化图

数据来源：Wind

在当时，并没有有效的理论体系指导政府如何通过债务扩张来稳定总需求，于是在1929—1933年，美国试图按着自由放任资本主义的思路，期待经济在经过萧条后能自行恢复。可是我们从数据中可以看到，在这4年间富人的财富占比并没有下降，形成需求型经济危机的土壤一直存在，于是“大萧条”并未像人们期望的那样在经历一个循环以后消失。直到1933年罗斯福开始采纳凯恩斯的经济学思想，政府通过负债拉动社会总需求以后，事情才有所好转。而在随后的1936—1939年间，德国和日本的战争备战所产生的需求，也推动了美国的经济发展，一直到美国被迫卷入第二次世界大战，情况才发生变化。所以，当时的人们并不会意识到，凯恩斯的方法将会永久性地要求政府扩张债务，而这在“日本失去的三十年”和2008年的“次贷危机”后世界主要经济体的债务扩张中展现得淋漓尽致。

第二节　从经济腾飞到日本失去的三十年

1945年8月15日，日本裕仁天皇向全日本宣布，接受波茨坦公告、无条件投降。第二次世界大战使日本国家总财产损失了约41.5%[1]，一片破落景象。美国实施"道奇路线"[2]，遏制了日本战后的通货膨胀。此外，美国全面帮助日本进行战后的经济恢复。1950年6月，朝鲜战争爆发，日本内需转出口，为美军提供了大量的军用物资，解决了国内产品库存积压问题，为日本经济带来了民众所说的"特需景气"[3]。接下来10多年的时间里，日本经济迅速腾飞，回到了第二次世界大战前的水平。

由于日本石油需求的99.68%依赖进口[4]，1973年10月及1978年年底爆发的两次石油危机导致了日本通货膨胀率的两次飙升，对经济高速发展的日本造成了沉重的打击。但危机带来的还有机遇，日本也成功地把握住了这些机遇。日本对国内产业进行技术升级，石油危机后以省油著称的日本汽车牢牢占据了美国市场[5]，产量激增，日美贸易逆差也在1981年扭转为贸易顺差，在20世纪七八十年代全球经济陷入滞胀的大背景下，仍能将GDP同比增速保持在4% ~ 5%左右[6]。

平成时代之前（1989年前），欧美国家受到20世纪70年代两次石油危机的影响，经济逐渐衰退；相比之下日本的经济实力与国际市场地位逐步

1　李绍猛. 日本二战后的创新崛起[J]. 决策与信息，2015(08): 60-62.

2　池尾爱子，张帆，尹晓亮. 马丁・布朗芬布伦纳与战后日本经济的重建（1949年—1952年）[J]. 日本问题研究，2011, 25(03):1-8.

3　马焕明. 朝鲜战争"特需"与日本经济"景气"[J]. 潍坊学院学报，2005(01): 104-107.

4　根据日本国家石油天然气和金属机构（JOGMEC）统计数据，日本消费矿产资源中99.68%的石油、97.56%的天然气、99.35%的煤炭以及全部的铁矿石、铜、铝依赖海外进口。日本石油进口主要依赖中东国家，对中东依存度为88.9%。

5　薛啸岩. 日本防范化解石油对外依存度过高风险的经验及对我国的启示[J]. 中国经贸导刊，2019(08): 45-47.

6　数据来源：Wind。

提升，一跃成为继美国之后的世界第二大经济体。20世纪七八十年代，为抑制石油价格上涨带来的通货膨胀，美国进行了若干次联邦基金利率的上调，让美元逐渐走强。

然而，美元的走强导致美国商品在国际上的吸引力大幅下降，加剧了贸易逆差的情况，而在美国全部的贸易逆差里有三分之一来自日本。1985年9月22日，为防止美国的贸易逆差进一步扩大，美国同日本、联邦德国、法国以及英国（简称G5）的财政部部长和中央银行行长在纽约广场饭店举行会议，达成五国政府联合干预外汇市场的决议，签订了《广场协议》。该协议的主要目的是，希望美国的贸易伙伴逐步往市场上抛售美元，使美元对日本及德国（当时对美国最大的两个贸易顺差国）等国货币的汇率有序地下降，以解决美国的经常性的账户赤字问题。

当时日本民众对该协议的认知并不全面，仍然沉浸在“日本是世界经济的引领者”这一美梦中，“日本世界第一”的说法越来越深入日本民众的心，殊不知日本即将陷入长达30年以上、时至今日仍未走出的需求型经济危机。

“广场协议”带来的最直接影响是，日元兑美元升值。日元升值，意味着日本消费者在国际社会中的购买力提升，但日本企业的利润由于出口受阻普遍受到影响。为了支持国内企业，日本在20世纪80年代中期开始降息，希望通过宽松的货币政策拉动国内的消费，实现“出口转内销”，提振日本国内企业的财务状况。然而事与愿违，流出的钱并未真正成比例地投入到消费与投资之中，而是大量进入了储蓄账户以及不直接创造任何GDP的二手房交易和股市的投机活动中[1]。

日本债券市场属于开放市场，日本公司可以轻易地从债券市场融资。

1 宋慧中，别曼. 广场协议后日本经济增长问题研究与启示——剖析日本经济低迷之谜[J]. 南方金融，2020(12): 54-62.

所有企业的杠杆率急剧飙升，但市场上更多的资金并没有投入生产消费，而是进一步涌入房市以及股市。

终于，经济闹剧迎来了幕终。日本央行行长三重野康在1989年上台后连续加息五次，成为“戳破泡沫的人”，当流动性枯竭，“动物精神”[1]消耗殆尽，便产生了疯狂的挤兑，日本的资产价格开始暴跌。

从20世纪90年代初到现在被称为“失去的几十年”，80年代的纸醉金迷好似南柯一梦，但是噩梦才刚刚开始。日本的GDP从泡沫破裂开始，时至今日都还在原地踏步。“失去的二十年”“失去的三十年”逐渐成了日本国民时常挂在嘴边的词语，日本也在努力尝试从困境中走出来。当时日本政府通过降息对抗货币升值、低通胀、低经济增速等“完美”经济调控手段。20世纪90年代加息带来的泡沫破裂让日本尝到了加息的苦果，很快又进入到降息周期中，但经济并未因降息有明显起色。

1997年的亚洲金融危机，给疲弱的日本又一重击，1999年2月，日本央行下调无担保隔夜拆借利率至0%，标志着日本首次进入“零利率”时代，日本也开启了长达20余年的“异次元”货币宽松之路。2001年量化宽松（QE），2010年全面宽松（CME）；而后是从2012年安倍上台后实行的安倍经济学——2013年量化和质化宽松（QQE），2016年实行负利率（NIR），日本在货币宽松的方向上一路狂奔，结果却差强人意[2]。作为最早MMT（现代货币理论）的践行者，日本央行的资产负债表在2012年至2020年间急剧膨胀了2倍多，公共债务总额占GDP的比重也一路飙升至250%以上。

日本政府在财政方面也作出了多次调整。从泡沫破裂开始，日本政府

---

1 动物精神（Animal Spirits），指人可能会有的受动物本能驱使的行为，而并非经过思考的理性行为。人的理性有可能被动物精神支配。该词最早由凯恩斯在《通论》中提出：人的行为不仅受理性指导，也受动物精神影响。

2 [29] 李彬，邓美薇. 日本异次元量化宽松货币政策及其效果评析[J]. 现代日本经济，2014(06): 17-29.

就肩负起支撑国内投资与消费、开展各类项目刺激国内需求的重任，而这样做的代价就是，政府支出与收入的差距从泡沫破裂之后开始越来越大，导致极为严重的财政赤字。而日本的公共债务自然如上文所说“越积越多”。

货币政策和财政政策本来就是相互影响和相互作用的，日本“异次元”量化宽松货币政策导致长期利率一直较低，而政府财政赤字又导致日本央行持有巨额的国债。如果利率长期上升，由于国债价格和利率的负相关关系，国债就会发生大量“潜亏”。日本央行总裁黑田东彦在2017年5月表示，如果长期利率上升1%，那么日本央行所持有的国债预计损失23万亿日元左右，而央行的国债持有量这些年只增不减[1]。

于是日本陷入了“左右为难”的境地：要维持企业利润必须保持温和的通货膨胀，而物价上涨时如果不提高名义利率，实际利率就会变成负数，这样就会引起对股市或楼市的投机行为，所以如果通货膨胀率的目标是2%，那么短期利率也必须上调至2%左右；但如果短期利率上调了2%，首先需要对与超额准备金相当的活期存款余额支付等额的利息，否则活期存款就又会被转移出来，用于贷款或进行投机行为，而且短期利率上调会引发长期利率更大程度的上调，导致日本央行持有的国债亏损更为严重。

另一方面，大量放水并未提升日本民众的收入水平，反而有所下降，自1991年以来不升反降，贫富差距的进一步加大，消费的进一步收缩导致需求不足的恶性循环。

综上所述，日本已经陷入需求型经济危机，但我们看到，日本至今为止虽然经济发展停滞，却不至于崩溃。那日本是如何在需求不足的情况下支撑如此庞大的公共债务并保持日元汇率稳定的呢？日本对私人部门大量的贷款又去了哪里？其中绕不开的便是日本的海外投资。

---

1 [日]野口悠纪雄. 失去的三十年：平成日本经济史[M]. 北京：机械工业出版社，2022.

所以日本的经济循环是，设置极低的利率使日元作为全球公认的避险货币[1]（低利率高外汇储蓄使得做空日元的难度大）→放水进行海外投资→海外收益回流支撑日元汇率及日本国债。于是我们看到，日本并不是没有需求也能维持经济发展，它只是将需求转移到了海外，使日本的经济寄生于全球经济之上，达到经济循环的目的。

我们如何看待日本危机的演化

日本在发生危机前，其经济变化过程和美国的大萧条可谓异曲同工，差别仅在于“广场协议”使得日元升值，减少了日本的出口，也相当于变相地减少了日本的总需求。而日元升值带来的资产泡沫其内在过程和美国大萧条前的股市泡沫逻辑是相近的，都是过量的资产没有办法流入实体经济，只能推高资产的价格，而资产的价格并不可能无限上涨，终究有回落的时候。此时将会进一步导致对实体经济的投资意愿减弱，于是后面的步骤就和大萧条时一样了。

而当我们观察日本的资本回报率（见图5.2），可以明显地看到，自1970年以来，该值便一直在下滑，这主要是由于在之前年度，平均的超额资本增量都在GDP的10%以上，持续大量的投资使得在1984年初的时候日本已经接近落入静态陷阱的条件，即资本回报率r接近4%。1985年以来的巨幅资产升值，使得资本存量在短期快速上升。到1988年，经济增速反而超过了资本回报率3%，出现了倒挂，同年超额资本增量也达到了峰值。由于整体资本回报率的变化依赖于资本收益在GDP中的占比和资本存量占GDP的比重，这二者的变化相对缓慢，导致了我们也能从图中看到资本回报率的变化相

1 钟正生，张璐. 日元的避险属性为何愈发凸显[J]. 国际金融，2018(09): 17-22.

对是缓慢的。于是这种“倒挂”状态要恢复常态，最终会变化的只能是经济增速。而路径则是当资本回报率小于经济增速后，大家都会在某个时间点上意识到投资实体经济已经不划算了，投资会在短时间内暴跌，也就是我们看到的超额资本增量开始迅速下降，由此带动经济增速下降到不再倒挂，并且满足资本回报率大于经济增速3% ～ 4%的常态。这也使得我们看到在危机爆发后，资本回报率只是小幅继续下滑，但经济增速迎来了快速下滑。

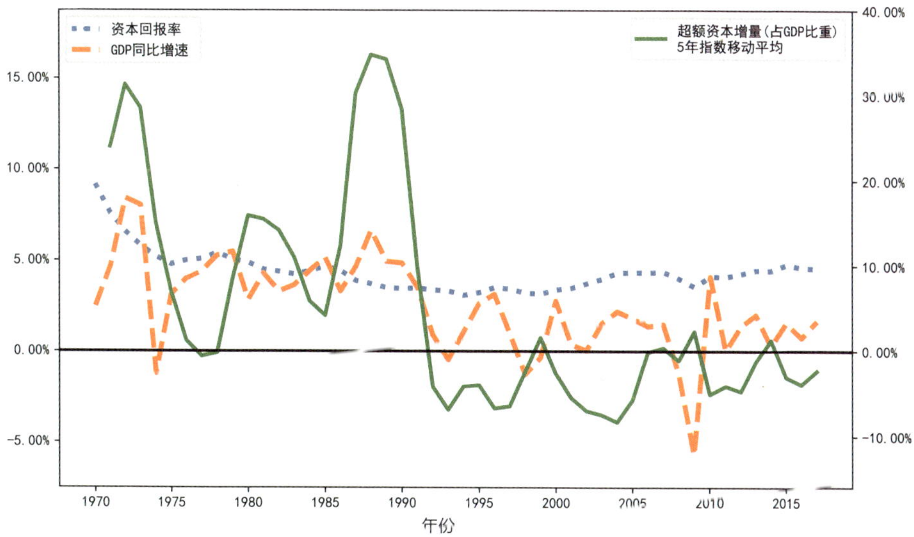

图 5.2　日本资本回报率、经济增速、超额资本增量图

数据来源：Wind

实际上，在1972年的时候也曾经出现过一次经济增速和资本回报率的倒挂，也同样导致了超额资本存量增量快速下滑，并由此带来了经济增速的快速下滑。但比较幸运的是，那个时候资本回报率还在高位，离静态陷阱仍有一段距离，投资还可以继续增长。20世纪80年代，由于大量贸易顺差的存在，经济前景较为乐观，超额资本存量增长一直维持在GDP的10%以

上，这些投资也使资本回报率能长时间维持在与经济增速相等的水平上，但在这个过程中，还是不可避免地造成了资本回报率的下降。而在1990年后由于资本回报率已经跌到无法继续下跌了，超额资本存量的增长也就只能一直在零附近徘徊，更多的时候甚至低于零。而资本存量不增加，经济增速是不可能提升的。

综合而言，“广场协议”导致的日本资产即便以日本GDP的倍数计价都大幅度上涨的局面，加速了静态陷阱的到来。但即便排除这个因素，日本本身资本回报率在1984年的时候已经接近4%，如果自然发展经济增速也会在未来几年内逐渐减速，以满足资本回报率的风险溢价，无非是可能会以一种相对温和的方式跌入静态陷阱而已。

在经历过大萧条的洗礼以及凯恩斯主义主导西方经济近40年后，当时的执政者对政府干预经济以抹平经济波动的做法已经研究得非常深入。人们已经非常清楚地认识到，通过政府扩张赤字稳定经济的重要性，所以日本财政几乎从1990年开始就连年赤字，试图以此来拯救日本经济，并且在随后的很多年中一直实行了非常宽松的财政政策。这也成功地使得日本并没有重蹈大萧条时银行企业大量破产进而引发更深重经济危机的覆辙。但正如我们前面提到过的，发行国债并不能使经济体走出静态陷阱，仅能确保不会马上出现经济大幅下行而已。而逐渐积累起来的国债未来总需求，也要通过一些途径去解决。

第三节　经济学派的讨论

关于“大萧条”和“日本失去的三十年”一直以来都是经济学家们热衷讨论的话题。而产生这种经济危机的原因也是众说纷纭。

新古典主义经济学

在新古典主义经济学学派中，以货币主义对大萧条的讨论最为著名，其代表人物是芝加哥学派的米尔顿·弗里德曼和美联储前主席本·伯南克。这一学派研究了货币在经济中的作用，以及哪些才是真正对经济有冲击的要素，认为政府直接下场投资和消费并不能完全解决问题，相反地应该通过控制货币、科技等要素来实现市场的供需均衡。

新古典主义经济学相信，市场可以根据价格调节供给和需求，最终使供给和需求回到均衡。他们认为，大萧条发生的原因是货币供给出现了与需求不匹配的问题，导致供给和需求螺旋下降到非常低的均衡位置。

首先，他们认为金本位制度对大萧条来说是错误的货币制度。在金本位制度下，货币的发行量与中央银行的黄金储备紧密挂钩。当危机发生时，需要中央银行发行更多的货币来刺激经济，但由于黄金储备无法在短时间内增多，也就无法将更多的货币投放市场。由于经济崩溃，人们开始挤兑黄金，导致黄金缺口随着危机加深而变得更大。英国在1931年首先放弃金本位制度，美国1933年根据罗斯福的法案也放弃了金本位制度。根据伯南克的研究，越早放弃金本位的国家经济越早触底，放弃越晚的国家如法国等经济触底得越晚。

另一方面，由于需求不足，企业盈利出现急剧下滑，经济繁荣时期的借债无法按时偿还，破坏了银行的资产结构。根据货币主义者的研究，在大萧条期间，有接近三分之一的银行破产，且未得到国家任何救助。一些较大的银行也破产了，特别是美国纽约银行的破产，导致社会恐慌，开始出现挤兑。这时一些地方银行本身准备金不足，无法应对挤兑，便出现了连环破产。大量的银行破产，使幸存的企业更难获得贷款去维持生产，无法恢复自身的盈利水平，降低了社会总供给。而银行与企业的接连破产，造成大量民众失业，曾经体面的银行家也不得不去街道贩卖水果。货币主义经济学学者认为，银行破产造成了信贷无法发放，美国经济发生了严重的通货紧缩。美国的物价在1929—1931年期间下降33%。所以，货币主义者认为，在大萧条发生后，最佳的措施应该是增加货币供应量，避免出现信贷危机带来的通货紧缩。增加货币供应量的措施包括降息、降准，救助银行，恢复贷款等。实际上，1929年后，美国10年期国债的贴现率也一直走低。在“股灾”发生后，美联储也采取了向银行注资的手段。

日本在美国大萧条之后面临类似危机时，吸取了大萧条期间美国的经验，自从危机开始，日本政府的债务就在持续上升，从1990年占GDP的50%左右上升到了2000年的130%，且期间一直维持低利率及低通胀（见图5.3）。这让日本并未出现类似大萧条期间“银行倒闭潮”的冲击。至少在防止灾害的继续扩大方面，这些手段很有必要。在必须进行适当干预，才能维持社会不进入灾难状态这一点上，我们的看法和新古典主义经济学以及凯恩斯理论的观点一致。

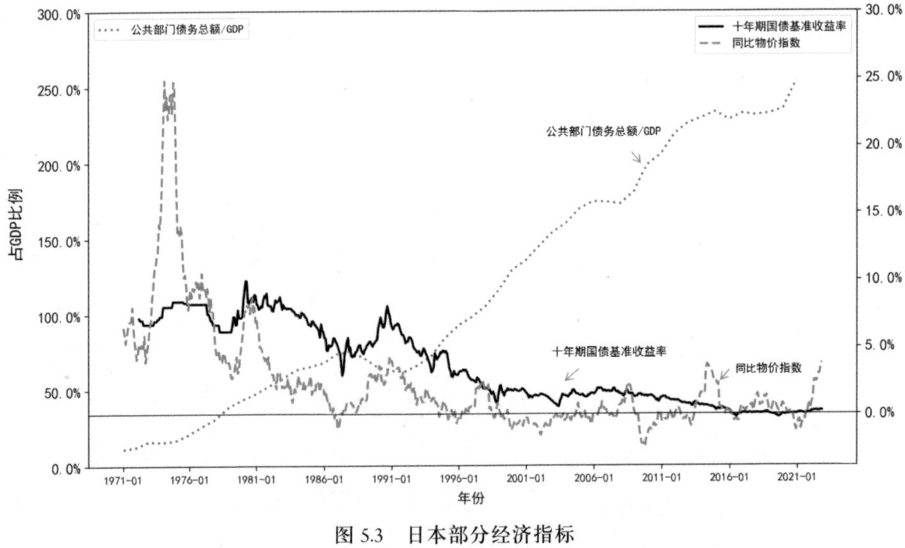

图5.3　日本部分经济指标

数据来源：Wind

第二章讨论过，企业需要获得一定风险溢价才会有动力扩大生产，降息后的低息贷款并不是促成企业进行生产扩大的根本原因。低息的贷款只是降低部分杠杆比较高的企业的经营成本，扩大了这部分企业的利润。新古典主义经济学学者认为，社会中大部分商品都是完全竞争性的商品，因此长期均衡下无高于利率的超额利润，商品价格就等于生产成本。在新古典主义经济学学者的设计中，企业获得廉价贷款后成本降低，产生了一部分利润差，就会有新企业参与该商品生产。如果行业中的企业开始雇佣工人并扩大生产，工人重新获得就业后，有了工资，便会开始消费，企业获得需求后重新开始生产，“供给－需求”的均衡点就逐渐上移，经济便会恢复正常。

而我们已经做过充分讨论，在任何时候，企业都不可能以使资本回报率r趋近于零或g为目标进行投资。实际上企业主不会做“亏本”的买卖，商品的售价一定要提供超额利润。虽然新古典主义经济学学者承认其成本包括机会成本，然而很难量化的机会成本是无法影响企业生产决策的。企业主对生产的决策遵循最朴素的利润法则，即销售总额扣除总成本后仍能获得足以覆盖风险的利润，此处的利润就是企业主获得的风险溢价。在大萧条背景下，低息贷款所降低的成本并不能提供足够的风险溢价，需求的降低使得企业的销售很难覆盖生产成本。企业在市场上已经无法找到能够提供足够利润的投资机会，不愿意扩大生产才是当时的主要情况。

针对这个问题，日本经济学家辜朝明的《大衰退》[1]中也有分析，他认为当时日本企业的经营目标，已经从危机前的“以利润为主”变为“修复资产负债表”，试图解释当时日本企业在利率非常低的情况下不扩大生产的原因。实际上本章前面提到日本的海外投资部分，日本的企业并不是希望

1 ［美］辜朝明. 大衰退：宏观经济学的圣杯［M］. 北京：东方出版社，2016.

“修复资产负债表”，他们仍然在做对国外的投资，并且这些投资在2005年之后也仍然形成了大量的私人部门的借贷增长（见图5.4）。日本企业无法在日本继续投资的原因只在于，日本国内已经极度缺乏投资机会。

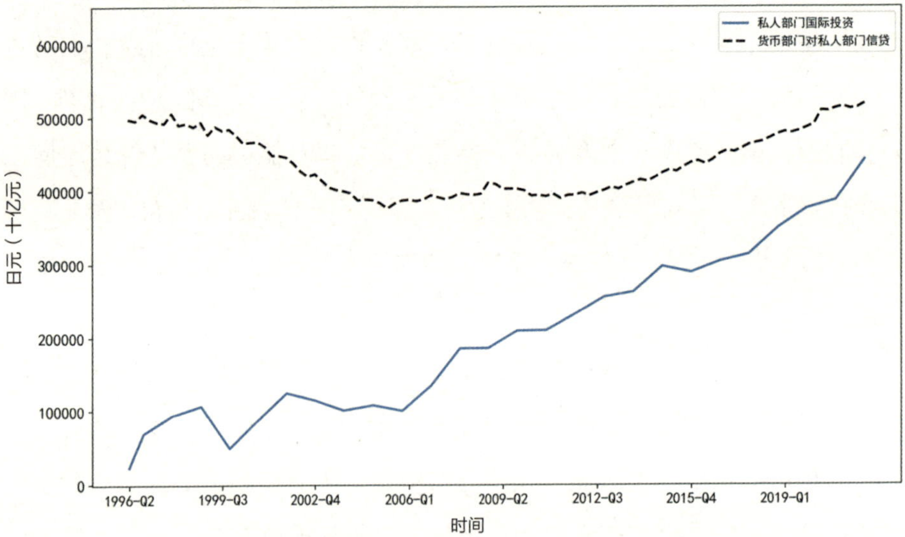

图 5.4　日本私人部门国际投资净资产与货币部门对私人部门信贷的额对比

数据来源：Wind

所以，当需求严重不足时，就算企业拿到了廉价的贷款，也无法获得足够的风险溢价，不会大幅度扩大生产以提高供给。需求型经济危机正是此种情况。长期的收入不平等导致中低收入人群的需求长期不足，经济危机造成大量人员失业，中低收入人群的购买力更加下滑。此时获得低息贷款的企业扩大生产后，生产出来的产品能卖给谁呢？又怎么通过扩大生产盈利呢？当对社会需求依然悲观，不能产生盈利预期时，企业是不会贸然扩大投资的。

除了货币投放对大萧条的影响，新古典主义经济学学者还讨论了“工资黏性”问题。他们发现，由于通货紧缩，物价快速下降，实际工资反而升高，这是因为工资下降速度比物价下降速度慢。政府、工会、商会决定了工人工资不会跟着物价迅速下降。由于实际工资超出了市场出清的价格，导致企业成本增加，也使企业无法负担扩张招聘工人的开销。新古典主义经济学学者主张在需求型经济危机中应该降低工人的工资以扩大就业，帮助企业恢复盈利能力。

伯南克的这种观点在其《伯南克论大萧条：经济的衰退与复苏》[1]的论文中进行了说明，他给出了下面的两张图[图5.5(a)及图5.5(b)]，意图说明，在1935年，实际工资水平是和工业衰退值呈负相关的。

如图5.5（a）所示，1931年时，各个国家工业衰退与各国实际工资水平呈正相关关系，实际工资水平较高的国家衰退较少；而到1935年，已经转变为负相关关系。如果认为实体行业需要6年才能去除所谓的“工资黏性”，其时间未免也太久了。实际上1931年的情况可能更能反映出工资水平和大萧条导致的衰退之间的关系，该关系是工资水平越高，受到的冲击更小。到1935年的数据，反映的是图5.6（b）所示的关联关系。

图5.6展示了1931年和1935年各个国家的出口价值和工资水平的关系。能够发现，在需求正常时，工资水平较低的国家，其出口更有优势[图5.6（a）所示]。在需求不足时，更高的出口，尤其是考虑了乘数效应后，对经济的支持巨大。所以伯南克在1935年工资和工业衰退里面看到的相关关系，更可能是萧条后6年，世界各国根据彼此在经济中的位置，重建了世界贸易后的结果[图5.6（b）所示]。在这个结果里，工资水平较低的国家拥有较高的出口，以及相对较好的工业状况。

1 [美]本·伯南克. 伯南克论大萧条：经济的衰退与复苏[M]. 北京：中信出版集团，2022.

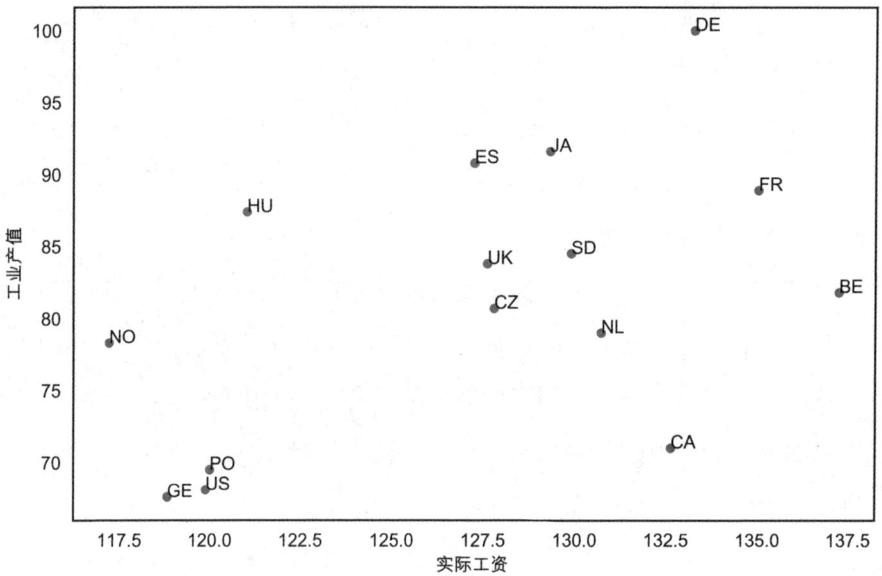

1931 年工业产值与实际工资关系图（a）

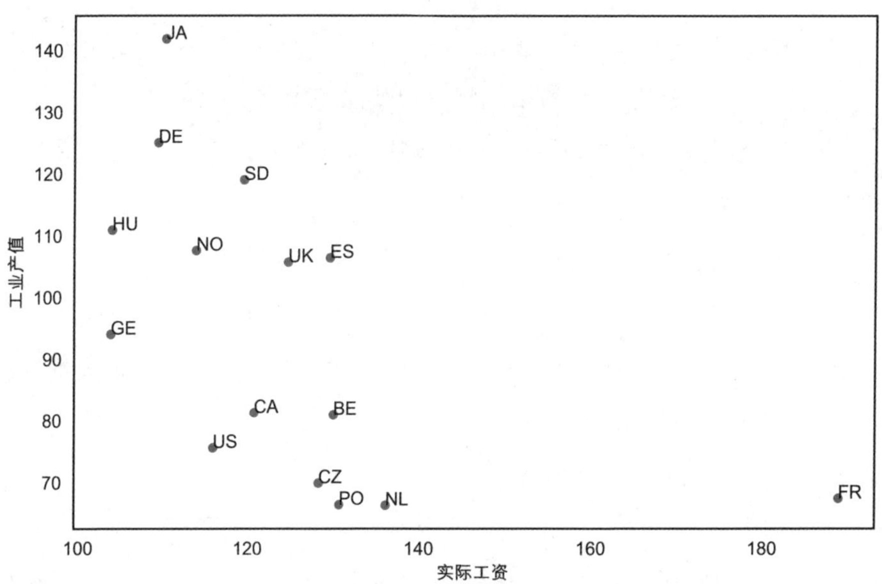

1935 年工业产值与实际工资关系图（b）

图 5.5　大萧条期间工业产值和实际工资关系

数据来源：League of Nations Statistics Yearbook，“Employment and Unemployment in the 1930s”，Robert A. Margo，1992

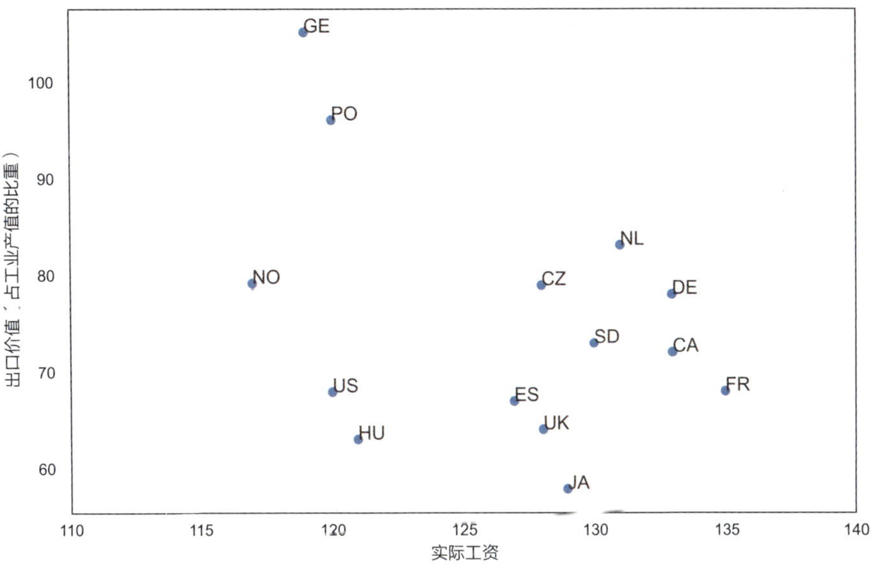

1931 年出口价值（占工业产值的比重）与实际工资关系图（a）

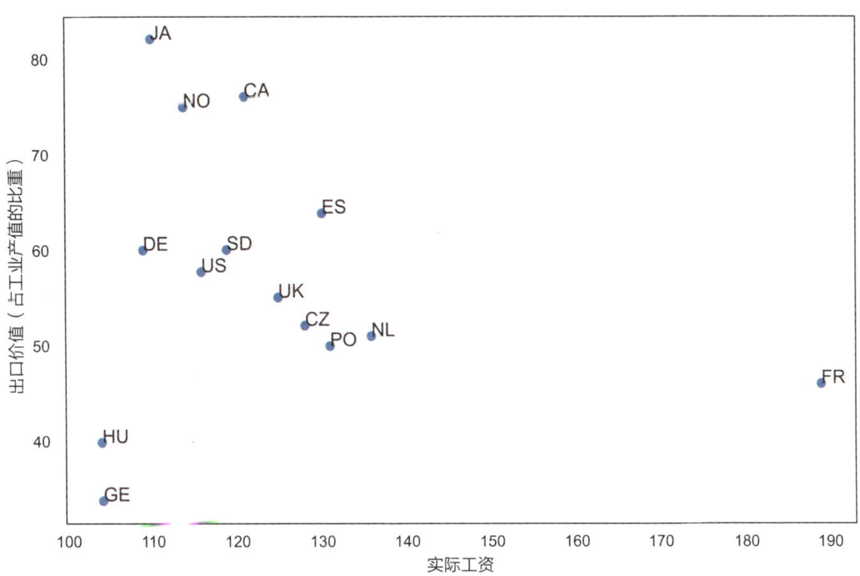

1935 年出口价值（占工业产值的比重）与实际工资关系图（b）

图 5.6　大萧条期间出口价值和实际工资关系

数据来源：League of Nations Statistics Yearbook，“Employment and Unemployment in the 1930s”，Robert A. Margo，1992

此处，我们或许又能看到另外一种“囚徒困境”，提升工资水平能创造较高需求，能够让各个国家的出口情况更好。或者至少在短期国际贸易来不及重建时，工资水平较高的国家创造了较高需求，自身受到大萧条带来的工业衰退程度也会较低。但在长期自由贸易的情况下，相对较高的工资会被贸易伙伴们“揩油”，自己制造的需求可能会跑到国外去。而如果所有国家为了防止被“揩油”，选择低工资，又是典型的“囚徒困境”中不合作的情况。在实际的经济运行中，仅依靠自由市场、自由贸易等自由选择，并不能消除经济中普遍存在的“囚徒困境”陷阱。

奥地利经济学派

奥地利经济学派（下简称奥地利学派）源自19世纪末的奥地利维也纳大学经济学系，20世纪30年代传播到美国。奥地利学派延续了古典主义经济学派中亚当·斯密和李嘉图的方法论，从人类行为学基础理论出发，用逻辑去推演经济过程。奥地利学派认为，人具有自由意志与主观能动性，因此可以根据自己的边际效用去决定行为。奥地利学派著名的代表人物有路德维希·冯·米塞斯、弗里德里克·哈耶克和穆雷·罗斯巴德。奥地利学派的声望在20世纪经历了大的波折。1929年大萧条的出现，让人们对该学派的“不干预理论”产生了怀疑，促进了凯恩斯学派的诞生，也让实行计划经济政策的苏联声名鹊起。直到1973年第一次石油危机爆发，当时的凯恩斯学派对这类“供给型经济危机”束手无策。奥地利经济学派的声音再次放大。1974年，奥地利学派的代表人物哈耶克获得诺贝尔经济学奖，让奥地利学派的影响力达到顶峰。赞赏哈耶克理论的英国首相撒切尔和美国总统里根相继上台后，将奥地利学派的思想带到经济领域之外，形成了政治上的新保守主义。

以哈耶克、罗斯巴德为代表的奥地利学派也对1929年的大萧条提出了看法。奥地利学派认为，大萧条发生且一直持续多年的根本原因在于，联邦政府和美联储对市场的干预措施使得市场机制失灵。罗斯巴德在他的著作《美国大萧条》[1]里谈到，市场中的企业主体会根据市场需求作出理性预测，安排生产供给商品。当企业主预计萧条来临，自然而然会减少设备的购买和库存，当预测经济开始复苏时，会通过购买设备和库存准备扩大生产。但联邦政府和美联储的一些措施错误预测了企业主的行为。这些错误中最致命的一点是低利率下的信贷扩张。奥地利学派梳理了20世纪20年代美国联邦政府的货币政策，发现他们一直维持着再贴现率低于市场利率的情况，而且美联储持续为银行提供贷款。因此，当经济繁荣期出现一定通货膨胀现象时，美联储没能及时地提升再贴现率，因为美联储希望“维持足够多的商业贷款”来促进经济繁荣。低息的贷款鼓励银行对外放贷，企业主受到低息贷款影响扩大生产，以至于生产的商品开始超过社会需求。整个社会出现供给过剩的情况，导致企业越来越难以盈利，最终需求严重不足，将企业拖垮，进入经济危机。

奥地利学派认为，正是因为美联储错误的货币政策为经济的不理性埋下了隐患。要想避免大萧条再次发生，首先应该考虑的是废除美联储执行的政策。市场的贷款利率应该由市场来决定。商业银行通过与企业互动，最终能形成一个使市场满意的均衡利率。而美联储对利率的感觉，将扭曲市场的预期，为经济带来不必要的波动。

能够看出，奥地利学派始终在追求一个“均衡”理念，而且认为市场不需要任何干预一定能达到均衡状态。在理性市场参与者面前，经济只会围绕着均衡状态发生较小波动，不会产生像大萧条一样巨大的波动，造成

1 [美]穆雷·N. 罗斯巴德. 美国大萧条[M]. 海口：海南出版社，2020.

经济全盘崩溃的局面。

奥地利学派的观点有其正确的部分，我们看到类似的情况发生在2008年，政府大幅度刺激投资的行为，确实导致在2008年前后超额投资以比之前高得多的量增长了。这一行为在次贷危机的前后，确实挽救了经济，但同时也带来了后续资本回报率下降较快这一结果。但奥地利学派没有意识到的是，即便此时政府不施加任何刺激，也只能使得超额资本存量增长不那么快而已。我们可以清晰地看到，在次贷危机前的几十年，超额资本存量增长就没有为负过。这主要是因为完全竞争市场的均衡点并不会停留在自由市场支持者们所希望的位置，即便所有完全竞争市场的条件都满足，均衡点也是停留在利润高于经济增速的地方。而这些超额的利润对于其持有者而言只会设法将它们用于投资，于是稳态下超额资本存量增长将长期为正，如图5.7所示。根据资本收益不可能三角定律，持续的超额资本存量增长，将导致资本回报率或非资本收益占比下降。在无任何政府干预的情况下，考虑到市场参与者并不会不在乎自己所承担的风险，而把企业利润一直压到零，那么唯一会持续下降的只有非资本收入占比，而其中最主要的部分就是劳动者收入占比。企业主和银行也许会根据市场表现确定出一个均衡的利率，企业也可以根据自己的成本为商品、工资找到一个合理的价格。但这时“工资 × 就业人数”只会下降，工资能否反弹已经毫无意义。在收入极端不平等的情况下，恐怕已经不需要讨论经济能否恢复，而是要讨论社会秩序能否恢复，会不会迎来一场内战。历史上，美国大萧条时并没有坐等经济恢复，而日本则自始至终都未采取奥地利学派静等经济自行恢复的做法。实际上，现代各国的执政者们，肯定不能坐等经济先崩溃到无以复加，再通过一场内战将过于集中的财富大量消耗并重新分配，最后看着市场慢慢修复。

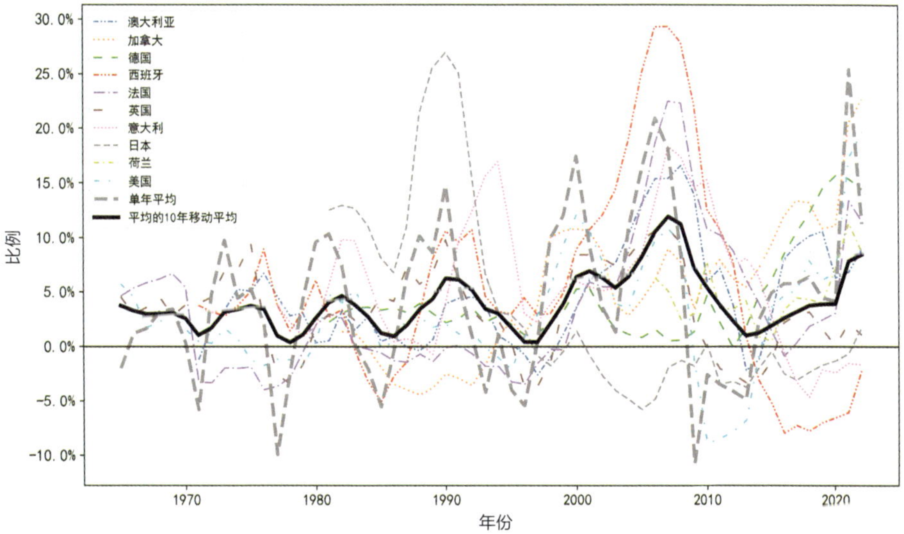

图 5.7　超额资本增量占 GDP 比例变化

数据来源：WID 世界不平等数据库，Wind

凯恩斯经济学派

1929—1933 年大萧条期间，传统经济学无法解释世界经济如何发生衰退，也无法提供政策建议将经济从大萧条的泥潭中挽救出来。此时，英国的经济学家约翰·凯恩斯撰写了《就业、利息和货币通论》，掀起了一场经济学革命。

凯恩斯的《就业、利息和货币通论》认为，经济总支出如果在较低水平，工资水平和就业率将会降低。经济的整体均衡水平将下降到维持低生产、低就业率、低需求的情况。凯恩斯认为，要从这样的危机中解脱出来，需要增加社会的总支出。但在经济危机中，企业因亏损和对未来的悲观预期，一般不会提高产能，因此需要政府提高赤字进行投资，恢复就业，提高“供给－需求”的均衡点，帮助经济从危机中恢复到正常的均衡状态。

相比于传统经济学，凯恩斯首先推翻了自由市场将会自动地提供充分就业的观点。凯恩斯认为，并不是工资达到一定水平，就会实现充分就业。事实上，社会上真的存在“自愿失业”“摩擦失业”，甚至是“非自愿失业”等情况。因此，实际就业水平总是在小于“充分就业”水平时就达到均衡状态，而导致这种情况出现的原因是社会总需求不足。当社会总需求不足时，失业率将处于高位，物价也会陷入通缩。凯恩斯学派的观点认为，社会总需求是由社会总支出决定。凯恩斯指出，社会的总支出偏向不足，人群无法将收入全部转入消费，因此消费的上涨跟不上收入的上涨。当消费之外的财富随着收入的增加而累积时，投资边际收益将会下降。当投资收益率比再贴现率更低的时候，人们一般不会将手中积攒的资本进行投资，因此又会造成总投资不足。由于消费和投资构成的社会总支出都处于不足状态，社会的有效需求也会出现不足。因此，在自由市场中，有效需求的不足最终将会引起经济衰退。

凯恩斯理论的关键是，通过政府提高总支出来克服经济危机。1929年大萧条发生后，胡佛和罗斯福两任总统大部分复苏经济的措施也基本上是按照凯恩斯的方案展开的。当时罗斯福政府通过大兴基建、补贴农业等方式提高总支出，虽然提振了全国的就业，但经济的总产出在第二次世界大战前都没能恢复到1929年的水平（见图5.8）。

凯恩斯提出的方法虽然在稳定社会就业上起到了作用，缓解了部分需求不足的情况，但由于需求不足造成了通货紧缩，使得企业主等高收入人群的财富的实际价值变得更大。根据第二章的推导，高收入阶层需将每年积累收入的绝大部分用于消费才能遏制需求不足产生的危机，但实际上完全不可能实现，况且因为“罗斯福新政”，工业产出还增大了。凯恩斯的方法并未从根本上解决自由放任状态下形成的美国收入阶层的极端不平等的情况，没有从根本上解决需求不足问题。想要真正恢复需求，需要通过战争这类对生产物资消耗极大的极端手段来实现。

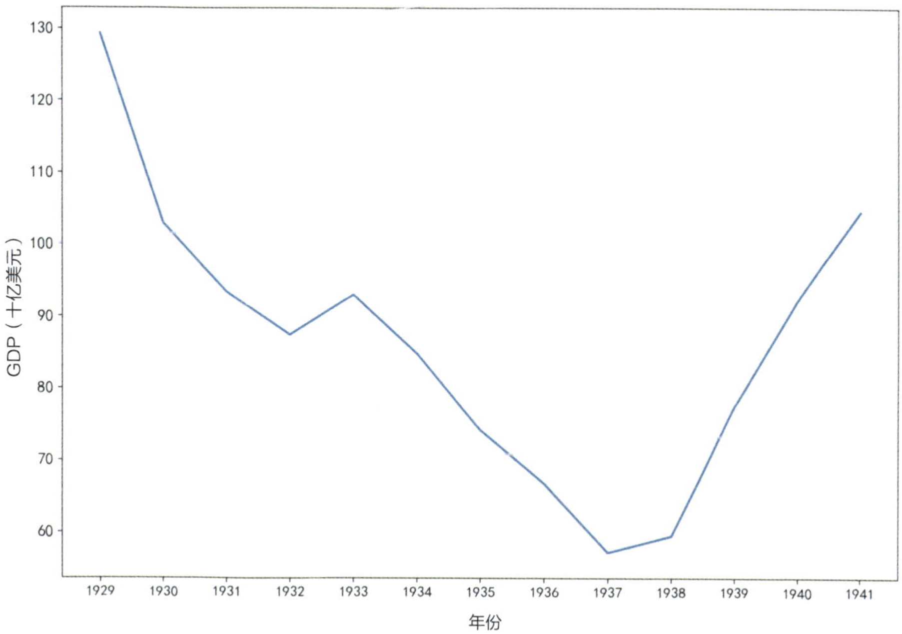

图 5.8 美国大萧条时期至第二次世界大战前，不变价 GDP

数据来源：Wind

后来的凯恩斯学派陆续提出了一些新的模型，来解释为何政府需要通过提高总支出来维持经济的正常运转。戈德利提出了“存量—流量”模型。这个模型将经济部门分为三个类别：私人部门、政府部门和进出口部门。资金一定是从一个部门流向另一个部门，因此资金在这三个部门的净流入（出）之和为零，但持有的资金总量随着经济增长而增长。如果要求政府部门有盈余，则要求政府从私人部门收缴的税收额要超过补贴额。私人部门需获得更多资金——不仅要交税，还要提高整个经济体系的资金量。由于资金无法由生产环节创造，私人部门的钱只能由银行贷款获得。私人部门对政府部门赤字相当于银行拿钱给政府，所以整个体系的经济增长是靠银行创造的资金来维持。如果银行不能创造增量资金，则要求获得贸易顺差为这个经济体系提供资金，并使私人部门创造利润以交税给政府，让政府部门盈余，同时维持经济的增长。

若不考虑进出口，根据戈德利的模型，私人部门负债是维持经济增长且保证政府部门盈余的关键。如果私人部门无法向上加杠杆，则经济增长和政府部门盈余收支平衡难以维持。实际上，2008年次贷危机的爆发，正是由这种私人部门加杠杆的思路引发的。由于富人的收入是大于消费和投资的，因此只能持有金融资产，不可能再创造金融负债，于是金融负债只能最终由穷人来创造，但由穷人创造的负债，就是建在沙滩上的城堡，最终无法兑付是必然结果。

实际上，政府部门取代私人部门并扮演银行的角色，再加杠杆把钱给私人部门就可以解决这个问题。因为政府部门的信用相比于私人部门，可以无限借贷。私人部门保持较低杠杆率，政府部门加杠杆并保持赤字，可在一个逆差状态下维持经济体的发展和扩张。否则，私人部门被迫去杠杆将导致经济危机。

然而，私人部门加杠杆，本质上是在提振天生不足的需求。正如前面已分析过的，由于贫富差距的存在，在高收入人群无法充分消费的情况下，需求天生不足。整个经济体系加杠杆，一定程度上，可以通过提振中低收入人群的消费能力，让他们能够消费超出自己收入能力的商品。不同类别的部门加杠杆无非是将未来去杠杆的风险在部门间进行分配，而政府部门对去杠杆的抗压能力要比私人部门更强。凯恩斯学派的方法也并没有从根本上探讨需求不足的真正原因，并且也未能将杠杆的风险稀释掉。

在日本面临类似大萧条的经济危机时，从一开始就执行了凯恩斯主义的干涉方案，我们看到，实际上日本真正受到的损失要比1929年的美国要小得多。并且在非常长的时期内，经济虽然无增长，至少没有崩溃。

凯恩斯学派的方法至少能比较好地维持住经济体系的稳定运行，其不足主要在两方面：

第一，由政府部门主导的投资，通常难以和由私人部门主导的投资比拼效率。如果政府部门主导的投资在经济体里占比越来越高，那经济体的全要素生产率将会逐步下降。体现在第四章提到的框架里，政府部门的投资持续地增加，但是，因为经济体能吸收的投资是有限的，结果只能是有些高效的私人部门反而被挤出。此时，我们认为，政府部门应该做的是，把财政支出引导向更能转化为消费的领域，而不是和私人部门继续争夺市场上已经非常紧缺的投资机会。当然这种“挖坑”“填坑”式的操作本质上确实是政府部门在支持消费。

第二，这种模式能够做到不让经济崩溃，却无法让经济走出我们在第三章定义的静态陷阱。美国1929年的大萧条是由后来的战争将其拉出陷阱，而日本已经在陷阱里面沉陷了30年，若无意外，还会一直持续下去。基于我们前面关于静态陷阱的介绍，只要是完全由市场配置资源，且无法打破企业家间的“囚徒困境”，那么资本回报率r不可能回升，经济增量g也不可能回升。

去除危机土壤

把危机的土壤去除，才是解决问题的根本办法。1929年的大萧条和日本失去的三十年，本质上都是需求严重不足的经济危机。一方面是经济增长并未带给全社会同步的收入增长，自由放任的经济政策让高收入阶层的财富增速远远大于中低收入阶层，社会上出现了极端的贫富分化。由于中低收入人群的财富增长不足以支撑其跟随经济增长而扩大自己的消费，富有人群又无法将自己的大部分财富用于消费，社会总需求严重不足。另一方面，低利率的政策让私人部门获得贷款更容易，私人部门愿意申请低利率的贷款去消费超过自己收入能力的商品。虽然一定程度上提高了需求水平，但是，当经济出现衰退时，私人部门不得不承受去杠杆的痛苦。而去杠杆的过程中，需求下滑得更加猛烈。尤其是大部分加杠杆消费的中低收入阶层，他们不得不面临银行催还贷款和因失业而失去收入的双重压力，因此他们的需求比普通年景更低，更低的需求导致供给显得更加过剩。另外一方面，过低的利率也提升了之前年份的投资，这些投资是在回报本已偏低的情况下由低利率及各种政策刺激出来的。它们的产生使得全社会整体的资本回报率进一步下降，直到大家都意识到，继续投资甚至无法覆盖经营风险的时候，投资也会开始剧烈下滑。而之前由投资所拉动的投资品生产的企业贡献的GDP增长同样将会快速下滑，这些生产出来的投资品将变为绝对的供给过剩，且这种供给过剩将持续很多年，直到资本回报率因为投资逐渐回升为止。因此，企业也面临着生产亏损和去杠杆的压力。当较多的企业和普通民众都无法偿还之前的债务时，银行的资产状况出现恶化，一些银行因此而破产。银行的破产又加剧储户的挤兑，从而产生连锁反应，甚至看似经营良好的银行也可能在挤兑中倒下。危机中的连锁反应导致本来需求不足的经济变得更糟，以至于通过一系列措施都无法帮助经济回到危机前的状态。

和我们前面提到的供给型经济危机的特征刚好相反，需求型经济危机是供给过剩而需求不足。解决问题的核心在于，增加需求、降低供给。而投资目的在于增加来年的产量，此时更加剧了供给过剩而需求不足的状况。合理的解决方式是增加消费，并且在经济出现需求不足征兆时就开始抑制投资，以稳住资本回报率，使得投资不会出现突然下滑。

上面提到的各个学派对经济危机爆发的整个进程进行了细致的研究，其中部分观点我们赞同。但主要问题在于，此时社会整体由于贫富差距不断扩大的原因，已经处在危机边缘，各种前期过热、银行危机、货币升值等，不过是跌入危机的具体形式上的差异，我们即便避免了某个导火索点燃危机的引信，只要危机的根源——富人的个人收支均衡等式无法配平，掉入静态陷阱不过是时间和方式的差别而已。深入研究具体的经济危机的演化进程其实意义不大，需要研究的是经济危机形成的土壤，只有把经济危机的土壤去除，才是根治危机的办法。

在供给型经济危机中，由于生产不足，消费过高，正确的路子应该是抑制消费、鼓励投资。这点应该很容易理解，目前的政府不这么做仅仅是没有合适的政策工具，能同时刺激投资和抑制消费。而需求型经济危机中，由于最后的阶段是投资者看不到盈利前景而导致投资量急剧下滑，之前年度由过量投资勉力支撑的经济增长才开始快速下跌。如果只是单纯地分析经济数据，我们会看到社会投资总量开始断崖式下跌。此时大部分经济学家都不会作出“投资过剩”的判断，而是想方设法地继续拉动投资，以求回到之前的状态；而全然意识不到，投资的下降是由于资本回报率已经到了资本愿意再投资的底线。此时，只有将资本回报率拉高，正常的投资才有可能出现。而拉高资本回报率的唯一办法就是让产品好卖，所以拉动消费将是唯一选择。在这个问题上，一是大部分经济学家可能没有意识到问题的根源在于前期投资过剩，二是和供给型经济危机一样，并没有特别好的政策工具可以在危机爆发前抑制投资，推动消费。

所以，结合供给型经济危机和需求型经济危机的共同症结，我们发现，在现有的经济体系理论之中，除了政府自己用支出定向拉动投资或消费，并没有类似利率调节一样的经济学理论、手段或工具，使得我们可以分别调控整体的投资和消费上涨或下降。而政府主导的投资和消费，如果其规模越来越大，最后都只能由部分干预经济活动演变为实质性的计划经济形式。

支出因子主导的经济周期

经过对供给型经济危机和需求型经济危机的探讨，可以看出，在长经济周期中，资本收益者的支出因子（g/r+消费比例）和1的大小关系反映了社会经济的宏观状态。由资本分配和积累合力形成的资本回报率r和由财富集中所决定的消费比例除了经过暴力过程外，并不会剧变。因此整个路径具有分阶段的演化规律，但这个阶段间的顺序却未必一定形成周期，下面我们粗略地描述一下每个阶段的特征及其演进方式。

（1）供给不足阶段。该阶段资本收益者的支出因子大于1，它也符合我们在供给不足经济危机一章讨论的主要特征。破解该阶段危机的核心是，如何使得经济体向获得更多的投资来进行转变。

（2）供需平衡阶段。在阶段（1）结束后，经济进入平稳发展期，此时资本所有者的支出因子约等于1，供需关系大体平衡，经济表现为平稳增长的状态。但由于资本收益有风险溢价的缘故，该阶段的投资总会超过经济均衡增长的资本增量上限，这会使资本回报率开始降低。

（3）需求不足初期阶段。当资本回报率进入较低水平时，越来越多的投资使得自发性投资来说变得不再合算。资本投资开始减少，使得资本收益者的支出因子开始小于1。在不存在信用货币体系的环境下，这一阶段社会经济已经逐渐无法维持稳定，社会经济可能跳过阶段（4）和阶段（5），直接进入阶段（6）。而在信用货币体系下，国家可以通过“发行国债+财政赤字”等组合手段，长时间地维持社会经济稳定在本阶段〔阶段（3）〕状态下。

（4）静态陷阱阶段。当资本回报率进一步下降到近似等于风险溢价的4%时，国家即便再使用“发行国债+财政赤字”等组合手段，也仅仅能够使得社会经济维持“不崩溃”状态，而由于资本收益不可能三角规律的存在，此时资本存量已基本无法增长。经济增长只能依靠社会全要素生产率提高，以及人口数量增长来实现。在这个阶段，国债的维持作用显而易见地是十分必要的。于是，在这个阶段，我们会看到国债快速、持续地增长。

（5）国债无法维持阶段。最初，投资者购买国债，本质上是因为实物资产由于资本回报率下降的原因，使得其仅仅能够覆盖投资风险，对大多数人而言，国债的持有仅仅是权宜之计。但当国债总量积累得足够高以后，但凡有任何原因导致国债中的一部分开始流向实物资产，实物资产的价格就会开始迅速攀升。之前说的实物资产资本回报率低，指的是实物资产产生的现金流的回报率低。但是当实物资产的价格开始明显上涨时，国债就会显得不具有吸引力了。储存于国债中的购买力就有了成规模向实物资产转移的动力，此时，政府会用加息的方法诱使这些资产仍旧以国债的形式驻留下来。但每一次加息，都会使得国债存量的增速大幅度提升，最终会造成，政府再也无法阻止国债投资者抛弃价格大跌的国债，而集体转向购买价格大涨的实物资产。而这相当于将过去几十年每年GDP的6%～10%的富人购买力一次性集中释放出来。此时，绝非是物价提升几倍所能化解的，这将代表着一种货币走到尽头。

（6）混乱中重建阶段。当一种货币崩溃而走到尽头时，人们很难继续信任政府及其金融货币体系，不愿意继续持有其国债或货币。但是，即便是政府用了某种方式使得货币去掉几个零后能继续被人们所接受。由于此时企业股票的集中度较之以前显著提高，社会仅仅是回到静态陷阱初期的状态而已，经济自然无法增长。于是，社会经济一直处在“静态陷阱—国债崩盘—静态陷阱”的循环状态下，静态陷阱中的社会经济不会增长，国债崩盘阶段经济下滑——经济持续下行。当然，现实中更多的情况是，人们是能意识到问题的关键——贫富差距，又或者，在动荡期间资本回报率总是大于经济增速这一原则通常并不适用。经历过社会经济的“大动荡”

后，由于“暴力”替代了“私有财产神圣不可侵犯”，贫富差距得到了缓解，社会经济重返阶段（1）。当然，社会也有可能在阶段（3）和阶段（4）之时因某种突发因素而已经进入到了大规模的战争状态……在战争将财富摧毁之后，社会快速地返回到阶段（1）。

以上过程并非严格的数学推演，但大致勾勒了在“支出因子”视角下社会经济的不同阶段及其演进方式。类似日本在经历了30年的静态陷阱后，由于超额投资一直为负，其资本回报率虽然曾由1990年的3.5%提升到4.5%。但这仅仅是为资本回报率的再次下滑留出了空间，只要资本将所获得的全部收益再次进行投资，资本回报率的下降也是必然的，无非是短暂的由阶段（4）回到阶段（3）而已。所以，这并不是一个所谓的周期演化路径，而只是一个轨迹，而我们本书第三部分，就是试图去分析和思考，有没有更好的方式跳出这些既定的轨迹。

03

第三部分

导 言 三

在接下来的部分中，我们将探讨如何具体地解决需求型经济危机。我们先回顾一下整个问题的逻辑关系，以便更容易地理清思路。

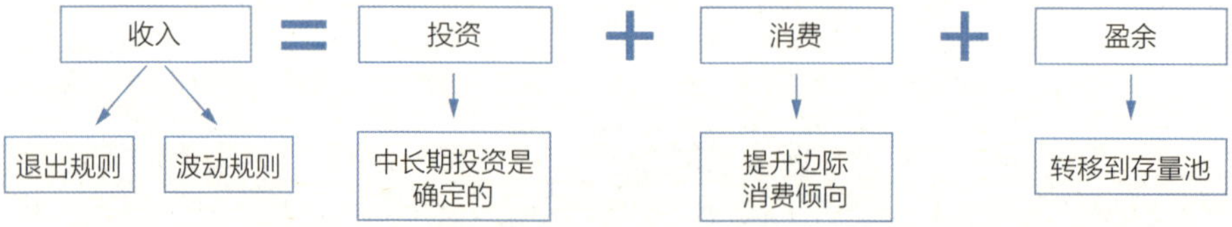

前面主要探讨的是，对每个人而言“**收入=投资+消费+盈余**”都是成立的。需求型经济危机问题的根源在于，部分人群持续产生正的盈余并且持续积累。这些盈余只能变为金融资产，而社会其他地方必然产生等量的金融负债。当社会正常的借贷活动吃不下巨量的金融负债，这些负债又转变为由国家持有的负债，这才导致了我们现在看到的经济出现的种种问题。要避免出现这种情况，有四种思路：

第一，想办法让产生盈余的人提高自身的边际消费倾向。在我们所知的历史里，需求不足的问题都是以这种形式被解决的，但过程可能并不那么让人愉快。因为要使得一些人的边际消费倾向大幅度提高，特别是高收入人群，我们目前仅知道一个途径，就是让他们的收入及净财富大幅度变低。这实际上就对应着历史上的王朝更替的周期律，当王朝经历几十年至几百年导致财富集中于少数群体之后，往往通过战争的暴力方式，彻底洗牌，富人财富大幅贬值并重新分配，使社会重启发展进程。通常情况下，富人们的边际消费倾向无法提高，并不是因为他们没那么高的消费欲望，而是因为他们的收入相比起一个人能够消费掉的商品来说实在太多了。要让富人能消费自身收入的80%，从历史上看除了让他变穷以外没有其他方法[1]。例如我们或许会想到，鼓励富人多消费能解决这个问题，但只要所有富

1 当然我们也希望存在其他方法，只是在历史的发展进程中暂时没找到可以选择和复制的其他途径。如果能有其他方式使得富人的边际消费倾向提升至80%，问题自然也就消失了。

人群体中有少量人不去多消费而仍然多投资，那么多消费的富人的钱就会逐渐被多投资的人赚走，最终财富还是流向多投资的富人。所以要从根本上解决问题的话，关键就在于如何让财富变得更平均。另外需要注意的是，造成边际消费过低的主要原因是某些人的财富过多，而具体是哪个人并不重要。如果社会只能够实现今天是张三财富多，但张三很大可能并不会坚持多久，这些钱就会集中到李四身上，但李四的财富可能和张三一样多甚至更多，那么这样的财富在不同人身上的流转并不能改变需求不足的问题。所以在社会上即便可以看到富人们在“有钱—没钱—有钱—没钱”的循环中不停地变动，但只是这些钱的归属发生了变化，因而没法使得边际消费倾向提升。另外，在鼓励消费的这个思路下，鼓励穷人消费是没有意义的，只要最终不持有巨量的金融资产，那么穷人就会在生命周期的不同阶段进行消费，其消费总量大致上和其收入相当，当下穷人消费增长，只是降低了他们未来的消费而已。总需求的缺口是由一辈子也花不掉的那些财富造成的。

第二，盈余以某种方式转入存量，并且保持存量不出问题。实际上，凯恩斯理论的思路就是如此，通过发行国债来填补需求端的空缺。在凯恩斯的年代之后发生的第二次世界大战使得财富被大量摧毁，问题得以解决。但如果不希望仍然通过战争来解决的话，可能必须思考一条面对无穷增长的盈余不出问题的思路。

第三，打破退出规则或者波动规则的任意之一。这样如果能使得相关人群收入降低，问题也将得到解决。

第四，打破资本收益不可能三角。这个理论实在过于简单且刚性，它的本质就是一个恒等式推导的结果。注意，如果一项投资在投资之初就预期未来收益为零，那是不能称作投资而只能算作消费的，例如“挖坑—填坑”或者在没人走的地方修路。所以只要存在超额投资，必然会导致资本回报率下降或者非资本收入占比下降，这是一个无法扭转的事实[1]。

我们在接下来的第六章讨论使财富转移的方案，在第七章讨论盈余转为国债的方案，在第八章讨论如果我们什么都不做任由事态发展可能出现的结果，最后在第九章提出打破资本收入的两个规则的方案。

在这个过程中，首先讨论的是以上几种方式是如何解决问题的。其次，讨论这几种方式里面富人的利益是如何变动的。因为如果我们想要跳出需求不足的困境，无论如何都会损害到一部分富人的现有利益，我们希望找到的是一种损害最小的方式，以找到有可能的阻力最小的路径。实际上，在所有可选方案以及什么都不做任由事态发展的后果中，如果能找到一个富人损失最小的方案，那么即便对富人来说也应该去选择它。毕竟如果注定会有损失，那么追求损失最小也相当于收获最大。

1 投资不可能三角描述的是资本存量增量和其他二者间的关系，而并非仅对于投资。所以可能存在某种方式，通过持续性地使资本存量贬值，来为投资创造空间。但我们暂时还没有成体系的解决方法，也许后来人能从这个点上找到新的突破口。

第 六 章

通过财富转移来实现的社会代价

在中国封建社会的发展历程中，已经无数次地重现了一个王朝或割据性政权在经历开始的繁荣期后，随着时间的推移，内部逐渐豪强林立，中央政府无法从豪强手中获得税收或资源，行政和军事的负担只能由底层人民承担，国家游走于钢丝之上。一旦发生天灾或民族间、利益集团间的战争，岌岌可危的统治体系就会崩塌，完成新一轮的朝代更替。生活于2000多年前的孔子，甚至并没有看到未来这么多大统一王朝的兴衰更替，仅仅凭借对商周及春秋时期观察到的现实，就能得出“不患寡而患不均”这样的结论。

不管是从王朝周期律的角度，还是通过我们之前的理论框架的分析，都说明了如果考量一两百年的时间周期，则贫富分化程度反映了社会发展所处的阶段。所以我们先从解决贫富分化入手，来寻找解决危机的思路。从机制上看，这种方案的目的是，提升资本收益者的边际消费倾向；从行为上看，就是设法缩小贫富分化。

第一节　财富集中趋势

社会学家和经济学家都经常用到术语——马太效应，该典故来自圣经《新约·马太福音》里的一则寓言：“凡有的，还要加倍给他，叫他多余；没有的，连他所有的也要夺过来。”后来这则寓言被广泛应用于经济学，用来形容穷的越穷，富的越富，财富越来越集中在少数人手里的社会现象。在此，我们不妨引申一个新的概念，把让财富更为集中的现象称为正马太效应，反之则把让财富更加分散的效应称为逆马太效应，以方便探究它们各自的成因与利弊。

其实，中国古代也有类似马太效应的理论，比如老子在《道德经》中提到“天之道，损有余而补不足。人之道则不然，损不足以奉有余”。这些跨越几百年时间，相距几千公里的伟大哲人，凭借着对人类社会的朴素观察，智慧地总结出了可能从原始社会便一直存在着的经济现象。同时这也意味着，贫富差距不断扩大这一现象在东西方国家自古以来都真实地存在着。

在古代，无论哪个国家或地区，都是由少数统治阶级掌握着社会的大多数财富。所谓“朱门酒肉臭，路有冻死骨”反映的就是封建王朝动荡时，贫富差距大到产生两极分化时的场景。然而在历史上，贫富差距的发展趋势并非永远呈正向增长的直线，而是波动式的曲线。

正马太效应

在撰写《圣经》时，当时的人们只是依靠观察得出朴素的经验规律，将马太效应的成因归结为上帝的安排。实际上，如果以现代经济学的观点来对马太效应进行拆解，会发现，至少有5个使马太效应正向发展的因素，我们称之为“正马太效应因子”。

1.“资本收益”因子

对于资本回报率r和经济增速g之间的关系，我们在前面理论环节已经做了详细论述。我们的理论体系并不依赖于现代社会，实际上只要是资本自主选择经营，那么“杀头生意有人做，亏本生意无人做”将使得还存在的生意的平均收益更高。当我们观察历史数据，也确实可以得出同样的结论。并且这个效应里存在一个关键问题，就是财富这个存量还可以向收入这个流量转变。在财富本身已经极度集中的情况下，由此导致的收入集中会更进一步加深财富的集中。在跨越一个临界点以后，财富集中的速度会大大加快。

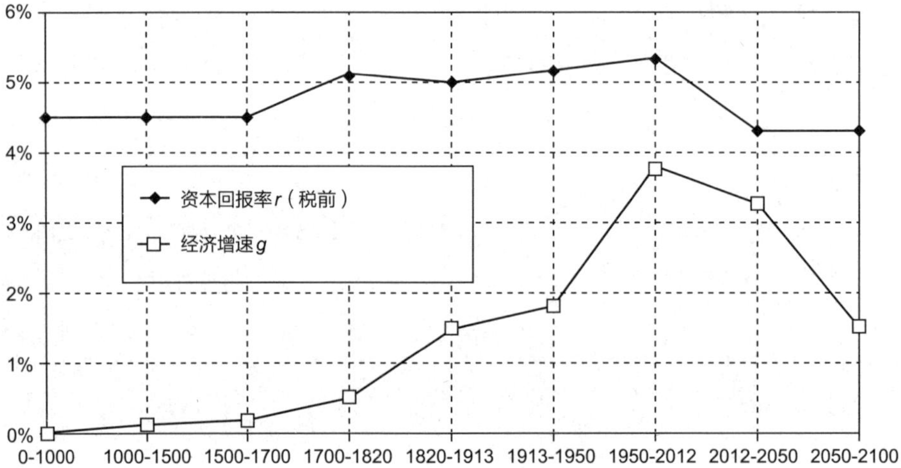

图 6.1　资本回报率（税前）与经济增速

引自《21世纪资本论》托马斯·皮凯蒂

2.“类进化论”因子

“类进化论”因子与达尔文进化论底层逻辑的核心理论相似，即将基本单元[1]（后文简称“单元”）间的竞争看成不同轮次的博弈游戏。其核心是：

（1）遗传：若某项特质[2]在上一轮存在于某个单元，那么在下一轮也有比平均水平更大的概率出现在这个单元上；

（2）变异：特质会随机出现在某些单元上；

（3）环境适应：好的特质将使得拥有该特质的单元获取更大的存活可能性，在我们谈及财富的时候，则意味着会使得财富增值更快。

单纯从理论层面来讲也许很抽象，如果以个人来类比，将人生少年、青年、中年、老年看成不同轮次的话，当一个人在少年时就拥有聪明、努

1　在《物种的起源》中，指生命或者家庭、家族等，在本书中亦指企业，下同。

2　在本书中指代一切能影响投资表现的特征，下同。

力等特质时，他相比于其他人就更早地拥有了竞争优势；由于早期积累下来的优势，以及这些特质很可能将继续伴随它的人生，在后续人生阶段他的成功概率也会比一个少年时不聪明、不努力的人更高。

在现实社会，若我们将视角放在家庭代际上，这些特质可能会与遗传、代际教育和家庭环境等的影响有关。用中国的老话讲就是“龙生龙，凤生凤”，具体体现为，出现过杰出人才的家族更有可能在后代中培养出杰出人才；拥有一定财富积累的家族能够在投资收益上有更大的概率超过其他家族等。当然这绝非出身决定论，现代社会赋予了每个人更加平等的机会。但拥有更好的特质会相对于平均略占优势是从生命演化之初就在起作用的规则。

3.“好资源—好特质”因子

“类进化论”因子并未考虑到单元在本轮博弈获得优势（如更好的资源）后，通过优势进一步获得更好特质的情况。比如当某个人获得较多金钱后，他就拥有了进一步强化自身优势的能力。我们将企业作为分析对象时，这一规则的威力将更加显著。例如，无论招聘人才、对供应链中其他企业的议价能力，还是先发优势，一家大型企业相比一家小型企业或初创型企业，有着巨大的非对称竞争优势，小型企业想超越大型企业是十分困难的。

图6.2是按近年来美国上市公司净资产排序进行分组的净资产收益率（ROE）统计，左侧是小净资产组，右侧是大净资产组，组间企业数量相同。我们可以很清晰地看到，净资产高的企业净资产收益率也更高。这些企业都是已经颇具规模的上市企业，其首尾的净资产收益率差也达到了几十个百分点。而这种现象在近些年各国的市场中都越来越显著。

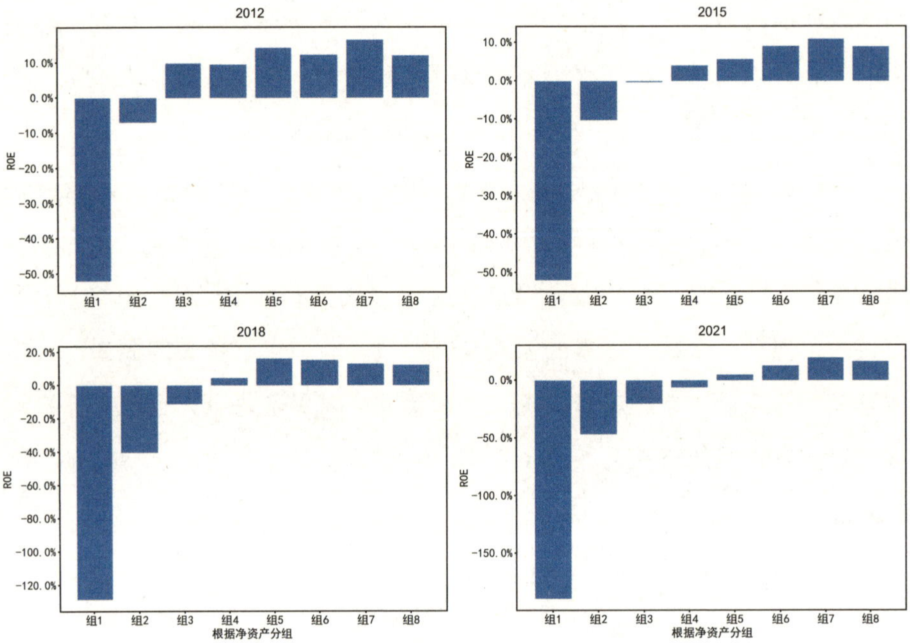

图 6.2　美国上市公司按照公司净资产分为 8 组分别计算 ROE 的组分布

数据来源：Wind

4.“肥尾效应”因子

在经济学领域，学者们比较喜欢假设经济学变量符合高斯分布规律，这种假设的好处是方便分析和计算。但如果我们仔细分析现实社会中真实的金融数据，就会发现，几乎很难看到符合高斯分布的金融数据，绝大部分的金融数据都是典型的肥尾分布[1]。图 6.3 给出了 2021 年我国股票市场的收益率分布状况，我们可以很明显地看到数据呈“肥尾分布”。

“肥尾分布”的特点是，在全部的样本数据之中，不管在高端还是低端，存在的样本数都明显多于高斯分布。可以认为，不论是人群财富还是公司收益，好的部分与好的程度都远超我们在经济学里通常的预期。而此

1　肥尾分布（Fat-tailed distribution）是一种概率分布模型，相对正态分布而言，出现极端事件的概率要更大。

种现象也同样出现在上面讨论过的各种特质、优势等方面。自然世界普遍存在的肥尾分布，会导致财富分配不均积累的效应加剧发生，使其最终效果显著增强。

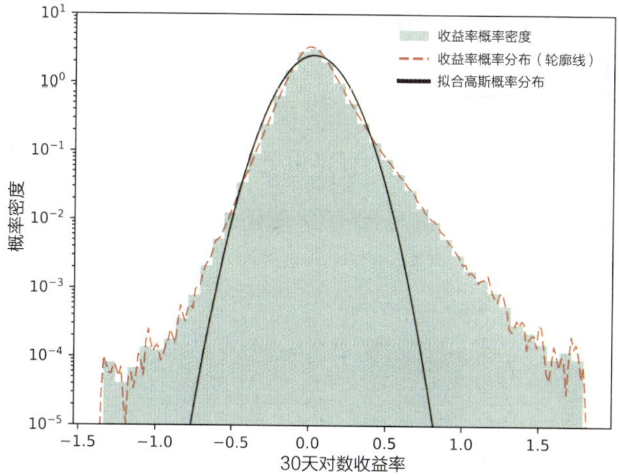

图 6.3　中国 A 股市场 30 天收盘价计算收益率统计分布图

数据来源：Tushare

5.“纯随机”因子

很多人可能会觉得奇怪，如果存在纯随机因子，机会对所有人都应该是平等的，为什么会促使财富向少数人集中呢？下面我们通过一道概率题来解释这一因子。它源自蒙特卡罗模拟随机财富分配游戏：

> 假设有1000个人一起打赌，每人有10元，共1万元。赌局是公平的，每次50%概率赢1元钱，50%概率输1元钱，当某人的钱输光的时候则出局，在没有任何人作弊，只是大家收益都随机的情况下，足够长的时间之后，这1000个人的财富分布会是怎样的？

图6.4展示了在第1、10、100、1000轮的情况下，拥有不同金额的人的数量直方图。可以看到第一轮之后，所有人要么有9元，要么有11元，随着时间的持续，越来越多的人赔光手中的钱出局，但剩下的人手里持有的钱会越来越多。由于赌局是公平的，通过概率计算可以得出，所有人手里持有的钱的期望值，一直是1万元，直到最后，可能就只会有几位个别幸存者分享了总共的1万元。如果在不设置输光会出局，也就是参与者可以无限负债的情况下，那结果就会变成有的人欠钱，同时有的人赚钱，是一个从中心向两边逐渐扩散的分布。最后所有财富仍然会集中在少数人手里。

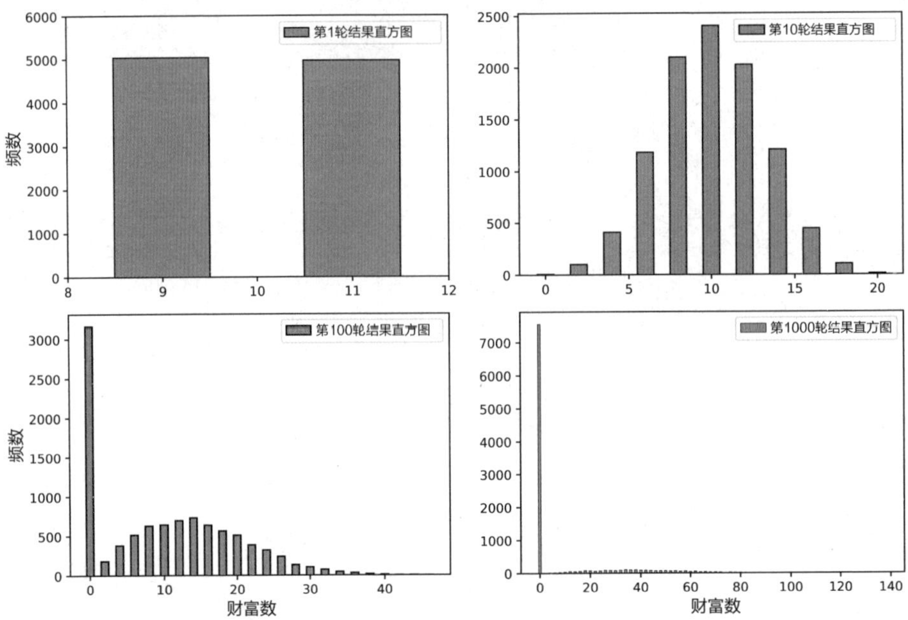

图 6.4　蒙特卡罗模拟随机财富分配游戏的不同轮次结果

即便想尽办法排除前面的四个因子带来的影响，只要收益符合“随机”原则，也会导致财富集中度上升。通常人们能感知到前三个因子，而后两个因子是由数学规律显现出来的，如果用图表展示，其二者效果如

图6.5所示。我们可以看到，随机性越高，或随机性分布肥尾程度越大，均匀分布的结果变得不再均匀的速度就越快。

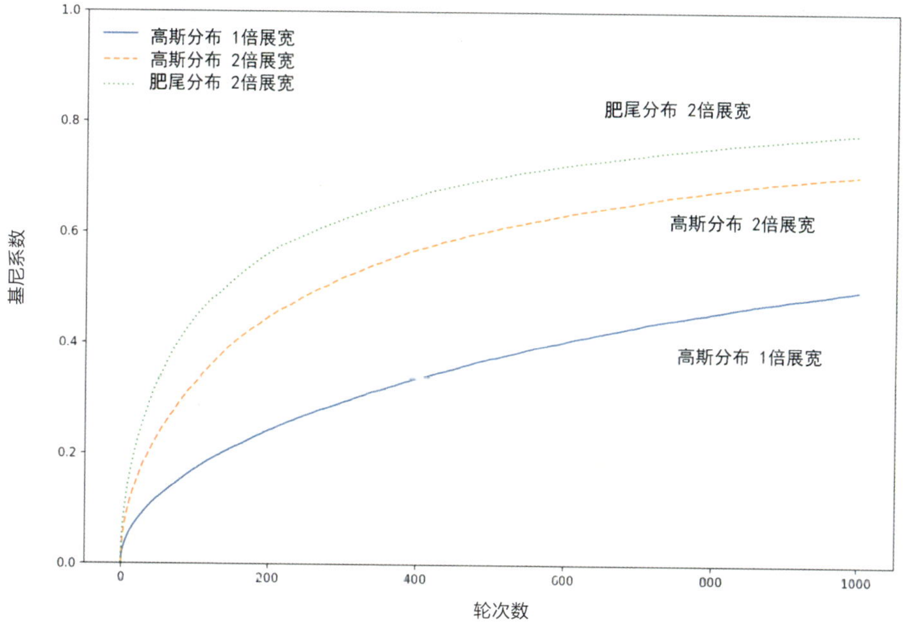

图 6.5 蒙特卡罗模拟随机财富分配游戏利用不同概率分布产生的结果，在不同轮次下计算基尼系数对比

第一个正马太效应因子，我们在前面章节已经花费大量篇幅进行描述，非常难以逆转。实际上如果能够实现资本回报率等于经济增速，整个需求不足的问题都将不复存在。

第二个正马太效应因子，不管在生命演化还是社会演化层面，都贡献了重要力量。这或许是一个作用范围从有序的无机分子开始，到DNA形成，再到多细胞生物，最后到社会层面都一直在起作用的效应。我们现在看到的生物、社会、世界都被这一规则主宰，一个人在幼年时代聪明、努力，在青年、中年时代也大概率如此，这条规则恐怕也很难扭转。

第三个正马太效应因子，从个体层面看，或许可以通过加强基础教育、公立教育等方式，使每个人获得更平等的受教育机会，并为处于社会底层的人提供适当的帮助，降低他们吸毒、犯罪等的可能性。但从企业层面考虑，由于规模效应必然存在，各个方面资源较多的企业其优势地位一定会越来越明显。在这种规模效应中，包含了对员工或供应链的议价能力等因素，从社会整体利益的层面看，这些因素的存在是一种零和博弈；另外一些因素促成的能力，如跨地区、跨产业间的整合能力等，起到了提高社会整体利益的作用，显然不应该被限制。所以，从整体效果来看，如果用某种手段去限制大企业的优势地位，最终反而会降低社会的整体利益。

第四个、第五个正马太效应因子本质上是通过数学规律来显现其作用的，想要抑制这两个因子是几乎不可能做到的。

也就是说，在产生正马太效应的5个因子中，我们至多可以限制其中第三条的半条，即它们中大部分属于客观规律，是难以限制的。

逆马太效应

正马太效应使得穷人更穷，富人愈富，但我们看到，历史中这种循环总会被某些因素打破，这些因素就是逆马太效应因子。根据对历史经济现象的总结，我们总结出的逆马太效应因子大致有4个：

1. 地主家的傻儿子

这个因子类似于正马太效应因子中的“纯随机因子”，只不过是其反面存在。试想一个家财万贯的地主，只生了一个孩子，偏偏还是个傻儿子，那么当地主百年之后，这个傻儿子必然守不住家财，原本集中于地主家族中的财富便会分散。只要这个因子随机地出现在某个家庭中，不管父辈的积累有多少，一旦碰上就回归平均。在这种情况下，只要回归均值出现的概率相对可观，就很难有家族能积累下非常高额的财富并持续地拥有很久。

2. 多生孩子

在财富的代际传承过程中，拥有财富越多的人，常会繁衍越多的后代。同时，不管是被迫的还是自愿的，这些财富都会被拆分成多份，分配给尽可能多的后代，形成了一种有效降低财富集中度的手段。比较典型的例子是，在汉武帝时期发布的推恩令，他试图通过这种手段，削弱皇家后代财富及权力的集中程度。

有的朋友可能会认可这样一种观点，某个家族如果有十个孩子，每个孩子的发展都很好，那么这个家族掌握的总财富是比少生孩子时要多的。持这种观点的人可能忽略了一个事实，就是我们在讨论财富集中时，是把分析的最小单元定义为每个个人或者家庭。上述的十个孩子，即便在第一代可以认为是共属于一个家庭，但在第二代，第三代传承之后，他们很难再被视作一个整体。而且我们要讨论的是财富集中导致的消费倾向的变化，同样的财富分配到更多个小家庭后，所有家庭整体的消费倾向将是提升的。即便这个家族的财富始终在某个统一的例如信托这样的实体下，由于分享收入的人数开始多起来，每个人分到的份额势必下降，这也会导致边际消费倾向的提升。

3. 二次分配：税收

税收伴随着国家的起源而诞生，是人类社会发展到一定阶段的必然产物。作为财富再分配的重要手段，税收政策通过对富人设置更高的税率，也就是让富人缴纳比穷人更多的钱，在一定程度上促使社会财富的分配趋向平均。

4. 动荡

不管是中国古代王朝更替的周期律，还是从近代的资本主义国家的经济周期律来看，如果一个社会一直无法通过正常手段来限制财富越来越集中的情况，那么在突破某个临界点后，整个社会就会从正常运行的状态进入相对动荡的状态。动荡程度较轻时，可能带来大量企业破产或倒闭，这在某些经济学派看来是一种正常的“社会出清”过程，我们暂且认为这种情况还无须全力避免。而动荡程度较严重时，可能会催生出类似中国的王朝更替，或者像第一次世界大战、第二次世界大战这样伤亡惨重的战争。防止社会演化到这种状态是任一社会的底线，即不管某种政策组合有多么符合部分人群的价值观或利益，只要它会导致世界向这种状态演化，只要还有其他选择，则应该全力避免。

最后，我们要谈到科技革命，其实这是一个既有正马太效应，又有逆马太效应的因子。科技革命通常伴随着新行业的出现而爆发，这些新行业往往会在短期内为其投资者、引领者以及从业者带来巨大回报，促使社会财富向这些人集中。比如2022年的世界富豪榜前10位中，就有6位来自近40年内新设立的公司，他们代表了最近一轮的IT与互联网技术革命。

同时，新行业也造就了更多的行业从业人员。至少就最近这一轮科技革命而言，IT行业从业人员不管在哪个国家，收入都位列收入排行榜的前几位。当行业影响的人群数量巨大时，就有可能降低社会整体的贫富分化程度；反之如果行业受益者相对较少，则会加剧贫富分化。

上述第1条、第2条逆马太效应因子在代际继承方面起作用，这在中国古代确实是一个重要的社会稳定器。所谓“富不过三代”，这个稳定器的存在也让中国古代的王朝周期律至少还能延续几百年。到了现代，也有一些国家开始征收遗产税，希望减少代际财富传递的财富集中程度。但是在这个飞速发展的时代，作用于代际的因子甚至来不及发挥作用，社会的财富积聚就会达到一个较高的程度。且不说中国从改革开放到现在也就40年，几乎可以说现在中国富豪榜上的创业一代们，财富的聚集都是在自己那一代人的时间内完成的。即便是世界老牌资本主义国家的财富排行榜，新富豪们也占据了大量的席位。在2022年福布斯全球富豪榜前50位中，具有代际继承性的人数占比连1/3都不到，白手起家的“富一代”的比例则在70%左右。其统计数据如图6.6所示。

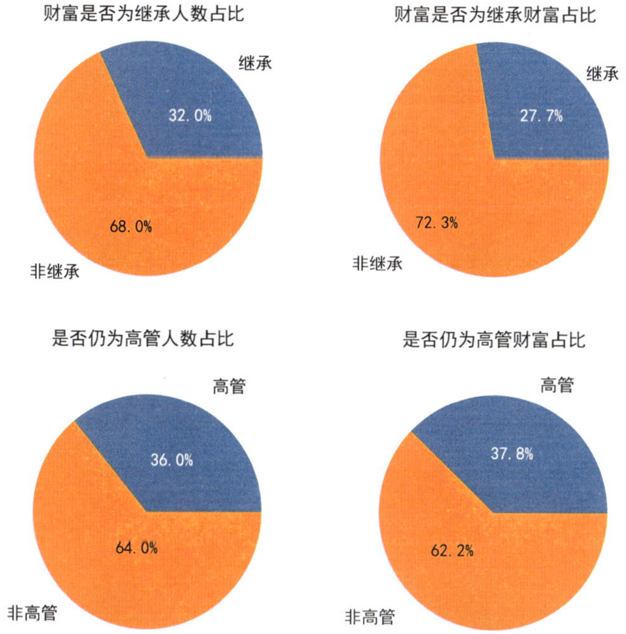

图6.6　2022年福布斯排行榜富豪财富来源统计，分为是否继承与是否仍然为高管

数据来源：福布斯官网，Wind

所以仅凭借社会中已经存在的逆马太效应，通常很难抵挡财富的集中化趋势。现代国家目前普遍存在累进税等税制，目的是通过二次分配缓解贫富分化。但就如我们在税收对资本收益影响的讨论中已经阐明的，税收并没有办法让税后资本回报率下降，仅仅是在调节劳动者之间的收入差距

时会起到一定作用。而从结果看，在1940—1980年期间，英美执行的超高的所得税累积税率，也仅仅使得贫富分化没有再扩大，却很难使已存在的贫富差距缩小。

曼昆教授在论文“*Yes, r > g. So what?*”中，提出富人会把财富遗赠给后人，继承财富的后人将消费掉其中一部分，根据实证估算大约为3%；富人的财富会在多个后人间分配，假设35年为一代、平均每个家庭有两个孩子，富人后代会以每年2%的速度增长；另外政府还会对遗赠和资本收入收取赋税，这会使每年的财富积累率再下降2%。综合上述三方面考虑，逆马太效应每年至少是7%。

但我们在正马太效应部分已经看到，*r*–*g*只是正马太效应之一，诸如我们列出来的上市公司高净资产组ROE高于低净资产组的幅度就可以达到30%以上的量级。其余的一些因素，例如收入的随机分布，虽然并无确切数据，但即便是生活环境完全相同的双胞胎，在成年后收入差距较大也不是稀罕的事，更别说在个体间能力存在差异的情况下了。所以*r*和*g*的差可能只是引起财富差异的原因之一，甚至是比较小的一个原因，只不过相对容易度量，能做严格的讨论，而其他很多因素效应可能强得多，但无法精确的讨论。同时我们将会在后文中看到，从结果看，根据各国人群财富分布的数据显示，自1980年以来，财富确实一直在集中，同时，国债急剧上升也是消费不足的表现，这些表现都意味着财富的马太效应自1980至今是远大于逆马太效应的。

综合来看，正马太效应因子对财富分配的作用力要强于逆马太效应因子，因此，在缺乏强力的调控方法时，社会也总会自发地处于正向马太效应中。

第二节　财富集中是好是坏

前面我们谈的问题是设法使贫富差距缩小，这非常困难，但也不是毫无办法。实际上通常在经历乱世之后，社会贫富差距会处于较低的水平。在新中国成立初期，也曾经探索过将这种较低的贫富差距一直延续下去的方法。在这个过程中，有了“农村合作社”“人民公社”等一系列的组织和生产形式。在新中国成立初期，这些措施相比之前的土地政策确实调动了劳动人民的生产积极性。但是随着时间推移，这些政策的劣势也逐渐显现出来，在一定程度上制约了生产力的发展。在人民公社的日常生产中，社会给予个体的回报和自身付出的努力关联度较低，更有能力或更努力的劳动者获得的回报与消极懈怠者基本相当，因此劳动者的工作积极性降低，进而导致社会生产效率的下降。

而改革开放后的实践及其结果证明，维持一定程度的收入差距有利于发挥人们的主动性和积极性。如果你与他人收入差距较大，但你知道，如果你持续努力，也可以获得同样收入的时候，通常会激发你的工作热情。但如果你看到你与他人的收入差距是某种难以逾越的壁垒造成的，那么你的积极性会大幅度下降。所以，社会存在一定的收入差距是合理的。但如果该收入差距是由部分人群的先天属性所带来，且对普通人而言是不可逾越的，则是不合理的。前者将能促使人们更加努力，而后者将使得人们缺乏上进的动力。

接下来，我们会通过一些数据来验证在更广泛的时间和空间中是否也存在这种现象，即保持一定程度的贫富差距，是有利于人们劳动积极性发挥的。我们要研究的是，如果一个国家经历了贫富差距快速加大的阶段后，在接下来的若干年里面，国民的劳动积极性是上升还是下降？

在这里，我们将全要素生产率[1]作为一个观察劳动生产率的代理变量，选取美、英、法、德4个国家1940—2021年的数据（其中德国涉及东西德合并的情况，因此使用合并后的数据）来论证。我们将4个国家某个T年的之前10年前10%人群的收入集中程度的超额提升值作为x值，以T年之后的10年TFP的超额提升值作为y值，将四个国家的所有涉及年份做成散点图[2]，如图6.7所示。

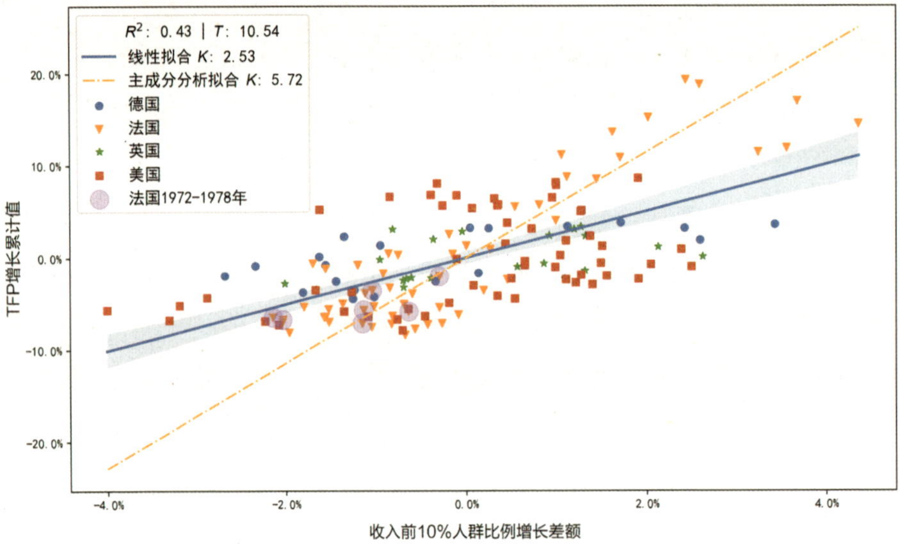

图 6.7　英、美、法、德 4 国收入前 10% 人群比例增长差额与 TFP 增长累计值关系图，利用线性拟合与主成分分析拟合

前10%人群的收入占比的提升，实际上反映的是当收入差异大的时候，人民能感受到社会收入的天花板是高的，这样生产积极性也是高的。从图

1　全要素生产率（Total Factor Productivity），是指生产单位（主要为企业）作为系统中的各个要素的综合生产率，以区别于要素生产率（如技术生产率）。全要素生产率（TFP）是一个有利于经济增长的变量，包括了经济政策、政府在经济中的作用、工作态度、受过教育的劳动力所造成的积极的外部效应、技术学习等。

2　数据通过国家间去均值以及时序上去均值，更具体的数据处理方式见附录。

中可以看出，大致每1%的前10%收入占比提升，会带来约5%的TFP提升。

相反，如果我们观察上述四个国家的后50%的财富占比和未来TFP的变化相关关系，可以得到图6.8所示状况，可以看出二者存在负相关关系。也就是说，如果底层收入在过去若干年提升较大，在未来若干年反而会导致全要素生产率下降。这似乎和我们的直觉不符，但从另外一个角度思考，如果底层能够依靠大环境的帮助迅速改善生活水平，即当收入的后50%人群和中间40%的人群生活水平接近时，底层人群通过奋斗实现从底层跃迁到中层的动力可能在一定程度上会变弱。

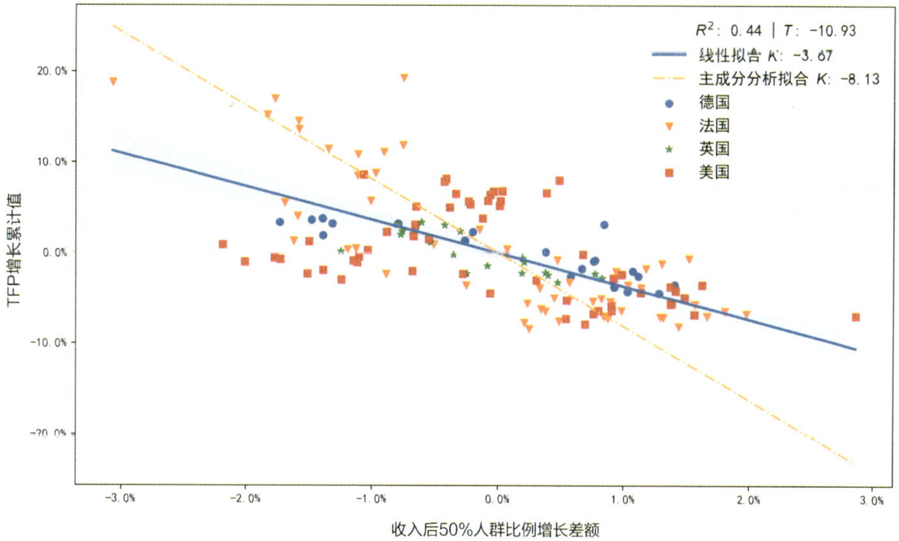

图6.8　英、美、法、德4国收入后50%人群比例增长差额与TFP增长累计值关系图，利用线性拟合与主成分分析拟合

虽然这听起来有些反常，但如果我们仅关注全要素生产率或劳动积极性的话，保持一定程度的贫富差距是有利于所有人发挥积极性的。而贫富分化造成的问题其实我们在前面的理论章节已经阐述得很充分了，重点在于当贫富分化达到一定程度后，社会甚至无法正常运行。所以贫富分化带

来的正面效应和负面效应，我们应该准确地区分，才能够同时避免贫富差距过小带来的群体劳动积极性下降和贫富差距过大带来的总需求不足。

前面的分析展现了贫富分化和社会发展可能存在如图6.9所示的变化规律。在一个很大的区间内，全要素生产率随贫富差距的扩大而变大，并且有可能这个效应在达到某个高点C以后会出现逆转。但实际上在达到之前的B点时，社会就已经陷入我们前面提到的静态陷阱了。

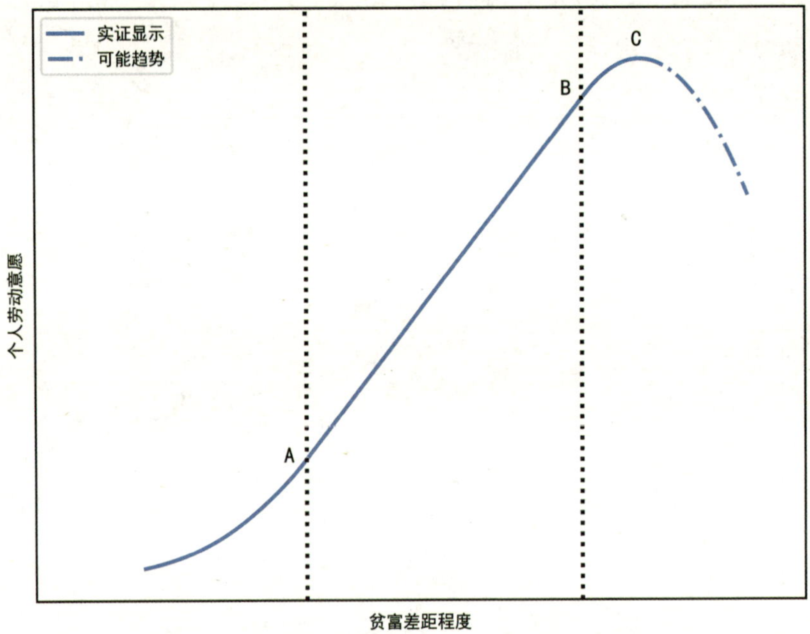

图6.9 贫富差距过小时劳动意愿很小，随着差距提升，劳动意愿提升，推测差距过大时反而有可能减低个人劳动意愿

而在贫富差距较低的一端，劳动意愿也会随之降低，并且由于资本收益者的绝对收入也比较低，其边际消费倾向也会变低。当贫富分化下降到图6.9中A点时，他们较高的边际消费倾向会使得大量的资本收益最后转化成为资本收益者自身的消费，投资便很难增长，我们在第四章中已经做过

详细阐述。因此，贫富差距程度应该尽可能被控制在A点与B点之间的区域中，且较为靠近B点，这样既可以通过一定的收入差距刺激群体的劳动积极性，又不至于使得经济运作出现问题。

从某种意义上，我们可以将低的贫富差距理解为某种燃料，推动经济的发展。低的贫富差距在逐渐合理释放的过程中，可以提升国民的整体心态和工作热情，绝大多数人都能通过自己的努力获得回报。分析一下1991年前后苏联采用的所谓休克疗法[1]，在短时期内，贫富差距就达到了一个高峰，相当于在异常情形之下把全部燃料释放出来，后续将缺乏刺激人民劳动积极性的手段。而中国用了40年让20世纪80年代的部分贫困者逐渐富起来，长时间地激励了民众追求美好生活的积极性，带来了持久的经济腾飞。

第三节　20世纪以来贫富分化的演变

在大部分时候，贫富分化的趋势很难被控制，并且如果采取措施使得贫富差距快速缩小，则反而有可能导致全要素生产率下降。下面，我们来看看在20世纪世界10个主要国家的贫富分化情况是如何演变的，其变化情况如图6.10所示。

1　休克疗法是一种经济改革策略，20世纪90年代初期，部分东欧国家和苏联在经济转型时期采用的改革策略，包括废除价格管制体系、放宽外汇管制、大规模私有化和减少国家对市场的干预等。这些改革旨在尽快实现市场化和私有化，其结果可称“异常的惨烈”。

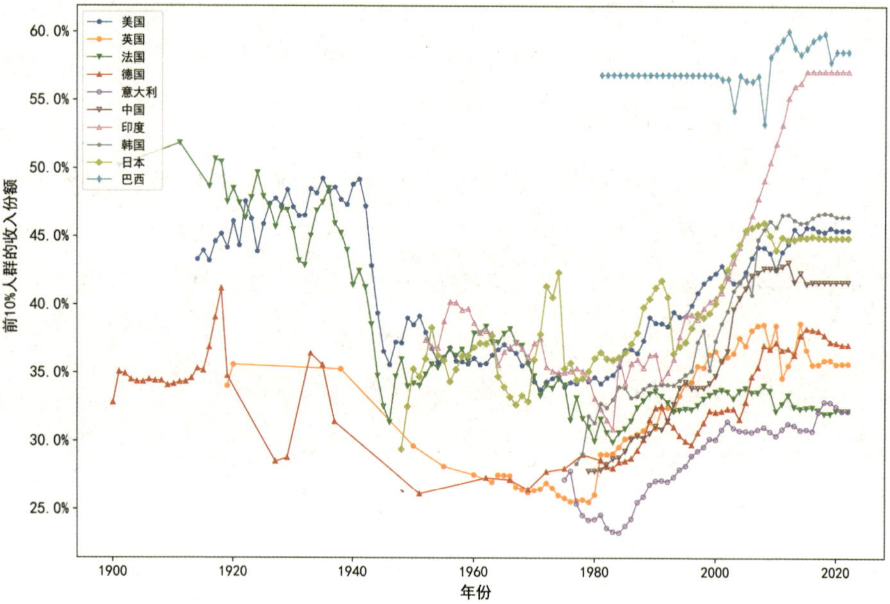

图 6.10　10 个国家前 10% 人群收入份额变化图

数据来源：Wind

整体来看，20 世纪以来，世界主要国家的收入不平等呈现为“U”形。按照历史发展脉络，我们大致梳理一下数据相对完整的美、英、德、法 4 个国家在 1900—2020 年间的前 10% 人群收入变化情况，如图 6.11 所示。

从前 10% 人群收入来看，法国和德国在第一次世界大战前就已经处于高位，德国是第一次世界大战战败国，国内高收入人群的收入受战败影响较大，因此德国在 1920 年后处于一个相对的历史低位；法国是第一次世界大战战胜国，从数据层面看受影响较小；而美国在第一次世界大战期间以及随后的时间里，仍然在稳步攀升。

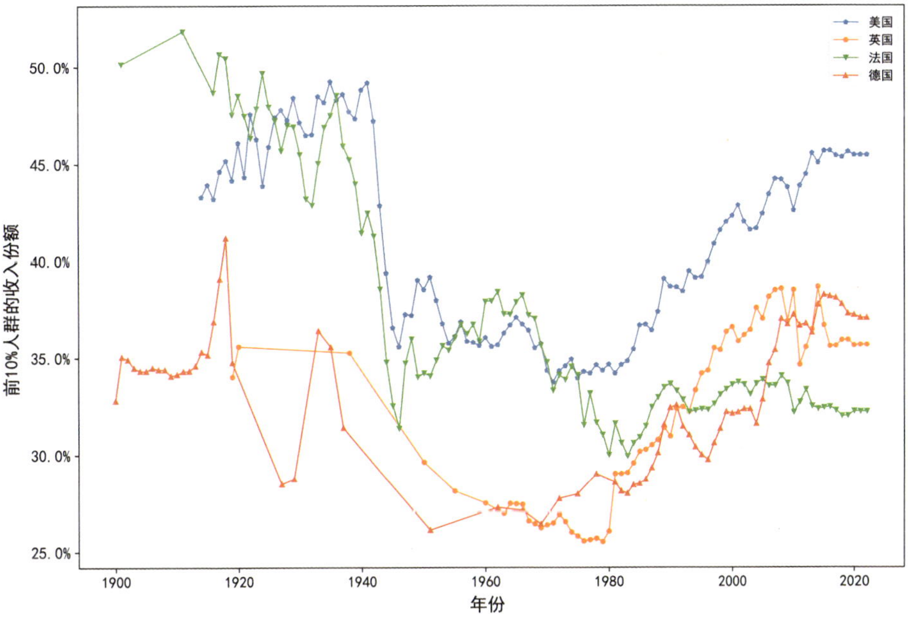

图 6.11　英、美、法、德 4 国前 10% 人群收入份额变化图

数据来源：Wind

在1932年大萧条期间，美国、法国两国各自的贫富差距略有缩小，主要原因是，高收入人群所持有的证券资产导致收入下降，但仅过了2年，即在1934年就恢复并创出了新高；而德国在大萧条期间经济状况十分糟糕，收入却反向向顶部集中，使得其国民的贫富差距急速扩大。

随后由于欧洲国家间紧张关系的升级，1936年后，法国与德国高收入人群的收入开始下降；而这期间美国高收入人群的收入仍然一路增长直到1941年被迫参加第二次世界大战。从这个角度看，或许能得到一些额外的信息，法国其实自1936年开始经济层面就已经在为大规模战争做准备，而美国确实直到珍珠港事件以后，经济才转入战时状态。

从第二次世界大战前的历史数据能看到，前10%人群的收入在类似第一次世界大战以及大萧条这样的冲击下，都很难进入持续性的下降通道。整个第一次世界大战全世界总计死亡人数达1000万，也仅仅导致战败的德国的高收入人群收入水平降低，其实熟悉历史的读者应该很清楚，这个所谓的高收入人群收入降低在1917—1927年的德国并不是由社会经济的自然变化，而是由高收入人群也被掠夺造成的。整个大萧条期间，西方主要国家的工业生产下滑均在30%以上，大萧条并未造成西方自由市场支持者所希望的市场的自动调节，以使社会经济恢复到增长的状态，贫富差距的下降仅仅维持了4年。只有第二次世界大战这种总计死亡人数数千万的世界大战，战争期间所有参战国大量的对现有资产的摧毁以及私人企业的国有化，以及超高的所得税税率，才真正实现了高收入人群的收入占比降低。

随后的1950—1980年的30年间，由于美苏冷战的持续，东西方阵营全面对立，西方世界内部的共产主义运动也对西方国家的政治统治造成了一定程度的影响。在这30年间，西方主要国家对本国工人阶级有所妥协，同时叠加干涉主义在西方国家的流行，所得税税率一度达到90%以上，这些因素有效地控制了其国内贫富差距的水平。特别值得一提的是，法国和其他几个国家有所不同，即1960年之前不平等仍在持续上升，这种情况愈演愈烈，使得工人在1960—1968年组织了多次大罢工，且在1968年爆发了“五月风暴”，迫使戴高乐政府签署了格勒纳勒协议[1]，将最低工资提升了20%。并且在1968—1983年间，工人最低工资对应的实际购买力提高了约130%，而同期平均工资对应的实际购买力仅增长了约50%。但这些措施反而使得法国的经济在1973—1981年迎来了持续性的低迷期，导致法国的TFP增长在这8年间低于英德美的平均TFP增长达8.91%。即法国贫富差距的下降反而导致了其全要素生产率的下降。因此，关于出现这个经济低迷时期的原因，有可能是贫富差距的快速下降所导致的财富收入梯度下降，反而降低了人群的

1　金重远. 法国现当代史[M]. 上海：上海社会科学院出版社，2014.

生产积极性。一点我们也在前面的图6.7中特意将法国的这几个年度进行了标记。这几年是这四个国家唯一的非战争期间贫富差距大幅下降的例子。

另外，自大萧条之后，西方主要国家的经济政策被信奉凯恩斯经济学的国家统治者把控。在凯恩斯主义盛行的时代，西方国家的经济发展迎来了黄金期，自然也强化了西方国家对凯恩斯主义的推崇。正是在这种强调政府干预思想的指导下，私营企业国有化战略成了西方国家加强经济干预的重要手段，他们试图以国有化为手段，凭借国家力量刺激需求、促进经济复苏和发展。

20世纪70年代末期，一方面是凯恩斯主义在面对1973年的第一次石油危机的供给侧经济危机时毫无建树，导致新自由主义经济理论重新占据了西方经济决策的舞台；另一方面或许是因为苏联经济状况下滑，作为冷战中对立阵营的西方国家的压力得以减轻，其经济和科技便得到了快速发展。从那时起直到现在，几乎全世界所有国家的收入不平等数值都向上拉出了一条稳定增长的曲线，即使期间经历了多轮经济危机，也未能阻止这条曲线继续上扬。正如前面提到过的，连1929年大萧条都无法逆转的事情，近40年这些规模小得多的经济危机更是无法实现。

如果重点关注前1%人群的收入情况，结果将更为明显，如图6.12所示。结论也一样，像第一次世界大战这种级别的灾难也不足以扭转收入不平等现象，经济危机更是只能扭转若干年的不平等状况，并且之后还会迅速反弹。而第二次世界大战是过去120年历史里唯一实质性地并且有延续性地逆转了收入不平等增长的事件。

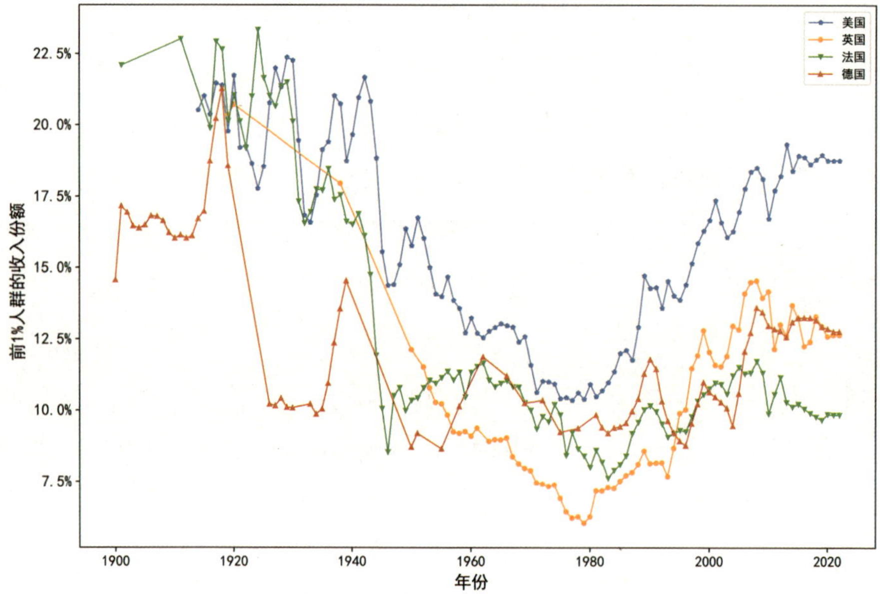

图 6.12　英、美、法、德 4 国前 1% 人群收入份额变化图

数据来源：Wind

图6.13展示了美、英、法、中、印、韩6国收入前10%人群的财富变化情况，我们可以在图6.13中看到，随着收入不平等的变化，财富的不平等在以相同幅度变化。若我们把收入不平等看作流量，那么财富不平等则是存量，由于在1940—1980年期间贫富差距相对较小，也就造成了存量在这个区间也一直下降。现实世界中，更多地是由于流量在当期的不均衡而造成了各种各样的问题，并且导致经济可能无法顺畅运行。只要我们在每个年度将流量的问题解决好，社会经济的运行不会因为各种流量的不匹配带来更深层次的矛盾，那么经济运行便不会出现大的问题。例如，只要我们能持续确保收入为后50%的人在每个年度都能获取约30%的社会收入，此时财富的分配方式就不那么敏感了，也意味着约30%的社会消费品将会被收入后50%的人消费掉。这个时候即便富人家里面放着几幅标价上亿美元的名画，或者资金账户里面有1000亿美元，只要这1000亿美元不会影响真实世界当

年的收入分配，尤其是物资分配，其实对经济毫无影响。但由于在目前体系下财富并不会静静躺着什么也不做，而是本身就会带来收入，并且当财富存量巨大时，财富带来的收入的增长速度远远高于其他任何手段，因此财富和收入这两个问题紧密相关。

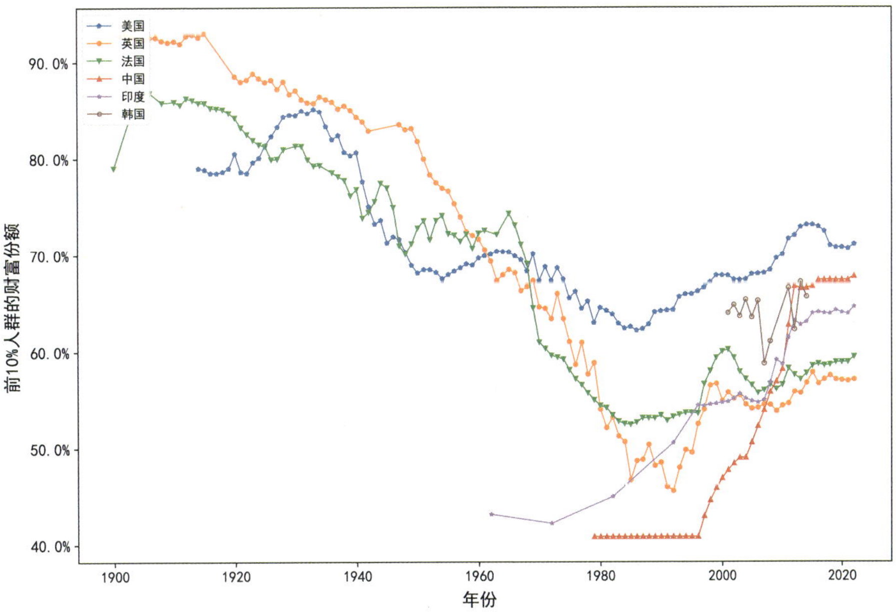

图 6.13　英、美、法、中、印、韩 6 国收入前 10% 人群财富变化情况

数据来源：Wind

第四节　财富转移路径是什么

回到我们的个人收支均衡框架，为了使个人收支均衡达到平衡，我们需要让资本收益者的边际消费倾向提高，以实现损益不长期稳定为正。要实现这一点，只有两个途径，一个是让资本收益归属更多的所有者，一个是让资本收益者的收入、财富水平和其他人的水平接近。

在苏联解体的过程中发生的事件对我们理解第一种思路可能会有帮助。当时，政府把国有企业的股份无偿分配给企业人员，但由于广泛存在的马太效应，在一段时间后这些财富集中起来是不可避免的趋势。

对于第二种路径，从历史上看，主要有两种方式。一种是封建王朝完成更替时，新生的富裕阶层往往个体财富体量并不大，相当于通过暴力或战争的形式实现了财富的重新分配，这肯定是任何一个生活在和平年代的人都不愿意选择的方式。另一种是通过类似第二次世界大战的战争，把几乎所有财富都清空，大多数人一起从较低的收入水平开始增长，此时资本收益者的消费倾向也会是高的。

还有一种思路就是，尝试在和平稳定的环境下，自发地实现财富“逆马太效应”，即通过人民监督政府来保证权力运行的民主化，保证人民当家作主，人人拥有财富，过上富足的生活。

经过我们前面的分析，一个国家的收入可以分为劳动收入、资本收入以及税收收入。要使得财富集中度逐渐下降，首先需要降低资本收入的比例，以实现资本收益者的需求小于“投资+消费”的需求后，财富的占比才会开始下降。经过前面的分析能看出，使得简单的“资本收益者收入=投资+消费”等式都难以成立，需要让损益变负且持续几十年以使得财富逐渐变得不那么集中无疑会是难上加难。

财富差距的拉开，本质上体现了财富的增长速度与财富值正相关。而如果要使得财富差距能够缩小，必须使得财富的增长速度和财富值负相关。这意味着要设法使高资产人群的财富收益率的期望值低于低资产人群，如此持续一段时期，两个人群的财富值会逐渐拉近，并且个别人由于某一阶段更努力或者是仅仅运气好等，在短期内变得更好或更富。但由于拥有更高资产的人收益更低，那么不管是受意外事件冲击变穷或者变富的人其财富还是会逐渐回归均值，这显然会使得不管贫穷还是富裕的人群都失去努力的积极性。因为不管如何努力，最终都会保持相近的财富水平。社会通过财富增长速度与财富值正相关的马太效应激励人们工作，持续了几十年达到现在的财富分化水平。要想通过类似的手段慢慢减回去，对人们的“负激励”的强度以及持续的时间，可能都需要更强和更长；而带来的问题恐怕比贫富分化本身更难以应付。在人类历史中，我国在社会主义建设初期试图维持零马太效应，使人们的收入水平相接近；而长期处于逆马太效应且稳定运行的社会，目前为止在人类历史上还未出现过。

所以，要让财富集中度下降，也许并不可能通过一种长效机制来实现。贫富差距只能是缓慢上坡，然后突然下坡，试图缓慢下坡可能造成的经济问题会比不下坡大。而我们能做的，可能仅仅是设法把在历史中通过战争或暴力等方式实现的快速下坡，调整为可控的快速下坡。这就将涉及不同人群间利益的博弈，也是我们接下来要讨论的话题。

第五节　财富转移涉及的博弈

从古至今，想要转变贫富分化趋势都是一件比较难的事，因为涉及财富转移就必然会使一些人的利益受损。这里面既涉及个人利益和群体利益的关系，也涉及个人短期利益和长期利益的关系。我们先通过一个历史事件，来展示一下博弈中各方所面临的困境。

明末悲歌

公元1644年3月，李自成[1]率领农民起义军，冲进了大明皇宫紫禁城，

1　李自成（1606—1645年），本名鸿基，明朝末年农民起义军领袖。1644年，李自成带领着一支由农民和破落户组成的起义军，推翻了明朝的统治，并建立了名为“大顺”的短暂王朝。

大明王朝最后的主人崇祯皇帝朱由检眼看已无法改变这一切，为免其受辱而手刃妻女，后在煤山（现称景山）自尽。这位在明王朝步入黄昏时登基的皇帝，面对着分崩离析的河山，悲壮地结束了可悲的一生。

时间回退至同年2月，闯王李自成刚攻破山西宁武关，率军直逼北京城。此时崇祯想要征调宁远吴三桂的军队来防守北京，但吴三桂要求提供数百万两白银的军饷，而此时国库存银已尽。明朝统治集团眼前的局面是，如果不能破敌，那么统治集团的每个成员都将面临非常不确定的未来。作为统治集团"头头"的崇祯为了挽救统治集团整体利益，几次以国家兴亡和民族大义来晓谕众人，恳请各位王公贵戚们向朝廷捐资几万两白银助饷，以求渡过此劫。甚至还亲自列出了一份名单，根据官职大小，指名道姓地要求他们为国集资。可叹的是，那些依仗皇权、作威作福的皇亲国戚和文武百官却个个在皇帝面前哭穷卖惨，不愿意出资救国。最后在朝廷反复劝说下，当时的内阁首辅魏藻德象征性地捐献了五百两银子，另一位重臣陈演则一两银子也没捐。当时京都有名的富翁太监王之心和崇祯的岳父周奎最后各自捐献了一万两银子。其他官员大都是几两或几十两地"意思"一下，凑到的银两远远不能满足军饷要求。

朝中官员如此，坊间的百姓更是人人都藏好家财，摆出了一副事不关己的态度。时任陕西都督的孙传庭准备出关入豫征讨李自成，到潼关查验军备粮草时发现潼关守军个个懒懒散散，内务军备废弛，甚至连粮饷里都混杂了沙石。孙传庭遂上书崇祯请求拨款，但崇祯的回复是无钱可拨。无奈的他只好去找当地的乡绅捐资筹款，也无功而返。当时正值五百年一遇之特大旱灾，士兵无粮、无钱时日已久，守城的士兵们最终发起了暴动。据史籍记载，闯王李自成包围北京城之际，大明军队的军纪早已经破败到了极致，城内的明廷守军倒卧城头，不战自败。

一个月后李自成攻入北京，下令"追赃"，把仍在北京城内的官员都抓了起来，按照官职高低逼他们交出钱财，大肆拷掠。在酷刑持续了五天五夜后，在崇祯帝要求助饷时只捐了五百两银子的魏藻德，向李自成交出了数万两白银，最终还是因脑裂死于狱中。当初一文未捐的陈演，主动上缴了近四万两白银，依然没逃过酷刑且被处死。崇祯帝的岳父周奎也在严刑拷问下，交出了自己的全部家当，总计超过五十万两白银[1]。

明末的博弈，于朝廷内看似乎是皇帝与大臣的博弈，李自成代表的是外在威胁。但明朝经过200多年的发展，皇家子孙达数万人。全国大部分资源皆掌握在既得利益团体手中。国家整体经济已接近崩溃的边缘。再遇特大旱灾，国家由治转乱是必然趋势。此时李自成代表的并不是某一支农民起义军，而是反抗不平的力量。财富过度集中于少数人群，社会终将无法持续地自然运行。表面上看皇帝与大臣是博弈的双方，实际上这是一场多方博弈，如果某位大臣为了维护统治集团集体利益而牺牲自己的短期利益，而其他大臣们并不照做，那么这位大臣最终也救不了自己。皇帝在这里仅仅是一个希望大家合作的倡导者和协调者，实际上博弈的参与成员是大臣群体，群体中每个人博弈的对象是其他大臣。

可以看到，每个大臣似乎都面临着典型的“囚徒困境”场景，如果所有人都合作，都牺牲一些个人家产，至少能渡过当前难关。如果再进一步，每个人都能够从整体利益出发，维持经济的自然规律不被破坏，维持国家的正常运转，那么可能这些人作为一个利益集团，还能存续更长的时间。所以接下来我们从两种博弈的角度来分析这个过程。

1 关山远．明朝灭亡时官员们[J]．科学大观园，2016(12): 48-49.

囚徒困境——集体与个人

“囚徒困境”的雏形于1950年被美国兰德公司的梅里尔·弗勒德（Merrill Flood）和梅尔文·德雷希尔（Melvin Dresher）拟定，后由顾问艾伯特·塔克（Albert Tucker）以囚徒的行为方式加以分析和阐述，并将成型的博弈方法命名为“囚徒困境”。囚徒困境是博弈论的非零和博弈中具有代表性的例子，反映了“个人最佳选择并非团体最佳选择”的结果。

囚徒困境讲的是，假设有两个属于同一团伙的嫌犯被捕入狱，被单独关押在不同牢房里，彼此无法沟通；此时，警官手中没有足够的证据将其定罪，因此向他们提出了一个交易，由他们自行选择坦白或沉默。交易情况如下：

1. 如果A和B都坦白，他们各服刑3年；
2. 如果只有一人坦白而另一人沉默，则坦白者无罪释放，沉默者服刑5年；
3. 如果A和B都沉默，他们各服刑1年。

表6.1　囚徒困境不同选择对应结果

		囚徒B	
		沉默	背叛
囚徒A	沉默	1，1	5，0
	背叛	0，5	3，3

假设囚徒十分理性，将会面临以下选择：对方选择沉默，则我方背叛最优；若对方选择背叛，则我方同样选择背叛，才可以争取最低的刑期。对个体来讲，无论对方选择背叛或沉默，我方坦白都是最优的解决方案。但从集体角度来讲，这显然不符合犯罪团伙的最佳利益。

如果对以上“情形”进行归纳，所谓“囚徒困境”类的博弈，即其任一参与者的收益应符合以下状态：

单方背叛＞双方合作＞双方背叛＞单方合作（针对上面的例子，背叛等于“坦白”，合作等于“沉默”）

可以看到在这种非零和博弈中，个人最优和集体最优是相互背离的。囚徒困境体现了个人理性和集体理性、个人主义和集体主义之间的矛盾性。在困境之中的个体通常会放弃选择集体利益最大化的策略，更倾向于有利于个体的结果。也就是说，在一个群体中，基于个人角度做出的理性选择，从集体层面上看是非理性的。

将“囚徒困境”放在政治体系或经济体系中来看，体系中既包含了如中央政府、集团总公司等类型的中枢管理机构，又包含了如地方政府、集团子公司等下级执行机构。主从机构之间一般也存在个体利益和集体利益不一致的情况。上升到国家高度，囚徒困境的理念依旧适用，比如在常规的进出口贸易中，若两国都减免对方的产品关税，双方的消费者都可获益；当一个国家单方面增加关税，则可获得额外的税收；一旦出现单方面增税的行为，对方通常也会通过加税来对抗，从而导致双方剑拔弩张，结果是使两国消费者的利益都受损。

在囚徒困境博弈中，唯一可能达到双方最优收益的选择，就是双方同时放弃“自身最优”策略。破解囚徒困境的方法已经研究得较为透彻，可通过将单次博弈变为重复博弈、设置奖惩项等方式来达成，在此不再赘述。然而，每个理性的人都会自私地寻求个人利益最大化，加上“猜疑链”的存在，理性的人会认为其他人也将寻求个人利益最大化，这将导致集体最优策略无法实现。特别值得注意的是，在囚徒困境面临的博弈对象的个数不断变动，完全无法确定具体博弈参与者的情况下，要达成合作将会难上加难。

囚徒困境的本质是在个体利益和集体利益间做选择。且不说不确定的多方达成共识相当困难，在当今时代，集体主义与个体主义的思潮也在现实世界中碰撞着。为了集体利益牺牲个体利益的做法即便存在，也未必是所有人的最优选择。所以，当我们认识到一个经济学问题本质是囚徒困境式的问题时，要解决这个问题就不可能存在一个让所有人都满意的方案，甚至连要不要解决它都难以达成共识。在这里，我们还需要先设法判断出，这个经济学问题是不是另外一种被我们称为洪水困境式的问题。

洪水困境——短期与长期

我们想象这样一种情况：某座城镇由于地处多河交汇的低洼地区，可能会不定期地遭遇洪水或特大洪水。每当洪水来临，所有居民的财产都会被冲走。有人主张修筑一座水坝来阻挡洪水，但由于需要大量资金，只能号召居民捐献一部分钱财来实现计划，并承诺可按捐献比例享受大坝建成后的收益，且这些收益会大于初期的投资。

这时每位居民会面临两个难题：

1. 不清楚其他人是否参与捐款；

2. 没人知道下次洪水什么时候来，可能是一年，也可能是几年甚至几十年。

面对选择，最终可能会有的几种结果如表 6.2 所示。

表 6.2　洪水困境不同选择对应结果

		居民 B	
		捐	不捐
居民 A	捐	成功	可能成功 可能失败
	不捐	可能成功 可能失败	失败

洪水困境有别于囚徒困境的地方在于，采用合作策略的效益高于采用不合作策略的效益，即：

双方合作>单方背叛>双方背叛>单方合作

针对本例子，合作等于“捐”，背叛等于“不捐”。

简单地看，似乎大家应该倾向合作，但想要得到合作策略产生的额外收益，必须有足够多的人合作才能达成，而其他许多人能否选择合作是未知的。同时，对于不合作所导致的灾难性后果，又无法确定其发生的概率和时间。比如洪水很长时间没有出现，对于已捐款的居民而言，除了捐款还相当于损失了这段时间已捐出财产的时间成本。所以面临选择时，个体容易产生“最好由别人捐款，我来捡个漏”“灾难不一定会发生，捐了等于白捐”或“我捐了别人不捐，相当于白捐”等想法，最终导致大家选择不合作。此时，即便清楚所有人都捐款对每个人都是最优解，个体依旧会落入“单方背叛”的困境。

同时，洪水困境也有别于传统的公共物品博弈，相当于对其奖惩项进行了改进和加强。在洪水困境中，若未达成合作，则全体将会面临较为严重的灾难性后果，公共物品博弈合作失败只会导致总体的收益降低。同时，如果公共物品博弈合作成功，全体在额外收益上是平分的，而洪水困境中设定合作成功带来的额外收益分配由前期的贡献度来决定，只有成功地抵挡了洪水的成果才是可共享的。

这种局面下，如何让每位会遇到困境的参与者正确地认知不同决策所带来的实际效益至关重要。纯理性的参与者选择合作与否的关键在于：

1. 对合作所获得的额外收益与前期付出的比例进行估计；

2. 对别人是否会合作并最终达成目的的可能性进行估计；

3. 对不合作导致灾难性后果的可能性进行估计；

4. 对最小合作达成之后，选择合作与否的损益分别进行估计。

同时如果能有一个统一协调机构来增加合作推行的力度，指导人们的行为，也会有利于合作的达成。

回到“明末悲歌”的例子，如果大明既得利益集团仍旧把应对农民起义军的问题限定于囚徒困境的决策模式下，是很难动员所有统治集团中的成员为了集体利益而牺牲自己当下的利益的。但如果我们把博弈的决策方式改一下，例如，提出如果集资破敌，破敌之后将所有敌占区域未来若干年的税收权按比例授予出资的人，那么情况很可能就会有所不同。实际上类似的做法在更早前的1588年就曾帮助英国击败了西班牙的“无敌舰队”。当然，这样的做法或许会给未来带来其他需要处理的问题，不过就解决当时的重要问题而言，会比囚徒困境的模式更好。

在洪水困境中，通过一个有组织的机构让大家能明确为避免危机并获利需要付出多少，保证有足够多的参与者，并且能确保大家都以合适的方法分配最终的收益显得尤为重要。这其实也是最初“国家”这一组织形式形成的原因，即大家为了应对共同的灾难选择了合作。并且国家这一组织形式出现以后，虽然始终在不断变迁，但从未有过再反向走回颗粒化社会的情况发生。这也代表着在竞争中，使用国家这一概念的人群集合会持续占有某种优势。

所以，如果我们再次面临类似的洪水困境，首先需要让所有人明白将得到什么、失去什么——未知是最大的恐惧；并且设置专门的组织促使大家达成合作。其次是让大家能够确实获得合作达成后的收益。由于合作以后所有人将能持续获得收益，所以并不需要像囚徒困境那样需要持续的外力维持，洪水困境中达成的合作是自稳定的。

如果我们能把问题引入洪水困境的模式，在上述囚徒困境中提到的个人与集体利益相矛盾的问题将明显被弱化。如果目标能达成，那么每个人的收益都比不合作时要高，合作既是群体的最优解，也是个人的最优解。

面临洪水困境时，为克服困境选择合作的人，开始时会付出一些成本，但后续的收益足以覆盖成本，并且还有额外收益，对个人而言也相当于投资了一个未来获得回报的项目——和一般项目的不同只在于如果别人不参与或仅有少数人参与，投资就很可能失败。就拿洪水来说，在兵荒马乱的岁月，人们可能会疏于维护水利设施，不能因此获得利益。但只要动荡期一过，社会进入较为稳定的时期，重新修建水利设施几乎是中国每一个新的王朝在建立初期就会着手执行的“大项目”，并且后续也会有具体机构或人员负责维护。

我们在后续的框架中需要做的，就是尝试把我们现在所面临的问题，套用到洪水困境的决策与处理框架中，计算各种方案中每个利益团体的得失，使得人们认识到，存在某一个方案，固然会使一部分群体的当前利益受损，但这部分群体在未来的利益也是可以得到保障的，甚至是得到更大的回报。毕竟我们面临的问题是在远低于社会增长极限的情况下，我们现有的做法使得经济增长停滞，我们需要解决它。静态陷阱仿佛一把锁，锁死了经济增长。但就像想要跳起来必须先蹲下一样，如果我们能打破静态陷阱的禁锢，即使先付出一些成本，但只要未来增长的空间对每个人来说都是数倍于现在的话，那么这件事无论是从个人主义还是从集体主义观点，都是应该去做的。而且只要每个人都能清晰地判断出自己的得失，相信每个清醒的人都应该会朝着打破静态陷阱禁锢的方向去努力。

第七章

通过国债实现的解决方案

我们的思路一直在强调如何将预期资本收益转移量[$K\times(r-g)$]部分的收益从资本收益中转移到消费中。资本收益者通常很难自发地完成这种向消费的转移，因此必须额外提供通畅的转移路径，这其实也是我们在前面提到过很多次的目前大部分国家正在实行的基于凯恩斯主义的政策——以发行国债提升政府支出或转移支付来填补需求不足。例如，在美国，这个政策从美国罗斯福总统上台的1933年开始执行，短期内取得了很好的效果，并且在接下来很快就被德国和日本武装自身的战争需求所填补，使得美国走出了需求不足的局面，成功地坚定了人们对凯恩斯主义能够解决需求型经济危机的信心。日本在1990年爆发危机后也果断地执行了类似的政策，确实也防止了类似大萧条中的银行连锁挤兑等极端事件的出现，大大减轻了经济危机的冲击程度。但日本发现，在之后的30年中，自己的国债开始发放后就没法停止了，硬是把之前历史中通常用于应对特别支出而发行国债的短时救急行为变成了常规行为。而2008年的次贷危机之后，有越来越多的国家发现自己也陷入了这种“国债经济依赖症”。

发行国债延缓危机的做法出现已有30多年了，并不是一个新生事物。本章要谈论的是，这种模式是不是真的如一些理论所说：只要国债是内债，就不用怕崩盘；以及采用这种方式延缓危机时，富人群体的得失到底是什么。

第一节　财政扩张、量化宽松和现代货币理论

凯恩斯主义主张政府应该通过财政扩张来进行投资，从而实现充分就业，避免经济陷入需求不足导致的通缩型危机。政府投资所需要的资金量之大，光靠税收肯定是无法满足的，因此，凯恩斯主义主张政府应该通过

财政赤字手段，发行大量的国债来补充财政资金进行投资。但是，如果通过市场手段发行大量的国债，会导致国债收益率上升，政府要负担的利息成本也同步升高，实际上会影响政府扩大赤字的能力，它又限制了政府投资的金额。同时，由于国债收益率是利率的锚，它的上升又会引起市场借贷利率上升，这会对已经紧缩的经济产生不利的影响。因此，设置一个具有强大购买力的角色，承担起购买国债帮助政府财政扩张的任务，是非常必要的——这个角色就是中央银行。中央银行可以直接通过发行货币来购买政府的国债，达到既帮助政府扩张赤字，又降低利率的目的。这种手段就是量化宽松（QE）。

量化宽松手段源于新古典主义货币学派的理论。前面的章节我们提到，货币学派的学者认为，只要能控制利率就能控制货币的发行量，从而达到控制经济的目的。而量化宽松是一个既能控制利率又能扩大政府投资的手段。量化宽松手段最先被日本采用。在20世纪90年代经济泡沫破灭后，日本央行开始使用这种方法尝试性地购买资产。2008年次贷危机后，美联储推出了3轮量化宽松计划，总计规模达到了4.5万亿美元（截至2014年10月）。美联储购买了海量的国债和抵押贷款来支持证券市场，为经济注入流动性，刺激经济增长。特别是第三轮量化宽松，被媒体称为“无限量化宽松”。在第三轮QE中，美联储每个月购买400亿～850亿美元的国债等资产，持续时间长达1年半。在2020年3月新冠疫情暴发后，美联储为防止市场流动性枯竭和经济骤停带来的危机，再次使用“无限”量化宽松的手段，宣布了7000亿美元的量化宽松计划。同样从2008年开始，英国、欧盟和日本也采用了量化宽松的政策来刺激经济，可见通过发行货币购买国债已经成了世界各国刺激经济的一种主要手段。

量化宽松理论支持中央银行“印钞”来购买政府发行的国债，通过扩大政府支出来刺激经济。但也认为当经济情况好转或者通胀超过2%后，中央银行应停止购买国债。一些学者根据凯恩斯主义的思想和模型，结合货币主义的手段和方法，发展出了现代货币理论（MMT）。MMT相比于货币主义学派更加激进，认为政府应该拥有无限量发行国债的能力。因为经济的发展要求货币供应增多，而货币的供应量是由政府发行的国债数量决定的。政府应该持续发行国债，国债再创造货币，以保证经济增长维持在一定水平。由于政府发行国债的能力是无限的，因此要求国债能被持续购买，且政府不会被迫违约以本国货币计价的债务。由于不要求政府停止量化宽松，甚至不用做量化紧缩，因此现代货币理论下的国债发行和购买，就真的成了“无限度的量化宽松”。政府拥有了无限发债的能力，似乎拥有了维持经济正常增长的能力。虽然目前世界上没有哪个国家会宣布自己采用了现代货币主义的理论和方法，但实际上日本已经开始试验MMT能否促使日本的经济走出停滞状态。

一般来说，国债确实总是可以通过发行货币来避免违约，特别是在需求不足的环境下。问题在于增发的货币并不会形成真实的购买需求，通常将会表现为持续通缩，此时即便超发货币，也只会在金融系统内空转，并不会流入实体经济，因此也不会造成通胀。反而在这种状态下的社会，本身是希望有一些温和的通胀水平的。观察日本的情况就会发现，即便日本的货币一直超发，也没有引起较大的通胀，反而是一直深陷通缩状态接近30年。这些超发的货币没有引起通胀的主要原因是它们并不能形成对商品和服务的真实需求，而仅仅是停留在金融体系中，或者直接变成对国外的投资。所以我们确实可以认为，在“正常”情况下，如果深陷需求不足的经济困境中，是可以通过超发货币来支持不断扩张的国债规模的。

第二节　为何无限发债无法走出静态陷阱

静态陷阱源于当资本回报率和经济增速都比较低时，风险溢价仍然存在，因此人们还会继续少量地进行回报率较低的投资。但由于GDP基本不再增长和政府的各种转移支付等因素，这些多余的投资也成功地使得非资本收入占比不再下降，于是所有企业能获得的利润总量就是恒定的。过多的投资只会导致资本回报率下降，而且由于经济已经处于平均资本回报率等于风险溢价的风险点上，如果整体经济左移就会造成旧的企业退出。

在现有发债的情况下，为了刺激经济发展，利率通常已经很接近于零甚至为负。人们购买国债的唯一原因是投资也几乎看不到可以覆盖风险的收益，所以只能购买无息国债，或者是将钱存入银行，再由银行购买国债。所以要维持零利率，在中长期发债的总量实际上取决于人们有多少钱长期存在银行。这种情况下，国债如果想保持零利率还能发行出去，在中长期总量的增长实际上取决于最终将有多少国民收入确实无法用于消费。

我们在前面阐述过，需求型经济危机一般是以一轮投资快速下降开始的，从表面上看，似乎是投资拉动经济增长的引擎熄火导致经济增速下降。真正的原因则是投资的项目资本回报率过低，导致投资量暴跌。而资本回报率低的根本原因则是消费的不足，并且可能是消费的增长速度长期低于经济的整体增速。所以，在接下来的若干年内，必须使消费的增速高于经济增速才有可能使得经济逐渐恢复平衡。

而上面国民收入中未被消费而被动形成国债的部分，实际上是[$K\times(r-g)-$富人消费]的部分，即便完全回到消费中，也仅仅能使得当年的消费增速等于经济增速而已，并不能弥补历史上的欠账。经济需要的可能仅仅是这个转移量再多一些，消费就能逐渐重振，经济也能就此恢复平衡。在这个过程中我们要做的是，在未来若干年里，使得资本存量的增长低于经济增速。由于此时经济增速可能已经为零，那就意味着投资可能仅仅是覆盖了比折旧还要低一点的资金量，而让更多的资金转移到消费来。因为本质上需求不足就是产品的生产能力已经不是制约经济发展的瓶颈，此时资本存量的下降带来的生产能力的下降并不是问题。

所以，如果仅仅等待花不完的钱通过国债进入消费，或许我们永远不会看到消费自发地增长到超过经济增速。而要使得我们转移的量能超过 $[K\times(r-g)]$，那么国债利率恐怕就不能一直很低，否则无法吸引投资者将更多的资金用来购买国债。所以为了将既投资不了也消费不了的更多的资金转移到消费，以实现消费增速能反超经济增速，扣除通货膨胀后的真实利率就不可长期为零。

而我们已经在日本以及2008年次贷危机后其他国家的经历中看到，在需求不足的环境下，发行国债刺激总需求是必然的选择。即便不考虑利率为正，每年需要由国债拉动的需求不管是在日本还是后来的美国都占每年度GDP总额的6% ～ 10%上下，这已经让很多主要国家在短期内累积起相当于GDP总额的100%以上甚至达200%的债务，而如果再将真实利率设定到例如2%这个级别，那么国债的总负担超过GDP的很多倍所需的时间只会更短。美国最近若干年国债与GDP的变化情况，如图7.1所示。

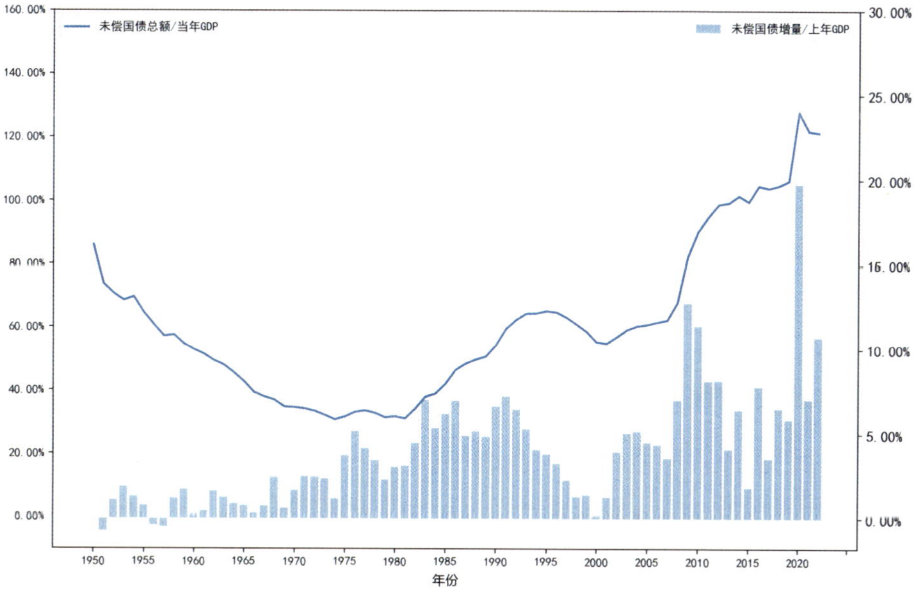

图 7.1　美国未偿国债总额 /GDP 比例、美国未偿国债增量 / 上年 GDP

数据来源：Wind

第三节　以税收替代国债的可行性

我们在第二章已经讨论过税收对于资本回报率的影响，只要税收不能使得税后资本回报率变低，那么税收要么只能真实地落在劳动者头上，要么只能使得资本存量变小。这里再详细描述一下调节税率可能会引起的连锁效应。再次强调，税收的调控机制比较复杂，这里仅仅是从税后资本回报率要满足退出规则和波动规则的前提下得出的结论。

企业所得税以及针对企业投资者的分红税在解决企业的资本回报率的分布状态上没有作用，不管税额是多少，只要企业在税后仍需承担自身破产的风险，税后资本超额回报的现象就一定存在。要转变这一点，除非能使企业的资本持有者愿意持有一项回报率甚至低于资金成本的投资。这在加税初期是可能的，因为资本从一个企业逐步退出毕竟需要时间，很可能在税收初期仍然有大量税后资本回报率低于资金成本的企业在持续运行，但随着时间拉长，没有理由相信这些企业的投资者会仍然坚持投资一个收益无法覆盖风险的项目。长期来看，由于投资者以及企业的退出，税后的资本回报率还是会回到和原来差不多的水平。

所以，提升所得税的一种比较可能的结果是，最开始税后的资本回报率下降，税收确实使国家收取到一部分资本收益。但由于下降后的税后资本回报率已经低于风险溢价，资本的投资将会减少，这种减少使得资本存量逐渐下降，当税后的资本回报下降到和提高所得税之前相近的水平时，这种投资减少的趋势才可能停止。在这个变化的过程中，确实税后的资本回报率在短期有可能低于经济增速，但随着时间的推移，税后资本回报率仍旧会恢复。

增加了所得税后的结果，需要分两种情况讨论。

第一种情况是，如果确实起到了使得资本的税后总收入下降的作用，那么由于在经历变动前后税后的资本回报率不变，税后收入下降只能意味着资本存量下降，而资本存量是一个社会进步的源泉，资本存量的下降代表着社会总生产能力的下降。前面限制投资过多的目的并不是限制资本存量上升，而是希望避免资本存量上升进而走入静态陷阱，即避免资本存量无法增长。但如果加税后反而使得资本存量下降，这和最开始的目标背道而驰。同时在新的税率达到稳定状态以后，资本回报过高现象仍然会存在，只要社会整体的风险水平没发生剧烈变化，甚至会和原来的税后收益率相差不大，此时资本回报率大于经济增速的问题仍然存在，除了反而使得资本存量下降，其余更多的问题都没有得到解决。

第二种情况是，税后资本的总收入不变，但劳动收入却下降了，在这种情况下相当于税是从劳动者身上收取的。收税的目的原本是补贴劳动者的消费，如果税收来源本就是劳动者的话，这样的税收对提升消费需求便没有意义了。我国的学者通过研究国内的数据也发现，税负水平越高，劳动收入占国民总收入的份额便越低[1]。

实际情况可能是上面两种情况的组合，一定程度上既降低了企业收益，也降低了劳动者收益。那么结果也是上面两种的综合效果，一定程度上既降低了资本存量，又增加了劳动者的税收。

以上的讨论主要是针对企业所得税以及分红税，由于存在企业退出的效应，很可能无法达到我们想要的将一部分企业所得转移到消费的目的。当然，如果征税的目的是获取一部分企业所得去支撑整体的政府收支稳定，那就是另外一个目标了，企业所得税显然是可以完成这个目标的。

关于个人收入累进税，其本质是针对劳动者收入水平调节的一种手段。对高收入劳动者征收的所得税，会在企业和劳动者之间分摊。实际上作用到企业的部分，会因之前提到的效应而使得资本存量下降，而作用在高收入劳动者身上的部分，确实可以在一定程度上实现收入由富裕的劳动者转移向贫穷的劳动者。

关于增值税，它的征收对象是消费者和企业，并且对消费者而言，较多的税收是由低收入群体负担，有一点类似反向的累进税。而企业的那部分，和前面一样，如果想要降低企业收入，将必然带来资本存量的下降。

所以，从结果上讲，只要是直接向企业征税，总会由于企业的税后资本收益在达到新的稳定状态后会和税前一样，导致税收要么转移到劳动者身上，要么使得资本存量下降，所以可能并不是理想的办法。而个人累进税对于将收入从高收入劳动者转移到低收入劳动者有部分作用，但仍然不能降低资本收益获得者的收入，对结果的影响也是有限的。所以，只要无

---

1 白重恩，钱震杰．劳动收入份额决定因素：来自中国省际面板数据的证据[J]．世界经济，2010, 33(12): 3-27.

法使得企业在经济利润为负的情况下继续运行，那么加税带来的税收并不能解决经济体所面临的问题。

第四节　收到的钱如何返回经济体

上面我们讨论的是如何将预期资本收益转移量从资本收益中收回来的办法，接下来还要考虑如何将这些钱再返回经济体。因为我们的目的是将这部分钱引导进消费，所以如果不能高效地实现这一目标，那么我们可能不得不将更多的钱从资本收益中剥离出来。

降低税收

上面提到的几种税收中，增值税是一种负向的财富转移的税收，如果要通过降低税收补贴基层企业，增值税是最优选择。出于历史的原因，增值税的征收相对简单易行，一直是我国主要的税种，但随着现代化税收体系的建立，用收入税来替代增值税是一种比较好的选择。

和前面提到的税收相反，降低企业增值税，一方面能使得企业税负减小，另一方面也使得消费者税负减小。其中使得企业税负减小的部分，会使得社会的稳态资本存量上升，这能一定程度增加社会总产出；另一方面如果能使劳动者实际收入提升，也能够使得静态陷阱导致的劳动者收入占比下降的问题减轻。综合而言，如果国家有稳定的收入，降低增值税是将税收收入返还给社会的最好方式。但这一做法的缺点是，税率不能经常性地调节，如果是采用国债的方式获得的收益，实际上使用的是富人花不掉也无法用于投资的钱，这笔钱可能在年度间波动会较大，用这种波动性大的钱来支持一项较为稳定的降税而缺失的金额，可能会在国债发行受阻的时候带来财政压力。

全民基本收入

这是一种近些年比较热门的提法。我们知道穷人的边际消费倾向总是比较高的，所以一个最简单的思路是，通过转移支付将这些钱发放到穷人手里。最简单的办法就是直接发消费券或者针对特定人群发放货币。

需求不足的情况下，在通货膨胀很低的区域适当地发放货币并不会导致恶性的通货膨胀，特别是在同步地从市场上以国债的方式回收流动性的时候。通货膨胀通常被认为受货币投放量影响，实际上它是受到供需间整体均衡性影响的。在现实中，我们已经见到过日本货币投放量巨大，却没有通货膨胀的情况；如果物资整体相对供应不足，但并没有增发货币，例如遇到各种灾荒的时候，也同样可能出现高通货膨胀。货币影响通货膨胀必须通过“供需失衡”这个最直接的原因才能实现。所以，当我们在遭遇需求不足的时候，适当的货币投放并不会造成通货膨胀。

这样的做法虽然能在短期内比较显著地刺激消费，但是从美国近年的结果看，很可能使得接受消费券的人群工作积极性下降，对长期的经济发展并非好事。结合一定程度的收入差异有利于劳动积极性的发挥这一事实，如果大量低收入群体都可以仅靠类似的转移支付就能生活得较好，可能会对社会生产造成一定程度的冲击。

实际上还存在一种替代方式，就是针对生育进行定向补贴。世界发达国家以及东亚的几个工业化国家，少子化趋势已经较为明显，少量的补贴可能对城市居民生育意愿的刺激并无太大帮助。但是类似中国这样还有着广大欠发达地区的国家，如果每个月能为18岁以下的被抚养人口提供哪怕每人1000元的补贴，都很有可能使得这些地区的生育意愿得到大幅提升。

补贴某些企业

事实上，我国电力公司、自来水公司等提供基础服务的国企一直维持在微利状态，这部分企业本质是将社会福利分发给使用这些基础服务的人群。所以，当我们想让收益重返经济体时，一个基础的问题就是，能不能把这些钱直接补贴给国企？

补贴有两种方式，一是将国企出售的商品降价提供给社会，二是提升企业员工的工资。商品降价表面上看是补贴生产企业，实际上是在补贴使用这些产品的个人或企业。国有的基础设施不论电力、公路还是通信，其使用者主要是公众和广大企业。这些补贴进入其他企业后，实际上并没有达成直接补贴消费的目的，虽然最后可能会间接造成其他企业的商品价格也下降，但在“再平衡”的过程中，还是有很多部分又转为企业利润，效率并不高。

如果直接提升企业员工工资，确实能够使这部分钱进入劳动者收入，并且可能比无差别直接发钱对整个群体的劳动积极性的副作用更小。如果能保证国企员工的纯市场化进出机制，那么确实可以有效地实现在保证劳动效率的情况下刺激消费，比直接发钱要好。但如果国企员工的进出机制无法完全市场化地执行，那么可能会对劳动效率和劳动收入产生一些负面影响，进而影响国企的效率与发展，严重时会影响行业甚至整个社会。

补贴医疗、教育

上面的方案本质上需要有一些企业持续为社会提供商品和服务，最好这些企业服务的对象不是其他企业而是个人。医疗和教育就是典型的服务个人的行业，将前面收回来的钱用来支持全面的免费或低费医疗、教育，是最能将投资高效转入消费的路径，并且医疗和教育这两个行业由于本身的特性，决定了目前这两个行业的市场化运行程度不高。

但这个补贴方案也存在一个明显的弊端，就是能够通过国债投入医疗、教育的数额在各年度间是不确定的，受经济冷热程度的影响，每年需要调整发债数量。而医疗、教育的支出和降低增值税的情况类似，是相对稳定的，这会使得通过国债获得的资金来支持医疗和教育在发债量低的年份造成财政压力。

综合起来，降低增值税可能是一种比较好的方案，能最有效率地把这笔钱返回给社会；发钱可以达到目标，但可能会引起劳动生产率下降的问题，国企员工涨工资需要处理好员工市场化进出的问题，并且经济效率并不高；而用来支持医疗、教育和生育的经费是最优的返回消费的方式，因为同时达到了一些其他的社会目标，但是需要防范资金总量波动的影响。

第五节　我们失去了什么

我们一直在讨论收入、财富等概念，其实它们并不代表对真实的商品和服务的占有，现实世界要体现对商品和服务的占有，必须通过消费这一行为。经济学中的概念，本来就是为现实世界的生活提供服务的。之前我们花大量篇幅讨论消费不足的问题，但如果把目光转向现实世界，会惊奇地发现，如美国，消费占GDP的比例几十年间一直在增长。特别是在我们认为需求不足已经显现的2008年次贷危机之后，需求上涨态势仍持续了较长时间。我们一直在讨论贫富分化，可能会想当然地认为，富人占有了越来越多的经济发展成果。但如果我们看向富裕阶层消费的商品数量会发现，美国最富裕的30%人群的年消费额与人均GDP之比从2012年开始经历了先升后降的过程。而对于剩下的70%人群，该比值则几乎一直在增加。尤其是2016年后，出现了明显的富人消费更少，穷人消费更多的现象，具体见图7.2中显示的数据。

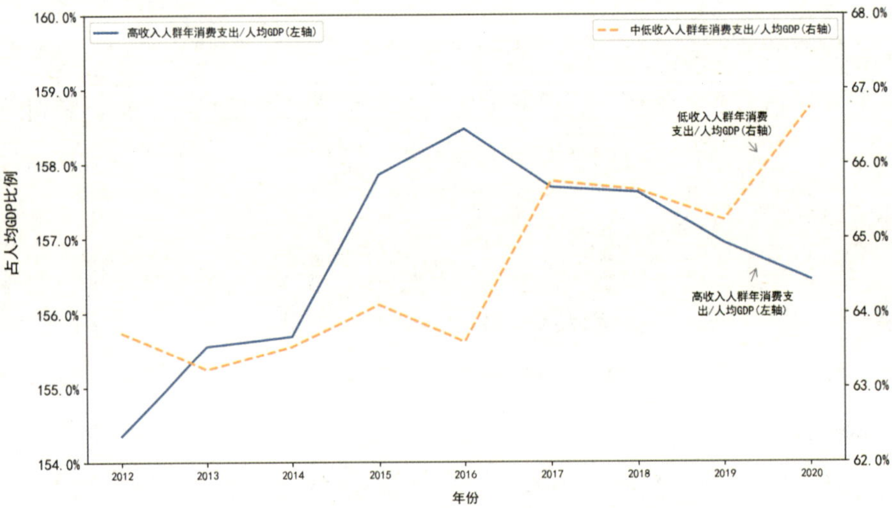

图7.2　美国高中低收入人群消费支出占GDP比例

数据来源：Consumer Expenditure Survey，U.S. Bureau of Labor Statistics

其实，这个现象也比较好理解。最富有人群的消费量不依赖其收入。因为决定他消费多少的只是他的喜好，而不是他的收入。中低收入人群的消费也不依赖于他的收入。前文中提到，社会总会让他们的最低消费要求被实现，否则会带来较大的社会动荡。在整体需求开始不足时，政府通过各种转移支付能实际补贴到的一般都是中低收入人群。所以在转移支付扩大的期间，中低收入人群的消费量反而能增加。在收集到的数据中，大约30%的人的年收入在7万美元以上。这部分人群被定义为高收入人群。这部分人群的收入如果随着财富的进一步集中，很可能收入最高的1%的人群占有财富的比例将继续提升，但他们的消费量基本不会变。而1%～30%的财富占比人群相对1%的人群财富占比应该会降低，这部分人群收入的下降会造成消费下降。所以对上述数据的可能的解释是：最富有和最穷困人群的真实消费基本不受收入影响，而中高收入人群的真实消费会随收入的减少而减少。不过至少可以从数据中看到，从真实消费角度而言，富人消费的总商品并未随收入的不平等而增加，反而是中低收入人群在近些年的消费是增加的。

图7.3展示了在过去的一个世纪美国前10%人群财富和收入的走势。根据数据[1]可以大致推测前10%的人群占有的消费品大致在24%左右，相比收入占比的45%、财富占比的70%，可以看到，消费、收入、财富的不平等程度依次上升。

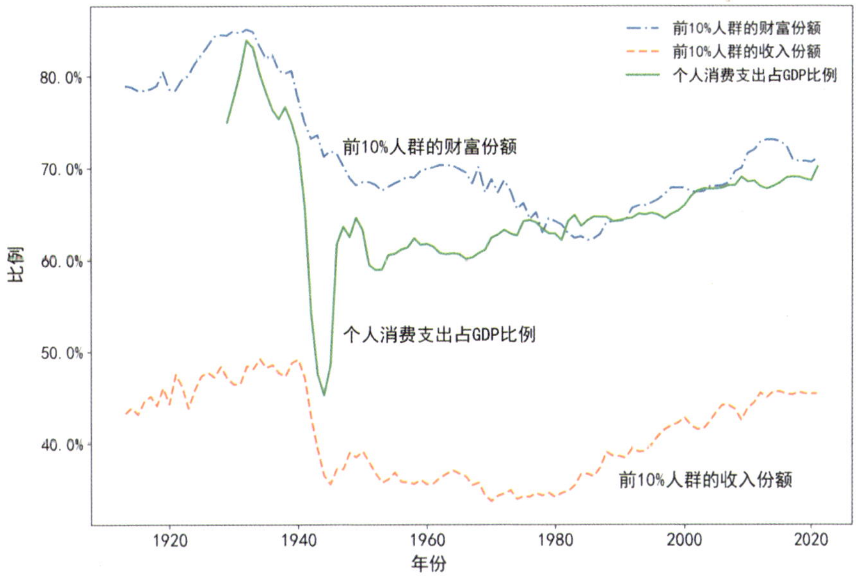

图 7.3　美国前 10% 人群财富份额、收入份额与全部个人消费支出占 GDP 比例

数据来源：Wind

1　虽然我们没找到前10%人群的消费占比数据，但2020年的数据显示，收入高于20万美元的前7.3%的人群消耗了17.9%的消费品，收入高于15万美元的前13.7%的人群消耗了28.5%的消费品，可以大致推断前10%的人群消费占比约在24%上下。

目前，美国经济面临的需求不足的问题的根源，正是来自富人收入占比和消费占比的不相等。如果二者相等；不管这个值是多少，那么所涉及的仅仅是是否平等，而不是经济的运转被阻塞，无法稳定续存的问题。而根据我们前面的观点，其实富人真正“享受”到的是其消费掉的比例，也就是24%，而其占有的45%的收入实际上只是名义上每年产出商品的部分，多出的部分并未真的影响物质世界商品和服务的分布。

与财富转移的路径将会使得富人的真实财产变少，进而也使得他们真实能获取的商品和服务变少不同，如果能使得社会在不停发行国债且不会崩盘的情况下运行，国债返回消费的方式似乎并不会使得富人们真实消费的商品和服务下降。但如果他们试图在现有基础上短时间内作为一个整体大幅度地提升自己的消费，将会形成对国债的挤兑。挤兑可能会导致政府不得不通过超发更多货币的方式来避免国债违约，最终将有可能引起通胀。在这种情况下，富人们的很大一部分资产最终真实代表的商品和服务也可能会有非常大幅的缩水。

国债的方案如果能够存续，一个较为可行的路径是假如我们每年需要新发行占GDP比例的8%的国债，当国债累积到GDP的400%时，只需要在零利率的情况下保持2%左右的通胀率，就可以实现国债占GDP的比例不再上升。似乎可以以这种方式达到某种“火山口边”的稳定。但在这种模式下，相当于富人收入中用于买国债的部分完全被通胀洗劫了。即便这种状态能维持下去，富人们拥有的真实有效的收入也仅仅相当于上文提到的消费占比的24%，而不是收入占比的45%。因为消费不掉的部分形成的额外储蓄将完全被通胀吞噬。所以如果真实的收入就是24%，我们为何要冒着火山爆发的危险去多拿21%的收入，再把这21%丢到通胀的炉子里面烧掉呢？

第六节　国债方案的不足

这个方案的核心问题在于只能通过国债这个唯一的手段来获取收入，于是国债的数量会一直维持在较高的水平。虽然理论上来说，内债造成国债违约的风险不大，但极端情况下事件的演变就有可能引发较大问题。

第一个问题是，在国债占GDP比例很高的前提下利率不为零，不仅会造成国债指数级的上升，还会造成贫富分化的进一步加剧。随着国债占比的升高，实际上我们失去了用加息工具来调节全社会总需求的机会。这将使我们在面临一些类似近期的欧洲天然气短缺等事件带来的“事件型通货膨胀”时毫无应对的手段。即便在陷入深度静态陷阱的日本，2023年年初在国际收支项不平衡的影响下，适当加息也是必要的。

第二个问题是，利用国债工具能维持经济不崩盘，但无法跳出静态陷阱。即便通过各种技术手段能维持国债始终不崩盘，经济也无法再次恢复增长。对于富人们而言，其侥幸投资于实业的资产，会有大约3% ～ 4%的资本回报率，但仍旧会面临新增投资的“挤出效应”，使他们原有的投资开始亏损。而他们更大量的财富实际上无法找到可以落地的项目，最终只能存放于银行变为国债，且这部分财富几乎不会给他们带来收入。

第三个问题是，如果遇到某种特殊事件，例如战争或者灾荒，市场上的某些关键商品，或者是非常多种类的商品都突然面临短缺。之前一直在购买国债的人群，他们可能一部分钱用于购买国债，一部分钱仍然用于储蓄。我们虽然可以限制国债流出，但不能限制存款使用。很可能这些人即便面对高昂的物价，也会将市面上紧缺的物资以甚至超过平时正常使用的量进行购买和囤积。因为市场上这些物资本来就不足，再加上有不缺资金的人大量购买，平时依靠转移支付的人群可能会几乎无法获得这些紧缺的商品。这种局面对本已陷入困境的经济体可以说是雪上加霜，使得社会更加陷入混乱。

发行国债和超额发行货币（超发货币）从维持经济循环的角度上看是差不多的行为，发行国债可以用货币超发来替代。因为需求不足源于部分购买力被资本收益者储存起来，也就是市面上流动的货币代表的需求量变小了，同步发行等量的货币并不会造成通胀。但不管是发国债还是发货币，通常情况下被资本收益者储存起来的这部分购买力并不会凭空消失，在某种刺激下它有可能重新被释放出来，这就会使得国债票面价值或货币的币值迎来“跳水”。在上述问题中，无论用发行国债还是超发货币的方式，导致危机爆发的逻辑都是一样的，不能因为处于通缩状态，就认为可以大量超发货币。

这些问题的根源在于，在一般情况下，我们可以不去考虑被储存的巨量财富的影响，但这些财富并未消失。在某些关键时候，财富的不平等仍然会带来很大问题。上面提到的后两种问题只是能直接想到的例子，或许在现实世界中还有其他各种难以想象的情况，使得这些被储存起来的巨量财富给我们带来严重问题。这套方法就像把家园建在一座休眠的火山口附近，一般情况下是安全的，但没法指望火山永远不喷发。这些隐藏问题在短期不一定会碰上，但是在漫长的历史周期里碰到的概率就几乎是100%了。很可能我们采用类似的方式，能希望不出现危机的时期极限就是30 ~ 50年。

实际上，至少就国债这个模块而言，在现实中已经在多个国家运行了10 ~ 20年。国债的基本思路是假设富人通过国债借给穷人进行消费这样的做法是可以永续的。但或许逐渐明白过来的富人们会发现，在极端情况下这些国债代表的财富基础并不坚实。当国家债务累积到GDP的400%，且每年通货膨胀率超过2%，而国家以超过GDP 8%的规模继续发国债时，富人们就未必会继续陪着国家玩这个通胀吞噬自身财富的游戏了。其中一部分人也许会选择尽可能地将手中的现金或国债转化为实物资产，而让剩下的人去持有最终可能会“烫手”的国债和存款。

从当前美国的整体贫富差距上看，它应该是处于需求不足阶段，却有着不低的通货膨胀率。其中固然有一部分石油价格的原因，但近期石油价格恢复后，也未见到通胀有回落迹象，这表明或多或少地存在着富人比之前更不希望持有国债或存款的情况。垒高国债的方案其实是个“囚徒困境”式游戏，最终结局将取决于博弈结果。这一方案也许能坚持运行100年，也有可能到下一年就坚持不下去了，由此导致的后果可能是任何一个国家都难以承受的。在应对需求型经济危机时，我们还需要继续寻找出路。

第 八 章

不加干预情况下可能的演化路径

前面两章从理论上探讨了解决贫富差距以及长存的国债维持平衡两种思路，并未涉及具体的经济环境。接下来为了探讨应该如何解决我们面临的经济问题，首先要弄清楚我们现在的状况如何。

第一节　目前处于哪种经济困境

前面我们已经阐述了供给型经济危机和需求型经济危机的分类方法以及各自的表现。当一个社会的正马太效应极度增强，财富集中度上升到明显的程度时，由于财富持有者的边际消费低，社会上极有可能会产生需求型经济危机。而当财富过于分散时，社会又会陷入供给型经济危机。

两种经济危机的本质是在不同贫富差距下经济衰退的两种类型。现实中，在应对不同类型的经济危机时，应该采用不同的思路。从表8.1中可以看到，供给型经济危机与需求型经济危机在很多方面的表现看起来刚好相反。

表8.1　不同时期的日本和美国经济对比

	1990—2005年间的日本	1970—1985年间的美国
短期利率	0	约22%
长期利率	约1.5%	约14%
房贷利率	3% ~ 4%	约17%
罢工问题	无	罢工频繁
物价	通货紧缩	高通货膨胀率
国际贸易	顺差	逆差
基本经济形势	供给有余、需求不足	需求旺盛、供给不足

数据来源：Wind,《大衰退》[美]辜朝明

其实还有第三种类型的经济危机，即出现了既无供给不足，也无需求不足的中间态的过渡型经济危机。在这种经济危机中，社会整体的经济供

需水平较为平衡，通常由个别行业的萧条引起，不多做干预也不会演变成较难应付的危机。这也是在自由市场中行业、公司优胜劣汰的主要途径，在这种情况下，如果危机出现在需求侧，用凯恩斯的方式能略微缩短痛苦期。如果危机出现在供给侧，凯恩斯的方法可能无从下手；但就算用自由主义经济学派的思路，什么也不干预，结果也不会太糟糕。

如果现在爆发世界范围的经济危机的话，更可能是哪一种类型？这个问题如果在2019年提出，大致是没有疑问的，当时世界主要经济体都面临着低利率、高国债、低通胀的状况，整体出现了需求型经济危机的特征，贫富差距也处于第二次世界大战以来的最高点。如果世界经济在当时爆发危机，只能是需求型经济危机。

但到了2023年，情况发生了变化，似乎西方国家的经济问题全向着供给型经济危机演变了。以美国为首的西方国家自从2022年开始就面临着自石油危机以来最高的通胀，不得不以升息压制，欧洲英法等国家罢工也开始频发。而新冠疫情发生以来美国的顶级富豪们整体资产增长迅速，截至2022年11月21日，美国富豪的整体财富相比2018年3月18日增长超50%，并未出现贫富分化得到缓解的迹象。

在2020—2022年间，连续发生了多次事件型冲击。首先，在2020年及以后的新冠疫情冲击下，世界主要经济体都经历了时间不等的封锁，这些封锁措施造成了很多国家大量的产业发展停滞或减速运行，大大地降低了全社会所有商品和服务的供给量。因为在这期间市场需求也有所下滑，所以在供给同时下降时，表面上看经济运行大致正常。但随着世界各个国家陆续放开，需求的反弹也是比较迅速的，而供给面临着各种供应链的修复，通常需要较长的时间。其次，俄乌冲突的爆发，又加剧了这种情况，受影响最大的是欧洲—俄罗斯天然气供应的突然中断，影响了欧洲的正常生产和生活。最后，在2020—2022年这3年间，美国一共超发了8.21万亿美元的国债，相当于每年超发约占GDP的11%的国债，而在2011—2019年间，发行的国债总额仅为9.16万亿[1]，相当于每年超发4% ～ 5%的国债。我们前面讨论过在需求型经济危机下，可以通过发行国债来填补需求的缺口，并计算过对于多个国家这个缺口相当于GDP的6% ～ 8%，但如果短期发行量远远超过了缺口的大小，反而会使得原本的需求不足变为需求过剩。在上述多种因素的共同作用下，整个西方社会日用商品出现短缺，加剧了通货膨胀。

我们在前文中已经分析过，供给型经济危机一般在贫富差距水平比较低的时候对经济影响更大，因为较低的贫富差距会导致恢复供给后，在新增的GDP中进入边际消费倾向比较高的人手中的收入较多，多出来的收入又会制造新的消费品需求，形成一种“锁死”的现象——供给越恢复，需求越多。每一轮经济复苏后，社会上的供给与需求间的缺口甚至会越来越大，导致通货膨胀率、利率、失业率都是一轮高过一轮的增长。

而在过渡型经济危机和需求型经济危机状态下，并不存在上述“锁死”现象，只要以某些方法逐步恢复供给，或者釜底抽薪减低转移支付以降低需求，当供需逐渐平衡以后，由于收入整体偏向高收入人群占比较高，并不会带来较高的边际消费倾向，经济危机就会逐渐缓解。

但在另外一种情况下，也会出现大规模通胀，即在需求型经济危机的末端，由于长期的国债超发，市场对国债违约的预期越来越强烈，人们相信在国债违约的压力下，政府会选择以较大规模超发货币，使得货币迅速贬值。由于对未来通胀形成预期，人们会争相将自己手中的货币换为其他形式的资产，而这种行为又会导致资产涨价最终形成通胀。此时，国家为了维持通胀率，只能提升利率，而利率的提升将使得国债更加需要超发货币才能支持，最终形成将货币换为实物资产的“另类挤兑”。

1　美国超发国债总额由美国未偿国债总额的年度增量计算而来。数据来源：Wind

当今的西方世界经济状况整体看可能是两种经济危机情形相混合的产物，首先初期的通胀主要是由于生活用品的涨价导致，比较明显地体现了供给端受到影响的特点。但在美国多年来已发行巨量货币的前提下，多轮加息这一手段导致大量的美元回流。而美国之前之所以能发行那么多货币，正是因为这些货币发行后并不会全部留在美国国内，所以并不会由美国自身承担货币压力，正如美国前财政部长约翰·康纳利所说的“美元是我们的货币，却是你们的麻烦”。美国国债及GDP的变化情况见图8.1所示。通常情况下，巨量的货币流入一个区域，是有助于该区域的经济发展的，之前很多国家的兴衰，“美元潮汐”都起到了相当大的作用。但如果一个经济体已经处于资本回报率非常低的状态还被注入大量流动性，这些资金并没有办法投资于实业而拉动经济增长，只会在金融系统内“空转”，那么将会带来更多问题。

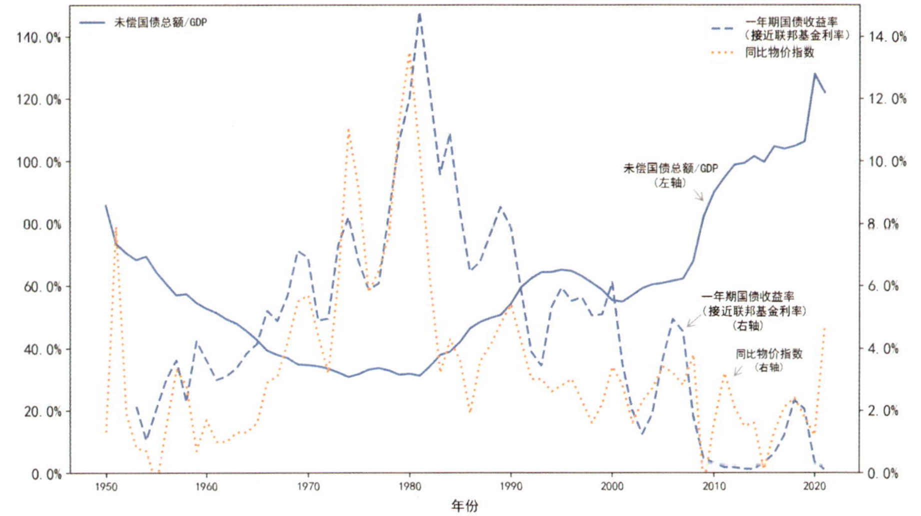

图 8.1　美国未偿国债占 GDP 的比例、国债收益率及同比物价指数

数据来源：Wind

要判断西方国家到底是处于由于事件型冲击带来的通胀，还是需求型经济危机末期货币发行量过高带来的通胀，主要的观察指标是引起通胀的是哪些商品。如果引起通胀的主体一直是日用消费品，那么第一种情况出现的概率较大。但如果有储存资产作用的载体包括房产、股市也开始加入通胀的行列，则表明避险需求较为强烈，事态有可能演变为第二种情况。

看完西方世界近些年的状况，我们再来看中国的情况。中国目前仍旧处于需求不足的阶段，甚至比2019年的时候情况还更加明显一些。因此不管未来西方会不会又从偏供给型经济危机的症状再度转化为需求型经济危机的症状，从我们的角度，探讨如何解决需求型经济危机显然更关键。

第二节　需求型经济危机的未来演化

在讨论静态陷阱时，我们已经展示过近40年一些国家资本回报率的走势情况（如图8.2和图8.3所示），也讨论过静态陷阱中增长无法持续的情形，并在后面需求型经济危机的讨论中，和日本过去30年的情况进行了对比，从而得到印证。

西方国家不仅整体资本回报率已经跌到了很低的水平，从微观层面看，不同规模的公司经营结果也出现了逐年增强的向头部集中的倾向。2021年，美国上市公司按照净资产排序，规模最大的12.5%的资本回报率r为16.5%，而规模最小的12.5%的公司资本回报率r仅为-81.6%，相关结果如图8.4所示。

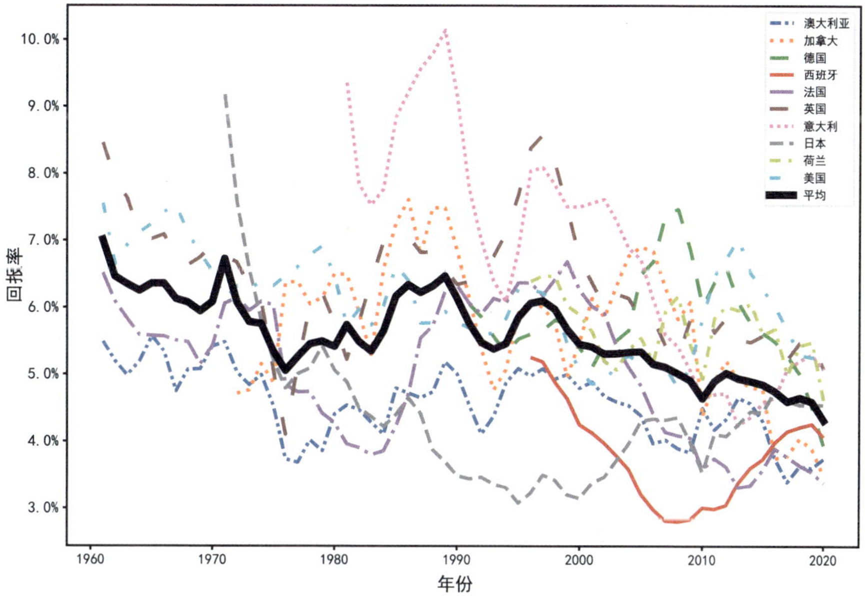

图 8.2　不同国家资本回报率走势

数据来源：WID 世界不平等数据

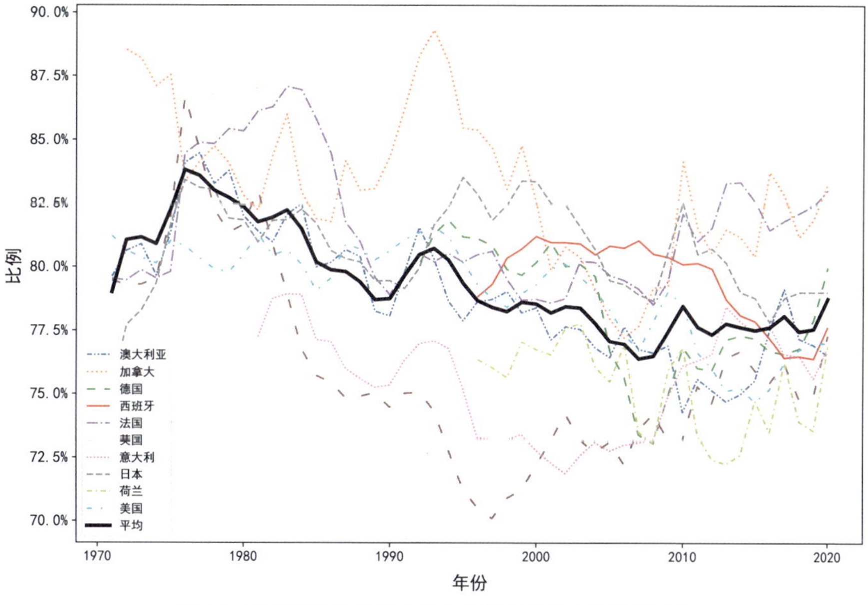

图 8.3　不同国家的非资本收入占国民总收入的比例对比

数据来源：Wind

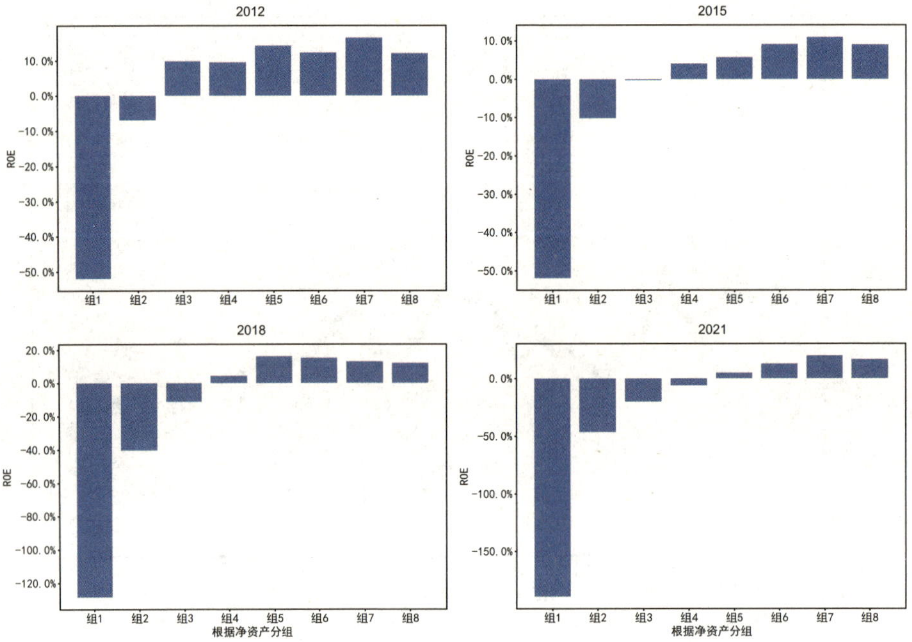

图 8.4 美国上市公司按照公司净资产分组后的分组净资产收益率统计

数据来源：Wind

如图8.5所示的情况，实际上，公司规模与公司来年ROE的相关性从2008年以来是显著加强的，且在近些年有加速趋势。通过资本回报率和企业规模的相关系数，可以看到在2010年之前一直在10%左右，而之后快速爬升，2020年已经达到40%。这代表着不仅财富正在向富人集中，而且在富人群体中，财富也在向着头部的企业或是企业所有者集中。

著名科幻作家刘慈欣在他的小说《赡养人类》中提出“终产者”的科幻原型，作品认为随着财富逐渐集中，不仅贫富差距会越来越大，即便在富人群体中也会继续财富的集中，最后集中在一个人手上，这部作品出版于2005年。而我们在2010年好像看到了小说中类似的场景，即便是上市公司这样的庞然大物，也开始出现了收入越来越向头部企业集中的趋势。而现实世界并不会像科幻小说那样存在一条严格的“私有财产不可侵犯”的铁律，所以这个进程一定会在某个阶段被打断。时间来到2023年，我们尝试着猜测一下未来按我们所讨论过的体系，会有哪些演化可能。

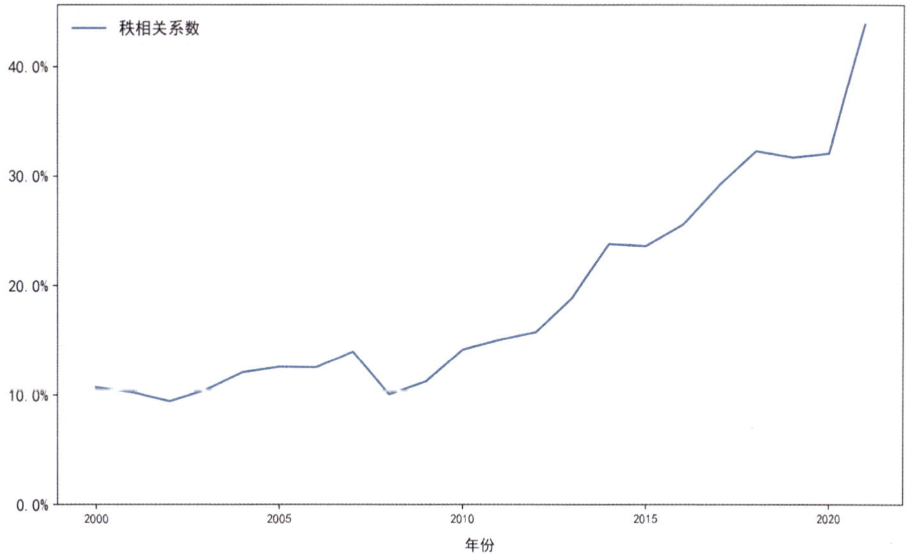

图 8.5 美国上市公司净资产收益率与总资产秩相关系数趋势

数据来源：Wind

出现新的一轮科技革命

目前，最有希望看到新科技革命曙光的，大概有新能源、人工智能、核聚变、生物医疗等方向。在第三章“静态陷阱”一章中，我们已经谈到过，科技革命能造成大量旧有生产资料被淘汰，使得这部分生产资料代表的资产价值从某种意义上进入到“消费”领域，减少了当前的资本存量，而资本存量的缺口带来的新的投资将会拉动经济增长。如果不需要对旧有生产资料进行大规模更新就能完成效率提升，在一个供给过剩、消费不足的世界，这样的科技革命并不能产生对经济的推动作用，反而可能会使得问题更加严重。

目前，新能源汽车在中国已经推出并取得了一定程度的成功，但其对旧资产的出清效果显然不够，目前国内汽车市场在整体上仍处于需求不足的状态，新能源汽车并未在整体上扭转这个局面。人工智能在近些年发展十分迅速，并有可能在不远的未来完全改变人类世界。但人工智能的大规模运用属于典型的不需要大量资产的投资就能完成效率提升的类型，对当前经济形势的恢复并不对症，反而可能进一步使得财富分配朝偏向资本集中的方向倾斜，进而加剧当前经济的症状。生物医疗方面目前的发展方向和突破方向尚不确定，但很有可能出现与人工智能相似的情况，其资本投入的需求量可能并不会很大。

唯一可能的例外是核聚变。如果核聚变能够商用化，并且使得能源成本大幅度降低，那么现存的很多行业的底层逻辑都可能会被打破，伴随的是大量新的业态取代旧的业态，并且很可能都是属于需要大量资产投资才能实现更新的行业。所以，除非商用核聚变能在短期内实现，否则社会很可能将不得不在其他几种可能性中寻求出路。

祈祷没有战争

最容易想到的，也是绝大多数人最不愿意看到的一种可能性便是重复历史的错误，通过局部的甚至是大范围的战争来解决经济危机。随着跌入静态陷阱的国家越来越多，许多国家已处在严重的需求不足、供给过剩的状态，几乎很难给世界上其他地区继续贡献需求。而之前尚能从国际社会持续进口商品的国家，本质是用本国的资产交换他国的商品，当其资产逐渐全被外国持有后，其进口能力也将越来越低。随着越来越多的国家丧失持续的进口能力，还留在“赛场”上的玩家会越来越拥挤，净出口只能持续下降。到最后阶段，霸权国家会恶毒地寄希望于摧毁其他经济体的生产能力，这样做的目的一是让其他国家不得不从国外进口工业品，给霸权国家创造大量的国际需求，以暂时缓解其需求不足压力；二是导致其他经济体的经济环境和投资环境变得非常恶劣，以促使资本离开其他经济体，这些投资本身在当期就带来了明显的需求，以使得经济继续蹒跚向前。但是当弱小的经济体的生产能力被摧毁后，其产生的需求也只能受限于其之前积累的财富总量，当这些财富总量耗尽之后，其对外部的有效需求也会下降；同时资金涌入到霸权国家的量也同样受限于各经济体本身的资本量，没法一直持续。所以，每次摧毁这样一个经济体以后，霸权国家也仅仅能用这样的方式维持10年或者更短的时间，就必须找到下一个体量足够大，并且能被摧毁的对象。

在这种情况下，如果霸权国家不能通过经济手段轻松地摧毁剩余的经济体，世界可能会再次被卷入1939年时的情况中，这是所有人都不想看到的。即使霸权国家有能力将所有存在的经济体都一一摧毁，这些被“吸过一遍血”的经济体也很难继续支持霸权国家对利益和霸权的贪婪的渴望。当地球作为一个孤立体系发展到霸权国家独富，其他经济体普遍贫弱时，这个霸权国家内部的几股大的力量也必然会展开“终极对决”，因为地球上已无其他经济体能让它们吃饱，它们必须摧毁对方才能继续苟活下一个10年。可能局部冲突，乃至战争这种破坏级别的事件都不足以摧毁富人足够多的财富，无法让财富分布重新回到类似1945年时的水平。只有局部战争发展到类似第二次世界大战级别的强度，世界主要国家进行总动员，并强行国有化大量企业，同时通过战争摧毁非常多的主要参战国的资产后，才有可能重新回到1945年时的财富分布水平，进入下一轮经济增长。

而且并不是摧毁别国的胜者才能获得再次增长，因为我们所缺乏的并不是一个满目疮痍的发展目标地，现在世界上有许多第三世界的贫困国家，大部分国家中也都有很多有待发展的经济落后地区。这个逻辑中，被摧毁的国家新设立的企业的利润所有者，已经不是十分富裕的人，这样的人边际消费倾向是高的，拉动消费才能使得经济摆脱静态陷阱，再次增长。而如果霸权国家把其他所有国家全部摧毁，其国内的富人们去被摧毁的国家投资，实际上和他们现在去第三世界国家或者国内落后地区投资是一样的，投资的利润还是回到这些富人手中，他们的边际消费倾向仍然很低。把这个唯一胜者所能掌控的经济疆域作为一个整体看，其经济仍旧处于静态陷阱状态，这类似于第一次世界大战结束后美国成了那个几乎毫发无伤的胜利者，但在10年后就爆发了大萧条。所以即便是身处这个霸权国家内部的"胜利者"，也并没有时间停下来庆贺，他们必须在他们自己之间继续互相摧毁，保证在新世界中，资本收益的所有者已经足够贫穷，社会才能进入下一轮复苏。

历史是相似的，又是不同的。现在的世界已不同于第一次、第二次世界大战时的情形，几个核大国的核武器足够摧毁世界许多次。一两个霸权国家要打败所有国家几乎不可能，无论霸权国家，还是落后的国家，只要出现一个"疯子"，按下核攻击按钮，世界会变成什么样将无法预料。所以，无论有何种理由（自然包括经济），均不可诉诸战争。

大规模地提升税收或企业国有化

英国、美国与法国等西方国家在1940—1980年之间曾经执行过超高的所得税税率，同时进行了大规模的私有企业国有化行动。根据英国《经济学家》1978年的统计数据，当时英国国有化经济在重要工业中的占比为：钢铁75%、航空75%、汽车50%，而煤炭、电力、天然气、铁路、邮政、电信等领域更是达到了100%国有化。1982年时的法国，由政府控制的航空、军工、有色金属、基础化工等重要工业分别占据总体的84%、75%、63%和54%，国有工业企业的营业额占全国总额的比重也达到40%，国家控制的银行数量也已经达到了总数的90%。奥地利的国有化程度似乎更为彻底，至1978年，其国有企业在石油、煤炭、天然气、电力、钢铁、汽车、铁路、邮政、电信等核心工业领域的占比全部为100%，是当时所有西方国家中国有化程度最高的国家。尽管这些国家国有化程度大幅提升，但只是让贫富差距没有继续扩大。可以想象，如果要将贫富差距进一步缩小，或许会需要更严苛的税收政策以及更大规模的国有化。在这种情况下，通过税收以及国有化等政策的调节，富人的财富才会变少。

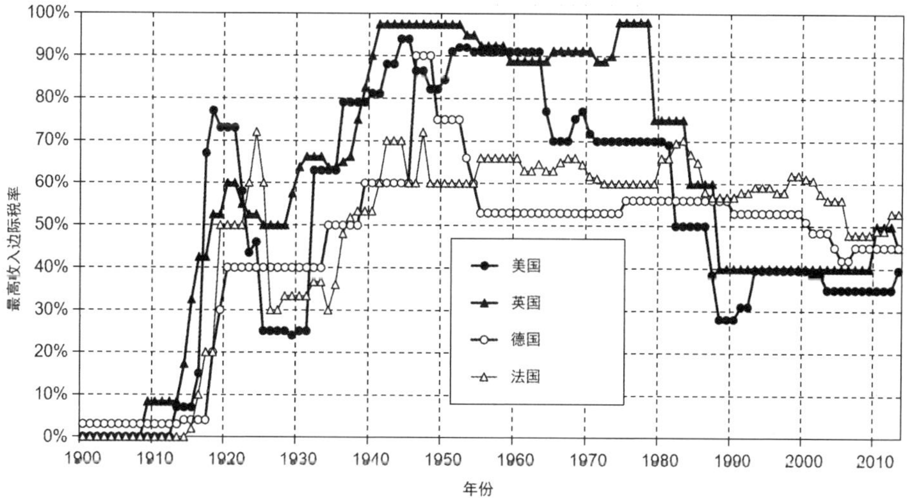

图 8.6　1900—2010 年最高所得税税率变化

引自《21世纪资本论》[法]托马斯·皮凯蒂

而且，如果仅仅是增加税收来转移收入，很有可能的一种结果是，当期确实使得一部分的收入实现了向穷人转移，但经过若干年的重新平衡后，该政策仅仅使得这些年的投资变得很低，于是国家的资本存量下降，反而导致总生产能力受损。但在新的均衡中，资本的税后资本回报率还是高于经济增速g的，并不能彻底地走出静态陷阱，还是会发展到要么将部分财富收归国有，要么重新演变为其他几种结果的局面。

国债大规模违约

如果经济体不受约束地发放国债，巨量的国债无法偿还，而造成大规模违约，将形成“国债崩盘”。以美国为例，截至2022年底，国债总规模已达31.4万亿美元，相当于GDP的约125%，部分国债由外国投资者持有，但大部分仍然由美联储和本国投资者持有。随着美国经济状况恶化，会有部分外国投资者不断离开，本国投资者持有的国债比例会继续上升，如图8.7所示。当总需求不足用财政赤字来补充时，财政赤字在总需求得到提升前不可能下降。如试图采用加税的方法来增加财政收入以求缓解赤字，由于新增的税收又会对需求造成负面冲击，会进一步恶化状况，因此也无再行加税的空间。或者准确地说，国债的存在本身就是为了弥补需求的不足，在需求问题得到解决之前，国债的问题也无法解决。而我们知道，如果资本支付其投资者的唯一途径就是新发更多的资产时，这就是一种典型的庞氏骗局。

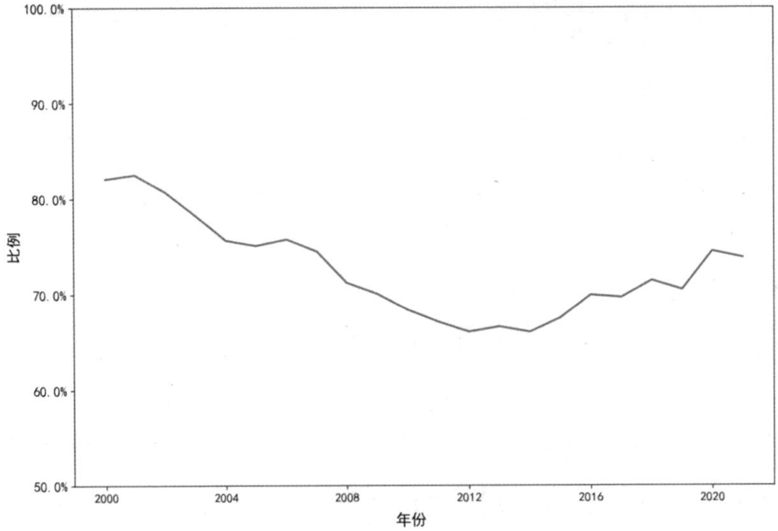

图 8.7　美国国债国内持有比例

数据来源：Wind

假设国债总量还能继续攀升，实际上我们看到的现金流转循环是这样的："本国富人投资者购买国债→国债用以维持财政支出→转移支付到穷人手里→穷人很快消费掉→钱又回到了富人手里"。如果有幸国债能永远不违约，那么实际上上述循环可以理解为富人必须不停通过政府这样一个"中介"借钱给穷人花，而且穷人是永远不可能偿还这笔钱的。此时，富人手中的财富（其中大量以政府国债形式存在）仅仅是一种幻觉，因为他们一旦不继续借给穷人，经济就会马上崩溃。

而另一种更现实的情况是，当国债总规模达到某种程度后，大概率会迎来"明斯基时刻"[1]，在这一刻，所有依赖国债的投资品瞬间化为乌有。这主要包括了富人投资与各种养老金等。同时国债崩盘的冲击很难不传导到资本市场和不动产。可能导致能储存财富量最大的股权、债权、不动产均相继崩盘。此种情况下，富人的钱仍不是自己的。而且更悲惨的是，从2008年债务大量扩张以来，这些钱是富人借给政府再转借给穷人使用的。所以，即便所有债务清零以后，最好的情况也只能是回到2008年的状态——相当于富人从2008年次贷危机起到清零时刻，在此期间所赚的钱全部清零。如果从阶层的角度看，在这种情况下，所有阶层的资产状况都近似地回到2008年的状态。但由于养老金等属于中低收入人群的资产也会受牵连，社会的贫富差距情况会比2008年更糟，并且政府也无法继续举债维持中低收入人群的生活状况，于是社会可能会滑向难以维持的极端动荡状态。

无限量化宽松导致恶性通货膨胀

实际上，在现代信用货币体系下，上述国债违约的情况对于主要经济

1 明斯基时刻（Minsky Moment）是指美国经济学家海曼·明斯基（Hyman Minsky）所描述的时刻，即资产价格崩溃的时刻。明斯基的观点主要是，经济长时期稳定可能导致债务增加、杠杆比率上升，进而从内部滋生爆发金融危机和陷入漫长去杠杆化周期的风险。

体而言可能并不会出现，因为即使在情况很差的时候，政府还是可以通过货币扩张来解决问题。所以在发生国债违约前，大概率政府会先试图用货币超发的手段来挽救经济。但这种做法可能会导致越来越多的人担心手中货币的购买力，这些担忧将使得他们更愿意持有黄金等硬通货或者实物资产。而这种趋势一旦形成，这种预期本身就会进一步推动这些资产的上涨。最终可能会形成货币向实物资产的挤兑。

面对这种情况，已知的财政政策和货币政策都是徒劳的，试图通过加息压制资产价格上涨的行为最终只会进一步恶化政府的资产负债状况，使人们对货币未来的购买力更加担忧，进一步加剧通胀甚至使得人们普遍地弃用信用货币。单次通货膨胀会损害持有货币资产的人，而对持有股权或其他实物资产的人影响较小，尤其是如果他们持有股权的同时还持有较多负债的话，那反而可能是受益的一方。通货膨胀本质是社会财富重新分配，但这种分配很可能使中低收入人群所拥有的真实财富进一步缩水，而顶层拥有的股权等形式的真实财富反而价值升高。于是经过若干轮通货膨胀之后，社会经历了非常大的创伤，问题依旧没有解决，反而可能变得更为严峻。一直持续到通过其他几种经济手段彻底解决财富的存量问题，经济才能进入下一轮增长。

持续跌入静态陷阱

跌入静态陷阱以后，经济发展会长久处于停滞状态，实际上这已经是最好的结果。日本的情况在介绍需求型经济危机时已经做过详细讨论，日本从1990年开始就已经进入需求型经济危机，在此后的30年中，经济一直无法增长，人均GDP在1990年还相当于美国的72.3%，韩国的303.5%，到了2022年仅相当于美国的57.1%，韩国的107.8%。因为经济长时间停滞且贫富差距巨大，整整一代日本人失去了奋斗目标，结婚率下降、少子化、人口老龄化等一系列问题接踵而来。日本在2010年世界其他主要国家还未陷入需求不足状态之前，每年还能维持2%左右的贸易顺差，可以一定程度地补充其需求不足的缺口。但当世界主要经济体都进入到相似状况后，可能会上演日本过去30年乃至未来30年的情况，而且结果可能更糟。毕竟日本在跌入静态陷阱时已经是发达国家，人民生活水平虽然在过去30年间相对中国或美国，都有大幅度下滑。而中国如果在人均GDP到达1万多美元时跌入静态陷阱，重复的将是拉美国家中等收入陷阱的局面，并且比拉美国家更糟的是，几乎所有东亚国家的老龄化程度都很高。实际上，日本是前文中提到的“国债泡沫”破灭演化路径下的情况尚好者，即“国债泡沫”仍然幸运地没有被捅破。

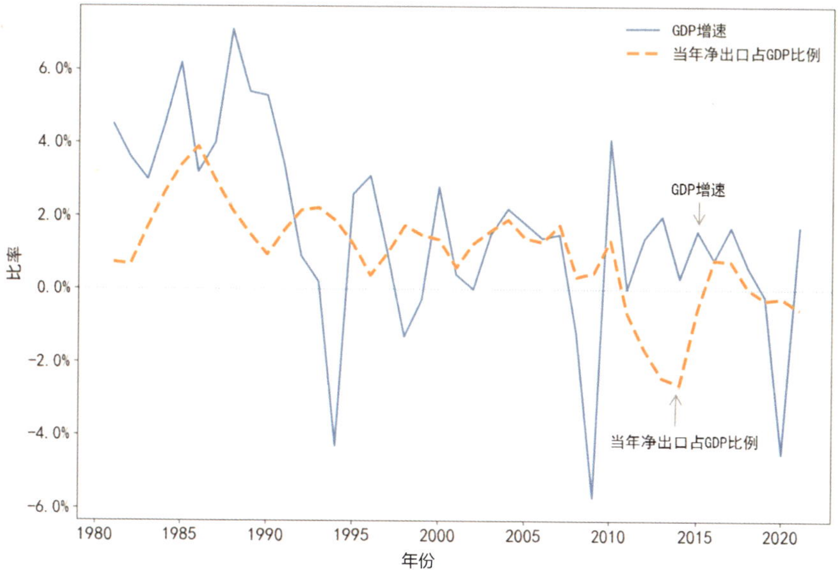

图 8.8　日本 GDP 增速与当年净出口占 GDP 比例

数据来源：Wind

我们前面说过，要想让国家从静态陷阱里走出去，需要将$K\times(r-g)$的资本收入转移到消费，才可以“破局”。日本的该值在过去20年内，其平均值相当于GDP的16.3%。而过去20年间日本年均国债增长相当于GDP的5.92%，年平均资本账户逆差相当于GDP的2.15%。如认为国债增长最终完全转移支付到消费，资本项目逆差和经常性项目顺差能抵消，那么相当于已经实现GDP的8%由资本收入转到消费，还差约8%。对于日本22%的资本收入占比而言，只需要资本收入自发用于消费的比例达到36%就可以实现“破局”，这个值并不算太高。其实，在20世纪中后期，日本的资本回报率在相对好一点的年份还有上涨的迹象，并且日本在海外的各种投资也形成了一个“隐形的日本”，这些投资带回的利益也使得日本的实际状况并未太差。但随着全世界都出现需求不足问题，即2010年以后，日本的贸易顺差就很难维持了，且未来期望资本性项目逆差再持续提供2%的GDP恐怕也很难。而在全球金融都进入相对不稳定的状态后，日本是否能继续维持住零利率的国债疑问也很大。

因此，当全世界普遍陷入静态陷阱以后，各国要走的路恐怕要比过去30年内仅有日本一个主要国家进入需求型经济危机时的路要难走很多。在不改变经济模式的情况下，如果各国能做到日本过去30年里面的表现水平，在全球性需求不足的情况下也已经非常乐观了。

第三节　现状延续后终将失去的东西

当然，上面所想象的路径只是基于对观测到的历史数据的简单推演。历史会重复，但不会简单地完全重复。时移世易，在热核武器时代，大国间容不得大规模的武装冲突；在国债出现问题前，可能会是货币先出问题；由于资本的跨境流动，政府也无法真正有效地对资本收税或者试图使跨国企业国有化等。这里并非要对未来做出预测或猜测多种可能的结果，而是想说明沿着我们的思路推导出的结果的大致方向。但有一点是确定的，如果不通过某种方法解决上面所说的导致需求型经济危机的瓶颈，而是通过消费端比例的上升来解决，最终很可能需要通过让富人的财富积累以某种方式变少来实现。而国债无限制地上涨意味着风险的快速累积，要想一直不出问题可能非常难，而且即便解决了已经出现的部分问题，只要个体收支平衡等式仍然是不平衡的，经济还是无法稳定增长。

所以上面对每一条解决路径的叙述，仅仅是为了说明当危机演变到彻底爆发时，富人的资产最终都将不再属于自己的这个事实。在精准、有效的调整措施下，或许只需要富人整体的财富值下降20% ～ 30%就能达到需求与供给的平衡，经济也将恢复稳定增长。但如果采用激烈手段，比如陷入战争或者国债违约等情况，由于类似“泡沫破裂”效应，富人整体的财富或许会损失70% ～ 80%，才能回到新的稳态。这是一条冷冰冰的客观规律，并不会因为某国的执政党偏左或者偏右而有所区别。偏左主动解决这些问题，偏右最终等到自然规律来处理这些问题，这个过程可能很痛苦，但最终结果无非是财产失去的方式不同而已。归根到底，持续性的总需求不足，本质上是由于富人无法花光自己挣的钱而导致的，而这个现象在贫富差距很显著时才会发生。如果最后中长期的总需求不足被以某种方式解决，那必然已经改变了收入不平等状况，而这种改变，一定是富人们失去了自己的部分财富。

现在，富人们面前又出现了1644年李自成兵围北京时那些达官贵人们面临的选择，如果所有富人一起减少20% ～ 30%的财富，那么北京城连同大明王朝包括富人自己可以一起得救；如果大部分人拒绝“当前损失”，最后可能有70% ～ 80%的富人财产直接归零，而且还会有许多人（包括富人）失去生命，剩下的少部分人保住了财产，极少量的人可能会变得更富有。理性的人们本应选择前者，因为在消费不足的大势下，这意味着富人失去20% ～ 30%的财富对生活消费没有太大的影响；而某个不小的概率归零都对生活产生巨大影响。非常不幸地，1644年的达官贵人们“自作聪明”地试图保存自己的所有财富，而历史只能让后面更惨痛的结果落在他们头上。

实际上，如果去问任何一个人，是否选择失去30%的财富来避免很大可能性的在未来10年至20年间财富归零，应该大多数的人都会选择前者。毕竟富人所拥有的财富有20% ～ 30%的波动是间或发生的事情，无非就是经历一波资产价格的下跌，或一轮经济的波谷，这种损失如果能避免在10年或20年后大概率变得一贫如洗的情况发生，相信很多人会毫不犹豫地接受。在这个典型的“洪水困境”场景里，我们所需要牺牲的是初始的成本，只要有足够多的人能够认识到这一点，跨越困境后，实际上合作获得的收益要大于不合作。

与马克思所描述的19世纪的情况不同的是，在当时，当资本家在一个国家赚了足够多的钱，如果该国家经济崩溃，他可以轻松地跑到另外一个国家继续赚钱、生活。而在21世纪，世界已经普遍联系起来，这个联系大大拉长了“致死级”经济危机出现的周期，当一个国家出现经济危机，可以依靠向外出口等方式继续缓冲和续命，日本已经在这个路线上走了三十年。但这种状态终究会传到多个国家，并一起迎接“最终时刻”。在21世纪，或许并不需要劳动者联合起来进行血与火的斗争，资本家在这样的“最终时刻”将会是失去最多的群体。劳动者靠自己的劳动维持自己的收入，在“最终时刻”，可能短期会面临失业等问题；自己的房产会面临账面价值下跌的问题，但只要不上过高杠杆，不卖出，坚持到危机过后，这栋房子占整个经济体的总资产的比例将大致不变。而资本家作为个体在面临崩盘时，会想尽办法通过各种手段躲过每一轮危机，但这种做法只会延迟经济危机的持续时间，只有当他们的整体资产大幅缩水，使整个社会的更多财产和收入分配到边际消费倾向较高的人群中时，经济才能够恢复常态。

现在，我们的呼吁是：富有的人们，特别是超级富豪们联合起来，拯救你们自己，以及你们的财产。

第 九 章

未来的破局之道

在看过目前能够想象到的措施，以及它们可能会造成的效果后，读者可能会觉得前景稍显悲观。在本章，我们将会探讨一种全新的思路，我们称之为——国股民营。在接下来的讨论中，我们将论证这种方式既能永久地解决社会在需求不足和供给不足之间摇摆，并最终导致社会经济层面无法继续良好运转这一困扰人类几千年的王朝周期律问题，也能以不低于自由主义经济理论的效率来进行资源配置，并激发社会所有参与者的劳动热情。

当然，这个方案也许和曾经的各种乌托邦式的幻想一样，在未来会被验证存在致命缺陷。但此时此刻，把它作为一个思路提出并交由社会去思考，无疑是有价值的一件事。

第一节 国股民营制的目标

我们来整理一下手头已经确定的一些事实：

（1）由于退出规则及波动规则，资本回报率 r 在常态下会高于经济增速 g；

（2）在我们前面观察的区间内，越高的贫富分化程度，越会刺激劳动积极性的发挥，提高全要素生产率。因此我们所要去除的是资本和劳动力收入差距带来的贫富差距，而一定程度上仍旧保留不同劳动间的收入差距；

（3）从以往的经历看，用行政手段对资源进行配置相对低效，我们希望最大化地以自由市场的规则来配置资源，包括劳动资源以及生产资料；

（4）涉及对社会体系的改革，通常伴随着大量利益的转移，失去利益的群体往往会成为改革的阻力。我们希望在这个方案中，受损的群体损失的仅仅是当前的小部分利益，而在长远时期内，该群体也是受益的。毕竟我们所面临的是一个由需求不足而锁死经济发展的问题，只要锁扣解开，经济恢复发展，所有人群都可以从未来的增长中受益。

我们将要提出的经济体系是基于公有制的，有些读者会担心在公有制环境下市场是否自由的问题。所以我们想要先在这里说明，公有制+自由市场的模式，是符合英国经济学家哈耶克关于“自由”的两个要求的。即：

> “如果一个人不需要服从任何人，只服从法律，那么，他就是自由的。这样说无论如何都不过分，那就是，法律的目的不是废除和限制自由，而是保护和扩大自由。”
>
> “自由——服从共同的抽象规则；奴役——服从共同的具体目标。”

经过前面的分析，我们已经明白，在接近供给型经济危机爆发的区域，应该做的是鼓励投资并抑制消费；而在接近需求型经济危机爆发的区域，应该做的是限制投资并鼓励消费。过往无法做到这点，可能是对危机的认识不是那么充分，但更重要的在于并没有一个合适的工具来实现这种政策调控手段。而在我们本章提出的方案里面，将提供一种不需要精细到微观，仅需要类似调节利率一样的宏观指标，就可以实现任意面向消费或者投资的调整，来实现我们经济需求的目标。

第二节　为什么只能是公有制

目前，将预期资本收益转移量$[K\times(r-g)]$的部分转移到消费中，也许只有发行国债，并扩大政府赤字这一个方法。如果观察预期资本收益转移量的表达式，还有一条显而易见的路径是，使得上述转移量中的资本回报率r=经济增速g（在本章中会将这种状态称为超额利润为零，企业的正常利润我们认为应该等于$K \times g$，这是维持企业规模不缩减进行再投资所需要的利润水平)，自然就无须再做任何额外的转移。我们在第二章之中已经对$r > g$的原因做过探讨，只要第二章所设置的几个条件都满足，那么$r > g$就是必然的。反过来说，只要我们能够破坏其成立的条件，$r > g$就是可以被扭转的。

通过债务扩张的方式将流量不平衡的冲击化为存量，是一种只解决当期问题但不去考虑长远结局的“鸵鸟式”的解决路径。为了不把问题留给子孙后代，我们还是要尽可能地使得流量在当期内就能达到平衡，因此需要在当期就产生某个稳定持续的现金流对运行于退出下界的企业进行补贴，否则他们产生的利润甚至无法覆盖同比例增长的要求，这样的企业最终会在社会中消失，引起流量失衡。

要使现金流在当期达到平衡，这笔钱只能来自利润高于退出下界的企业，以实现企业作为一个整体内部的自平衡，使得企业整体的超额利润为零。实际上，企业整体超额利润为零，这种做法本身也是自由主义经济学理论的一个重要结论，在现实世界中，由于退出规则及波动规则导致市场均衡无法停留在这个点，所以必须通过额外的修正方法使其回归这个长期均衡点。

而由于涉及将一些企业的钱无偿且永久地补偿给另外一些企业，表面上看这两种企业如果不属于同一个所有者是无法实现的。但我们深入思考，哪怕两家企业为同一个所有者拥有，一家利润为（g-4%），另外一家利润为（g+4%），这个所有者更可能做的选择，也是在减少第一家企业的生产规模的同时扩张第二家企业的生产规模，而不会用第二家企业的盈利去补贴第一家企业的亏损。所以阻挡“补贴方案”的是投资者的优化目标默认为追求利润最大化这一事实。只要投资者的目标是利润的最大化，最终导致的结果也自然是企业利润的最大化。

这里或许还有一种可能，如果我们让企业承担更多的社会责任呢？例如前几年提出的一种ESG[1]指标，就是用来评估一个企业完成了多少社会责任的指标体系。简单起见，假设我们为了应对需求型经济危机，希望企业能够将更多的薪酬发给员工。于是我们对不同企业通过这个指标体系进行打分，完成较好的企业得到较高的分，完成较差的企业得到较低的分，得分低的企业需要通过某种形式的现金流去补贴得分高的企业。但由于这两个企业的投资者本身还是要追求自身投资的回报最大化，所以他们会把这种转移看作一种“带有附加条件的税收”。在考虑接受这笔“税收”之后，需要支付现金流的企业仍然会缩减经营规模，直到社会的供需平衡点高于其预期的回报后，才会停止上述“缩减”。而我们之前已经讨论过，在这个点上税后的资本回报率仍会大于g，并不能解决问题。

所以，资金本身的性质不是关键，资金的运作目标才是关键。即便是国有性质的资金，如果分配者的目标是资金回报最大化，那么他同样会在经营不好的投资方向减产，投入到回报率更高的方向。这样的国有企业如果其$r>g$，在社会上同样也会产生$K\times(r-g)$的消费缺口。关键点只在于，对集体企业和个人企业，我们并不能直接要求它们不选择最大化自身收益，而只有国有企业在通盘考虑经济是否能够稳定运行的前提下，才有可能不选择最大化自身回报的投资方式。

可能有的读者会疑惑，如果国有企业整体不去追求获得更好的利润，那是不是代表让这些企业经营得更差就可以满足条件了？这不是反而降低了社会运行效率吗？实际上在第三章我们已经讨论过，对企业个体而言，资本回报率往往能代表其效率。但对整个经济体而言，经济体整体的资本回报率并非效率问题，而是分配问题。同样的技术水平和企业运行水平下，

1 ESG是Environmental（环境）、Social（社会）和Governance（治理）的缩写，首次在2004年的联合国全球契约计划中被明确提出，是一种关注企业环境、社会、公司治理绩效而非传统财务绩效的投资理念和企业评价标准。

分配多倾向于企业，那整体资本回报率就高。而如果所有企业都取得巨大技术进步，如同在第三章讨论过的情况，也不会带来资本回报率的上升。

我们绕了一圈，似乎把马克思当年论证为何要实行生产资料公有制的路又走了一遍，但实际上不止于此。马克思提出的公有制，其前提是生产资料私有制本身代表了剥削，代表了对剩余价值的追求。要消灭剥削，只能使企业以全民的目标为目标，不能允许企业的劳动者以及管理者试图仅仅扩大自己小团体的利益。这样的目标决定了不能将经营决策权下放到企业，而只能是由一个从全民利益出发的决策机构来组织全国的生产经营，就是我们所经历过的计划经济体系。在计划经济体系下，由于决策相当于是由全民授权的某个机构做出的，而并非由某个小团体单独决策，那么不管企业是否盈利，如果存在剩余价值，也是由全民共享的。所以当我们的理论体系认为资本主义固有的危机是由剥削带来的，并以此为依据建立公有制体系的话，就要限制向下的各个层级的自主决策权。否则一旦部分企业经营结果持续好于其他企业，就存在其资源占有、使用和分配是否公平的问题。而这时候如果劳动者们明显更愿意去经营好的企业，那么公有制理论以及剥削理论的基础便被动摇了。

但在我们的分析中，我们发现问题的核心不在于是不是存在剥削，而是企业作为整体在自然状态下会存在超额利润。实际上即便存在完美的计划经济，如果国有企业作为一个整体都在盈利，但这些盈利不转移至消费而只是继续进行再投资，那么需求型经济危机仍然会发生。如果我们仅要求企业的整体超额利润为零，而不去纠结此时利润很高的那部分企业是不是存在剥削，那么将会有很多高效得多的路径，而且这些路径几乎已经和我们现在运行的体系有了很多连接，我们仅仅需要做出少许改动就能达成上述的企业整体超额利润为零的目标，并维持高效的由市场调节的运行模式。

其他不可能的思路会不会有?

超额利润大于零，依赖于我们提到的退出规则及波动规则。之前，我们也针对如何打破退出规则进行了逻辑演绎。如果能够打破个体企业的波动规则，那么同样可以使超额利润等于零。打破个体企业波动规则有两条路径。第一条路径是，使每个企业的资本回报率在年度间的波动尽可能地小。由于利润与这个波动值成正比，如果波动非常小（比如1%左右），那么很可能几乎所有企业的资本回报率都会分布在$g \sim g+2\%$之间，这样其整体的平均利润也就缩小了。第二条路径是，打破“企业下一年的资本回报率依赖于上一年度的经营状况”这一规律。也就是说，不管企业在前一年度的经营状况如何，其在未来的预期资本回报率都无法预测，都在经济增速左右两侧以对称状态分布。这种情况下，当前年度或以往年度资本回报率低于g的企业退出就毫无意义了，此时所有公司在未来年度获得回报的期望是相等的，那么让哪个公司减产也是一件无意义的事。这样下来，由于没有退出选项，所有企业的整体利润将仍旧是g。这两条路径在数学上是成立的，但笔者很难想到在现实世界中如何将它们实现，未来的研究者或许能找到新的思路。个体企业确实难以打破波动规则，但如果存在一个囊括所有企业的个体投资者，那么作为一个整体，这个巨型企业的资本回报率就几乎没有波动。了解完国股民营的整体方案后，实际上即可以认为这一方案打破了退出规则，也可以理解为这一方案在整体上打破了波动规则。

第三节　一个发达资本市场的现状

马克思关于社会主义的论述提出，社会主义只有在资本主义发展到一定程度后才能实现。而我们研究也发现，要实现国股民营的方案，首先需要有一个资本所有者和经营者分离，并且资本所有者和投资决策者分离的高度发达的资本市场。现实中，美国资本市场已经实现了这两个目标。

通过对美国所有上市公司股东的情况进行梳理，可以得到这样的结果：美国只有占据3.0%市值的公司，其高管中某个人出现在该公司的大股东的名单里，这种情况可以认为该股东个人仍然能够影响公司具体的经营决策。在这3.0%的公司中，管理层总计持股占20%，这表示美国由真正的企业家自己经营并持股的公司只占整个美国上市公司总市值的0.6%，另外占据97.0%市值的公司其管理层是职业经理人而非股东，这体现了美国上市公司主要是由职业经理人，而非股权所有人在经营管理的事实（见图9.1）。

	股东管理公司	经理管理公司	所有上市公司
数量	442	6327	6769
市值（亿美元）	16289	531602.4	547891.4

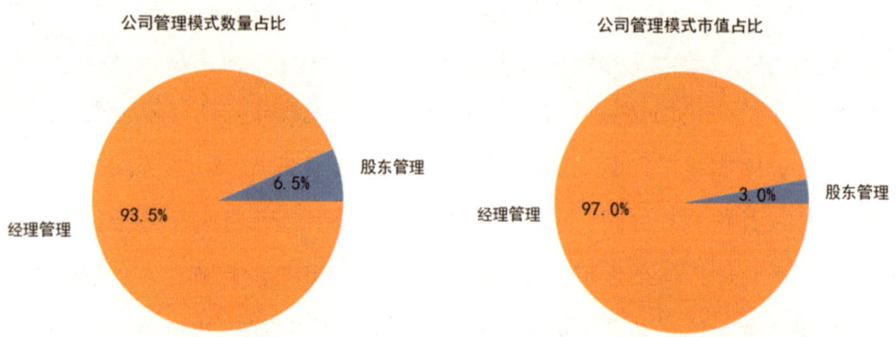

图9.1　美股上市公司统计分类，股东、经理管理数量与市值占比

数据来源：Wind

美国通过市场实现资源自动配置，其基本过程如下：如果公司经营得好，管理层卓越而尽责，那么公司业绩的上涨会带动股价上涨；有时未必需要业绩上涨，只需要市场觉得管理层做出的经营决策正确，股价也会上涨；股东得到收益，也会奖赏管理层，管理层因此得到收益；如果公司经

营结果欠佳或者有负面下滑可能性，那么股价下跌，股东受损，管理层有可能被更换；当然，也有些公司股东相对分散，管理层即便经营业绩很差，也能长期把持公司运营和管理权，此时投资者会陆续卖出他们持有的股票，公司如被资本市场彻底抛弃，最终也会损害管理层的利益。于是整个二级市场形成了一个对优秀管理层奖赏，对差的管理层惩罚的机制。当然现实世界存在各种摩擦，可能会与上述描述有所偏差，甚至有时这种效应未必能够使得管理层受到制约。这样的机制使得资源在美国的众多上市公司之间分配，并控制着众多公司自主运营。

我们进一步把美国的所有公司分为5类。具体如下：A类为公司管理层合计持股超过公司股份10%，这样的公司我们认为其经营权和所有权并没有分离；B类公司至少存在一个持股10%以上的大股东是自然人，这样的公司我们认为外部存在一个自然人，可以对公司的经营决策产生影响；C类公司存在一个持股10%以上的大股东是管理机构或者基金机构，这样的公司我们认为其管理人可以对公司的经营决策产生影响，但注意这里的管理人并不是资本所有者；D类公司是其余的所有上市公司，这些公司无任何投资者持股占比超过10%，我们认为其投资者仅能通过自身买卖股票的形式影响公司股价，进而影响管理层的经营决策行为；E类为其他所有的非上市企业。下表展示了这5类公司的净利润比重、净资产比重和ROE有关的数据，见表9.1。

表 9.1 美国不同分类的公司净利润、净资产比重与 ROE 统计

	A类	B类	C类	D类	E类	上市公司	全部公司	10年GDP平均增长率
净利润比重	0.7%	10.6%	13.5%	36.2%	39.0%	61.0%	100.0%	2.1%
净资产比重	0.5%	8.2%	9.7%	16.2%	65.4%	34.6%	100.0%	
ROE	8.0%	7.7%	8.4%	13.4%	3.6%	10.6%	6.0%	

数据来源：Wind

可以很明显地看到，D类公司ROE比较高，但这里混合了另外一个效应，即在美国D类公司主要以大型公司为主，而近些年美国大型公司的ROE明显高于小型公司。所以我们再将上市公司ABCD的4类按净资产分为3组，得到如图9.2，可以将公司大小这个因素去除，结果仍然和全局数据相差不多。

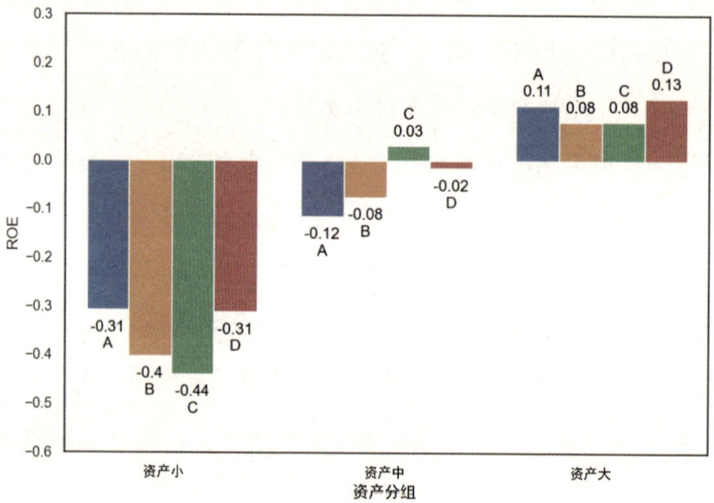

图9.2 美国上市公司按照净资产分3组，统计每组不同分类公司ROE

数据来源：Wind

从表9.1中可以看到，在整体上，ABC 3类公司的ROE数值接近。而D类公司的ROE最高，E类公司最低。如果认为E类公司很大程度上股权更为集中，那么甚至能得到这样的结论：在股权越分散的公司，其ROE更高。股权越分散，意味着市场通过股票价格进行的博弈完成得更充分，股票价格更真实地反映了这个公司的经营情况。B、C两类公司在持大股的外部人员能够影响公司决策的情况下，可能并不能够完全地从公司自身利益角度出发进行决策，部分决策可能很大程度会受到持大股的外部人员的干扰而脱离公司本身的利益诉求。而在A类公司，管理层可能并不只有持有本公司一家的资产，不同资产间的关联也会使得管理层的行为并不一定是最有利于本公司的利益。一个比较典型的例子是，2022年10月马斯克收购Twitter的事件。马斯克将大量精力放在Twitter上至少是特斯拉公司股价大跌的原因之一。而D类公司就比较单纯，它并不会和其他公司产生什么关联，其CEO的决策，相比前面3类公司更少受到其他公司的影响。作为一个职业经理人的CEO，当下公司的事业大概率是影响其自身收入的最主要因素。而前面3种情况，对能够影响企业经营的关键人而言，这个公司未必是他唯一的重要资产。所以我们从结果可以看到，在美国市场中，反而是没有一个关键人能影响其经营的公司有着最高的效率。至少在美国这样高度发达的资本市场里，一个自然人对公司的经营管理去施加激励或者监督并非必须，一群分散化的投资者可以更好地完成这个任务。

另外，我们知道，美国股票市场的机构化已经非常彻底，很少有散户在市场中操作。在这样一批专业机构投资者成熟、专业、精确的研究中，任何一家公司管理层做出的决策很可能在公布的当天就会引起股价的波动，而并不需要等到该决策真正地影响到公司当年或者来年的利润。在整个股票市场体系中，汇聚了全球最顶尖的精英，实现对上市公司的准确的评价，并依照评价的准确程度，赚取自己的业绩提成。背后真正的投资者们，可能只需要选择哪家投资机构在过去一直提供了亮眼的业绩，然后将自己的资金委托给它们代为投资，并不需要去真正了解它们为什么选择了买入某些公司的股票。据统计，在全美能够查询得到的大股东总计占有全美所有企业总股份的26%，而其中仅Vanguard（先锋领航集团）和BlackRock（黑石集团，又称作贝莱德集团）两家基金机构就持有了所有大股东股权的43%（见图9.3）。

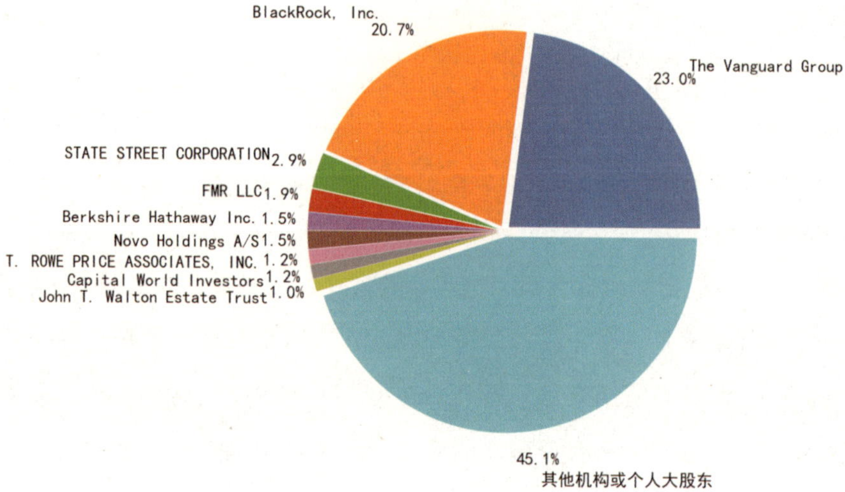

图 9.3　美国所有上市公司大股东持有市值占比统计

数据来源：Wind

观察所有的股权持有量的分布，即使把所有海外投资者都认作个人投资者，也只占所有总市值的一半左右，另一半的市值至少存在一层的委托代理关系，且其背后都是不计其数的中小投资者组成的资金集合，例如，2019年的投资者结构如图9.4所示[1]。

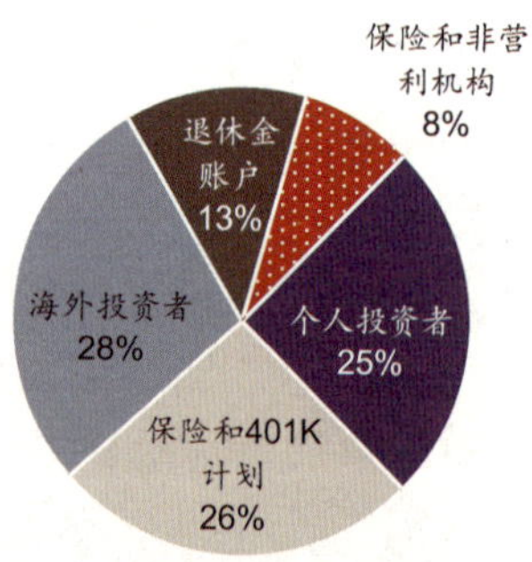

图 9.4　2019 年末美国股市投资者结构

引自“构建双循环体系，迎接证券化时代”，华泰证券研究所

1　这里的“个人投资者”，是从总量里扣除其他科目后的残差项，除了个人，还包括各类未纳入统计的中小对冲基金、私募基金，真实的个人投资者的比例，比25%还要低。

第四节　发达资本市场的国股民营思路

类似美国这样发达的资本主义市场，早已完成了资本所有者与经营者的分离，以及资本所有者与投资决策者的分离，也完成了大约一半的市值是由大多数国民组成的集合持有的上市公司股权。个人投资者对企业、市场的稳定运行已经不具备不可替代的位置，市场离开个体的监督，仍然可以流畅地运转，使得资源被优化配置到不同的企业中。接下来，我们会提出两种模式，均可实现公有制+自由市场，并且都最大化地减少了政府对经济运行的干预，各自仅保留了一个类似调节利率一样的开关来调节经济，避免经济过冷或过热。

模式一

首先，美国“401K[1]+退休金+保险金”已经占了美国市场47%左右的市值，这些一定程度上具备公有性质，或者说必然是通过委托代理管理性质的资产已经在美国的资本市场里面存在了数十年，显然不需要担心一个公有或集体所有的资本能否在美国股票市场里面存在这个问题。我们要讨论的是，如果这个数字逐步上升到51%，或者准确地说，在任何一家公司里面都达到51%，总量可能会到60%左右时，美国的市场会有什么本质变化吗？而如果一家企业中公有性质的资本占比为51%时，已经可以被理解为公有制或集体所有制的企业了。

当然有的读者可能会说上面的47%中的一些资金并不能算真正意义上的

1　401K计划是指美国1978年《国内税收法》新增的第401条K项条款的规定，1979年得到法律认可，1981年又追加了实施规则，并在20世纪90年代迅速发展，逐渐取代了传统的社会保障体系，成为美国诸多雇主首选的社会保障计划，适用于私人营利性机构。

公有性质，它们背后有具体的持有人，虽然这些持有人非常分散。但我们知道，公有性质资金管理的最大问题就在于，在传统的国有体系中，必须有一些人对资金如何使用进行决策，而并非基于某种规则来执行。而如何管理这种涉及无数个体的财富集合，美国的股票市场已经给出了具体的实现路径。我们要做的就是把公有资金以类似的办法注入整个经济循环中。具体而言就是，由财政部发行一笔特别国债，将得到的钱分给各州及联邦政府。各州只能将这笔钱用于购买基金份额，将其投入到在由资本管理机构、FOF、投资基金机构等联结而成的巨大网络中，并最终形成对上市公司的股权持有。于是上市公司形成的整体利润，就将按各州自己购买的基金比例分散到各级政府中，可以由他们以此替代一部分税收来支撑保障体系运行。由于各种在购买基金产品时，和个人投资者追求的是一样的目标，即资产增值，因此整个方案实行后，对整个市场的所有参与者的行为模式的要求不变。

从前面的介绍可以看出，在美国股权最为分散的公司资本回报率最高，这类公司比起其他类型公司更不可能是由某个强有力的股东自然人对其实行管理、监督和激励，而是由整个市场的股价机制对其进行监督和激励。可以肯定地说，这类公司比起其他几类公司更不用去关心公司股东名册，对它们而言，股东名册向上穿透若干层基金、资本管理机构后其最终持有人是公有的还是自然人是个毫无意义的问题。它们唯一会关心的就是这些基金、资本管理机构会在什么时候买入和卖出它们的股票。所以至少对于持股分散的公司，它们的经营是不会受太大影响的，而恰好它们在美国多是资本回报最高的公司，也就是如果其他公司的股权结构也变得和它们一样，至少效率是不会下降的。

当公有性质的资金占据所有企业至少51%的股权时，可以做一件很简单的事来约束市场上所有的被控股企业，即要求改变每年的分红比例。如果在投资过剩阶段，则把分红率提高；如果在投资不足阶段，则把分红率降低。参考指标只需要紧盯常见的用来衡量供需关系的指标，例如工资水平、通胀率等即可。过高，则说明生产不足需要增加投资以确保来年生产，这时增加投资削减消费；过低，则说明需求不足需要削减投资增加消费。这将是一个比利率精准得多的政策工具。所有行业都享有同样的分红率，现金分到非公有持股的投资者手中后，这些投资者在市场的驱动下仍然会继续把投资集中在最适合投资的行业。虽然分红的资金不一定会直接流向消费，但只需要把分红率调得足够高，总会有不少的资金最终未进入投资而转入消费。如果把分红率调到100%还是发现钱分红出去绕一圈又投了回来，那么继续提升公有资金在企业股权中的占比即可。当然，表面上也可以看通过立法控制所有公司的分红比例也可以达到同样效果，但如果接受分红的本身也是低消费倾向的人群，效率就会大打折扣，这些人拿到分红无非就是再去投资而已。所以必须将这些分红有效地转入能直接促进消费的领域才行，而公有性质资金拿走的分红就可以按上一章说的任意办法使它们转入消费。整个过程中公有性质的股权不参与任何经营管理，就是纯粹的投资者，只是最终根据市场统一地调节分红率并拿走一大部分分红而已。这里无须担忧过多的分红影响企业发展，因为分红率本身就是根据通胀水平，也就是社会整体的供需平衡反推出来的，其对经济的干预程度等同于美联储调节利率。在这个统一的分红率下，不同企业对未来的投资预期并不相同，需要更多投资的企业在市场上再增发自身股票，只要价格是合适的，自然就会有管理着国资的资管机构愿意给他们提供资金。

模式二

通常情况下，政府花钱的效率不会像企业那么高，而且这笔钱可能在各年度间会有波动，并不适合放入政府预算中进行管理。如果我们不希望这笔钱到政府手里绕一圈，只需要让分红的这笔钱归属企业的员工即可，简单而直接的方式就是，将这笔钱按薪资比例发给企业员工。这些员工里面可能有人薪资已经够高，边际消费倾向已经很低，和我们前面说的一样，只要继续调高分红比例和国有资产持股比例即可化解。

换一个角度看同一件事情，可能更容易看出问题的实质。微观上看每个企业都试图利润最大化这件事代表着效率的提升，但是在宏观上看企业整体超额利润为零才是稳定的状态。通过将留存利润部分按全社会统一的比例调节分配给员工，实际上是改变了企业利润最大化这个经营目标。

为达到同样的效果，我们也可以通过一些技术手段更改股价的生成规则，把原来由利润驱动的股价改为由利润和劳动者收入占比或类似的社会责任指标加权型，将其股价作为新的市场交易的标的，使所有企业不再纯粹地追求利润最大化，而是在利润和劳动者收入间取得平衡。这种“再平衡”过程会使得企业整体利润逐渐下降，但每个企业仍然试图保持更高的利润和劳动者收入平衡。此时会有部分企业仅看利润可能为负，按旧的评价体系该企业并不算好，但在新的评价体系里面是好的，也就是对社会输出了更多的劳动者收入，这样的企业就需要用其他利润为正的企业的利润对其进行补贴。如9.5图所示，最终使得众多企业的利润以及社会责任分布在经过扭转后的位置，企业更多地去追求实现社会责任后，利润将分布在平均值大致等于经济增速g的区域。对新的指标的追求，使得不能在新指标下做得更好的企业仍然会被淘汰。我们可以看到这样改造后的企业，在把这些新的需要分配给劳动者收入部分的安排上，会比我们简单地按比例分配更有效率。甚至如果需要的话，我们也可以在评价体系中加入环保之类的指标，来促使全社会的公司竞相为之努力。

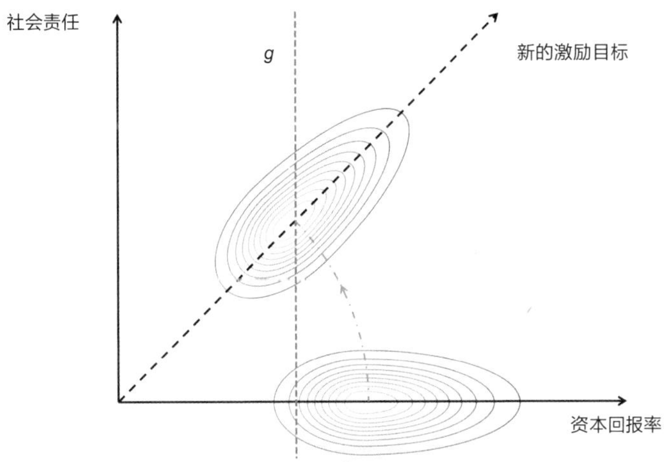

图 9.5　建立新的激励目标

如果我们不希望政府定义多种社会责任指标来过多地干预企业的运作，避免社会的均衡态受到过多政府行为的扰动，那么我们把图9.5的纵轴变为资本存量即可，如图9.6所示。简单的理解就是，当前的市场机制中，股价本质上反映的是市场所有参与者预期的企业未来利润的折现值，或者说该值极大地被市场预期的未来利润所影响。利润等于资本回报率 × 资本存量，我们现在希望整体压低这个乘积的资本回报率因子，只需要让市场去追逐"资本回报率 × 资本存量 + 调整因子 × 资本存量"即可，也就是在资本存量的指标上添加额外的权重，在这种评价体系下，各个企业的CEO就会更加注重提升资本存量，对于资本回报率的关注相应地有所降低。在这种经营目标的调整下，CEO会适当地牺牲利润去尽可能地抢夺市场。而由于行业内多数的企业都会做类似的调整，众多企业将因为合力的行为竞争而降低商品价格，或者是提高劳动者收益以试图争抢市场份额。这样的行为最终将使得商品价格下降或劳动者收入提升，也可能两者同时达成。由于企业仍然是在彼此完全市场竞争的环境下达到的均衡，此时资本回报率高并不代表着企业CEO可以"躺平"使企业运营变得低效，如果企业的整体效率低于竞争对手，可能会在对手的低价策略下快速失去市场份额。

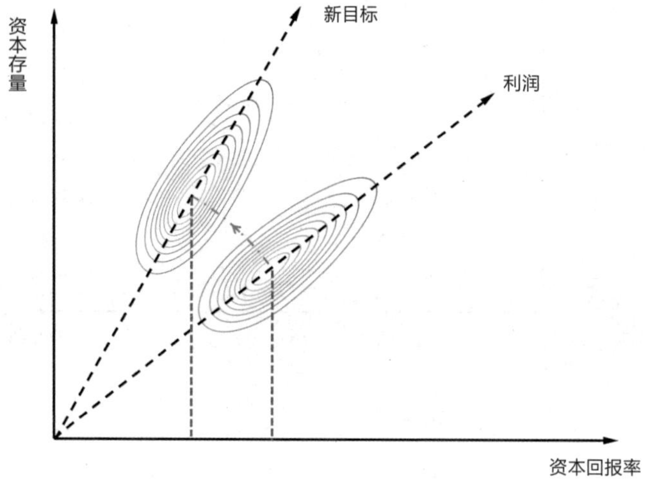

图 9.6　把纵轴调整为资本存量构成更易行的企业评价体系

实际上，这种模式与我国共享单车及快餐线上外卖等行业发展初期阶段的局面很类似，参与其中的企业更加注重市场份额，甚至愿意在一段时期内利润为负。这些参与比拼的企业并不会因为投资者允许它们利润为负而懈怠或躺平。只是在行业市场份额的拼抢中，最终投资者追求的还是获得行业龙头地位之后，进而获取垄断的收益。而我们创建的新模式则是要使得所有企业都始终处于类似状态，以实现企业间仍然高效竞争，同时将整体利润压低。这也就回答了我们前面提出的超额利润为零会不会造成企业低效的问题。

从所有涉及人员的利益出发，在整个过程中，只有一件事被改变了，那就是上市公司整体利润率下降，并刚好满足再投资需求而没有多余的盈余。这将导致投资于股票市场的收益变低，一部分的自然人投资者会逐步离开股市，而这些自然人也没什么损失，他们持有的股票只是逐步被其他资金买走而已，他们完全可以继续投资于其他非股票市场的项目。企业由原来资本回报率r为"经济增速$g+4\%$"左右的风险溢价变为等于经济增速，似乎管理层的收益会受到影响，但只需要把他们的经营目标及激励条款由原来的利润（资本回报率 × 资本存量）改为（资本回报率 × 资本存量 + 调整因子 × 资本存量），调节"调整因子"的值使得收入大致不变即可。在整个过程中，没有哪些人群的利益被严重侵害，可以实现很平稳的转化。最终形成一个经济体里面主要的大型公司股权都是公有性质的资产，但公有机构并不对企业经营做任何干涉的结构。

当上述调整最终完成以后，美国非上市公司的资本回报率r为3.6%，仅仅略高于g的2.1%，这些企业可以完全依照现在的模式运营而不进行任何更改。此时已经可以说完全不需要再担心需求不足的问题。像美联储调节利率一样，这个指标可以由某个专业机构定期进行调整。比起调节利率很难直接刺激消费，这是一个好得多的用来干预宏观经济的工具。

从另外一个角度可能更容易理解问题的来源以及解决问题的思路。在经济学中，理论推导得出的结论是企业的资本回报率应该等于利率，而在长期中利率也等于经济增速，在这个情况下，经济学构建了一套完整的体系去论证"看不见的手"如何使资源得到最优化配置。但不管是纳入风险后的逻辑推导，还是真实数据，都显示资本回报率在长期中要高于经济增速。这使得"看不见的手"能使市场达到均衡的所有讨论成了空中楼阁。这个问题的"罪魁祸首"通常会被认为是垄断等因素，即如果充分破除垄断，使市场恢复到完全竞争状态，"看不见的手"就能充分发挥作用。但从风险角度的分析，可以看出即便没有垄断，风险溢价也必然存在，经济最终将失衡。经济学对垄断已经分析得很充分了，其症结就在于，企业为了利润最大化，选择让市场均衡停留在比完全竞争的状态下市场规模更小，但价格更高的点上。而要破除风险溢价导致的偏离，做法就应该是使均衡往垄断的相反方向移动，也就是让企业将均衡停留在市场规模更大，但利润率更低的点上。但这样的移动必然使企业的股东受到损失，反而对企业的经营者是没有影响的。所以想实现反向的移动，就需要股东将目标从追求企业利润最大化，变为维持社会稳定发展，而公有制是在现有技术水平下，能够想到的实现这一目标的唯一手段。

上面两种模式的区别在于，模式一相当于政府现在承担的由国债支撑的赤字，转而由企业利润来承担。带入中国的情况，可以理解为将过去的土地财政变为资管财政。整体思路还是将企业所有者没法投资也没法消费的那部分钱转回经济体。这种模式的优点是几乎只需要政府出钱购买基金份额即可，无需其他操作。缺点是钱在政府手中转一圈，花掉这笔钱可能会是个低效的事，并且如果要执行产业政策也还需要其他体系的支持。

模式二中，钱无需再经过政府的手，能自发地在经济循环中实现平衡，同时如果要设置具体的产业政策，可以很轻易地用这个模式实现。缺陷在于相对于现在的运行模式有些差异，或许会有目前考虑不足的一些问题发生。而且从自由主义的经济观点出发，本身并不支持政府对企业经营目标的干预。

其实采取何种模式并不重要，这里对两种模式的探讨，是抛砖引玉式的探讨，主要点明了将超额收入用于支持转移支付及直接将超额收益消除的两种思路。实际上，如果读者愿意进行更深一步的思考，一定能找到更多的、适用于不同国家国情的、达成这一目标的路径，其中很多的路径对社会的改动可能会比上面两种方法更小，效果也更好。

第五节　国股民营体系若干问题讨论

对于不少的读者而言，国股民营体系是一个比较陌生的概念。解释以下10个问题，对于理解这一概念多有助益。

第一个问题是，赎买的这笔钱从何而来，赎买过程中是否会使当前资本持有者受损，付出较高的社会代价？

我们以经济的本质来拆解这个问题，当市场上将无风险的国债的年化收益率定为3%，而公司股权的回报率为8%时，意味着市场默认这二者因风险不同而产生的收益差额是5%。作为公司资产，股权相对于国债而言本身更具不确定性，并且整个上市公司股权的资本回报率是8%，具体到某家公司的资本回报率，又有一重不确定性。这双重不确定性使得现实中的均衡态的股价，要比不考虑这些风险时更低。但如果这些资产全部由政府单一持有，那么从合并财务报表的角度看，这些资产作为一个整体其资本回报率就是8%，且在年度间几乎没有波动。此时，面对同样的未来现金流，投资者考虑其折现的当期定价时，用的就是8%的风险资产折现率，而单一持有人用的则是3%的无风险资产折现率。这就使得在两方看来同一个资产的当期定价是不同的。

于是政府可以以5%的利率发行国债，对于市场上其他无风险投资仅为3%的情况下，个人投资者买这种国债收益更高。而政府用这些钱再去买股票，相当于用一个5%支出的稳定现金流换取了另外一个8%稳定收入的现金流，也是赚的。这种两头赚的情况能够发生的核心在于，一种风险资产集中起来后，变成了一种零风险的资产。单只股票年化波动率可能在30% ~ 50%的区间，而企业整体的资本回报率，年化的波动率可能不足0.5%。所以这样的赎买过程，最终会是一个皆大欢喜的局面，并没有较高的改革成本。从帕累托最优的角度来看，这种改革能同时为各方带来利益，各方在实施时有自主驱动力，改革也因此能自稳定。而且从国家资产负债表的角度看，是同时增加了债权负债和股权资产，比过去十年中，增加的债权、负债全变成了赤字要好得多，而在债权总量上甚至会比过去十年增加的总债权要少得多。

当然，在这样的改造过程中，从平均上看，投资者将自己的风险资产转化为无风险资产是帕累托改进的。但部分大股东、风险偏好较高的人，或者其他各种原因不愿意卖出股票换取国债的人仍然存在。这些人本质上来说，是三重身份分割不彻底的象征，他们既是资本受益者，往往也是投资决策者或经营管理者至少其中之一。我们前面讨论过，无法对纯粹的资本受益者收税的原因是，这样做会使他们不愿意去投资税后收益无法覆盖风险的项目，进而造成社会资本存量下降。而对于愿意不顾风险仍然要持有股权的投资决策者或者经营管理者来说，税收是可以起到收入调节作用的。

第二个问题是，长期来看，财富是否会再次集中？

从长期稳态看，政府持有的企业是低风险甚至无风险资产，个人投资者手中分散持有的企业是高风险资产，这意味着国有投资机构总能以更高的价格去购买市场上的风险资产，而创业者们将自己的股份卖给国有的资管机构时，平均而言也能卖出更高的价格。所以，这个过程在长期也能自稳定。最终的结果是，市场上的高风险资产被大量以无风险资产的价格交易，这些资产的回报率会接近无风险资产的回报率，如果企业主自身有经营能力，对企业风险的认知比外部投资者准确，则个人投资者自持股份是一个理性的行为，而对那些不参与企业经营的外部个人投资者来说，持有这种资产，不如持有真正低波动的国债。

所以，在稳态环境下，不从事经营的资本收益者的最优投资选择是低风险资产投资，而这些资产的回报率通常低于经济增速，这也会让这部分财富在整个经济体中的占比越来越小，避免造成财富的集中。

第三个问题是，在新体系下劳动者的贫富分化会是什么样的状态？

在我们建立的新体系里，占经济运行相当大比例的企业的资本收益已经被控制并降低，资本推动贫富差距的原动力已经削弱，剩下的主要是由于不同岗位的劳动带来的贫富分化。我们在税收一节讨论过，由于企业可以选择削减规模以提升资本回报率，所以只要企业退出规则不打破，任何赋税最终都会转嫁到劳动者头上，或者使得社会整体资本存量下降，这也是我们设计了这样一整套系统来对抗企业退出规则的原因。而针对劳动者的税收则不存在类似的转移路径。现阶段各国实践中主要的所得税缴纳主体还是中产阶级就是这个原理起作用的结果。所以和对待资本收益不一样的是，我们想要维持多高的劳动者贫富差距完全是个政治性问题，而不是类似资本收入的税收无法发挥作用那样的技术性问题。因此过去采用不同税收方案的经济体完全可以在我们的新体系下按实际情况调节劳动者所得税税率，使得经济体保持合适的劳动收入分化程度。

另外，从前文讨论的细节与结果可知，维持一定程度的劳动者收入差别有助于提升劳动者的积极性。而现在，通过持续追求高于均值的财富增长速度实现资本集中的路径已经被切断，纵使一个人的劳动收入再高，退出劳动后，其财富的增长速度也不会高于均值，因此财富不会集中。而且和前面提到的企业家创业后财富很高的情况一样，由于国家控制了整体的投资节奏，个人多余的财富仅仅能用于自身消费，并不会对经济产生负面的影响。

最后，如果确实在市场竞争的环境下某些岗位出现了非常高的薪水，在有必要的时候对劳动者征收所得税也可以有效调节收入差距。前面已经多次讨论过，企业存在税后资本回报率无法下降的情况，才使得税收无效化，而针对个人劳动收入的税收则不存在这个效应。

第四个问题是，做出这样的改变除了能够避免危机，还有何好处？

类似日本这样陷入静态陷阱的国家经济增长已经基本停止，我们在理论环节已经阐述了其内在逻辑。核心问题就在于当一个经济体需求的增速跟不上投资增速，最终更多投资带来的产出并没有办法消费掉，经济增速变为二者中较低的那个，也就是需求的增速。而由于分配原因，需求的增速早已降为零了。

其实，我们建立的这个体系所要做的，就是把这个限制经济增长的自锁型的扣子解开，让需求不再成为限制经济增长的天花板。很多做过对外贸易的人都有这样的经验，如果一条流水线，能有充足的需求支撑的话，1 ～ 2年内收回成本是非常容易的事，甚至可能时间更短。也就是如果我们只从生产端考虑资产本身的年度投入与产出之比，很可能在现有社会资本存量下，仍然能达到50% ～ 100%的水平。如果我们仍然假设每年年度消费占GDP的70%，投资占GDP的30%这样的常规水平下，投资的部分都能有那么高的回报率的话，经济增速重回两位数并非什么难事。如同我们在和索罗模型增长均衡点做比较的时候看到的，现在离由生产能力所限制的天花板仍然很远，而生产端的天花板，只有当所有的产品都可以无限卖出去，企业在扣除人力成本后剩余资金也仅仅能覆盖折旧时才会到达，显然目前生产端离这个状态还非常非常远。

这也是我们破局的一个核心，只要解开需求限制增长的锁扣，未来经济还有非常大的增长空间，所有人都可以因此获利。如果所有人一起来打破这个洪水困境，最终得到的回报也是丰厚的。只要我们能引导经济再次进入快速的增长期，经济的整体性增长并非零和游戏。

由于在整体上经济体内的较多企业的目标资本回报率下降，在实施这个方案前由于资本收益不可能三角限制的投资增长也会得到放开。在之前要求g+4%的项目才可能被投资，而企业在更新了经营目标后，预期收益能有g的项目就可以被投资。因此随着国股民营企业占比的提升，投资也能再度继续拉动经济增长。直到一个社会的总资本存量达到资本收入/资本回报率后才会停止。由于分母的变小，将会使得均衡态下社会的资本存量比之前要高得多。而一个社会用于生产的资本存量高是代表着更高的科技水平以及生产率的。

第五个问题是，如果一个企业发展的终点变成国有化企业，那么如何激发民间的创业热情？

在当今世界，一个企业从创立到成长到做大，往往都离不开一轮一轮的融资。这些融资来源的资本方，在美国这样的成熟的资本市场，很多是由专业化的私募股权投资（PE）和风险投资（VC）来完成的，这些专业机构凭借自身的专业能力在市场中寻找未来有潜力的公司进行投资，而创业者们也在其帮助下使得企业快速成长，实际上很少有上市的企业其创业者最后还仍旧持有超过49%的股份。在市场中，这些由PE、VC管理的投资计划最终的受益人是公有资本还是个人资本对创业者而言是没有太大区别的，特别是如果公有资本只是单纯地购买了一个若干股权，享受了股权所带来的收益，而不对企业具体经营做直接干涉的话。所以在新的体系下，整个创业过程和在现有市场中的运行模式几乎没有区别，在我国，大量公有资金作为纯粹的投资人广泛通过PE、VC投资也已经是很普遍的事。而一个创业者如果能把一个企业逐渐做大到上市公司的级别，其持有的股份价值已经是非常高的了。

我们建立的体系扼制的是投机性资本仅仅希望通过投资获得被动收入的行为。而对于企业家+投资者双重身份的行为，仍然是鼓励的，并且也允许他们获得较高的收入。如果其收入提升变成财富以后，已经没有了继续大规模进行投资的渠道，最终只能消费掉，这样的结果并不会影响经济的运行。

在实践中，中国过去几年对芯片产业的投资资金，很多来自不同的地方政府，这些资金通过层层普通合伙人形式投资至被投企业。这些企业之间的竞争并不会因为背后都是国资而减少，反而所有企业都要在纯市场环境下优胜劣汰，最终只会有少量胜出。从国家的角度来看，只要有胜出的企业即可，是哪家并不重要。在现有模式中，这样的投资存在一个特定的上级主管人员或机构，那么其寻租空间相比一个纯市场股价驱动的模式就要大得多。

第六个问题是，如何实现对这类企业的管理？

在整个过程中，对股权的更改仅仅为最初的那些资产管理计划的委托人由个人逐渐替换为国有资产，但国有资产并不干预企业的日常经营，终端的企业甚至都意识不到自己的超过一半的股份已经由国有资产持有。只有当国有资产要求企业的经营目标由原来的单一追逐利润变为实现“利润+社会责任”的时候，企业才会感受到其所有权已经发生变化。而这样的变化对于企业而言，仅仅是CEO在制定战略规划时设定的目标有所不同，对管理层之外的人员而言他们的日常工作没有任何可察觉到的变动。但此时整个上游的各种投资机构、基金经理们，也都会按照新的、全国所有企业统一的经营目标去评估自己所买入的企业的股票，在新的评价体系下哪些企业更好，本质也是由无数的市场参与者通过“看不见的手”投票得出的结果。董事会对企业进行监督的方式也和过去没有任何差别，仅仅是经营目标改变而已。这样一家国有化的企业与现在正在运营的国企相比较，实际上更像一家民企。至于管理层是否会有更多机会进行贪腐等犯罪行为的问题，答案是，管理层在新体系下面对的监督机制与过去是一样的，并不会仅仅因为考核指标由利润变为会计科目中的其他项目而有更多的机会贪污。另外，目前私企的中高层管理者在出现贪腐问题时，如果其涉案程度达不到刑事案件的级别，对其未来职业生涯的影响程度，会远远低于这些人就职于公有企业管理层的情况；转化为国股民营的模式之后，贪腐行为将面临更加巨大的机会成本，使得这类行为相较现在而言，更有风险性。

而对于原来就是国企的企业，既可以逐渐改变其考核与激励模式，使得企业整体向国股民营模式转化；也可以仍旧维持现有管理架构，但从经营目标上压低资本回报率的考核权重而增加社会责任的考核权重。

第七个问题是，当一个经济体完成体系的转变时，会不会由于对资本不够友好而使得资本大量外逃？

在一个普遍需求不足而供给过剩的世界里，好的投资标的永远是稀缺的，而资金总是过剩的。即便如上文介绍的控制经济走势介于供给过剩和需求过剩之间，只要我们略微放松控制，即将考核标准中利润占比的部分提高，经济体一定自动朝供给过剩演变。在这样的世界里，除了少数由于绝对贫穷造成供给不足的国家，其他需求不足的国家都不缺资金，只缺好的投资标的。而我们一直在强调，造成需求不足的核心问题是投资过剩而不是投资不足。所以在需求不足状态下把民间的投资赶到国外正是这个体系的目的，实际上日本在失去的三十年中，在海外大量投资，构建了一个“隐形日本”也是出于这样的逻辑思路。

上面已经提到过，这个体系是可以允许创业的企业家、企业中获得高额薪酬的劳动者获得较多财富的。对于这些财富，我们不希望它们在国内仅仅靠投资就能为其所有者提供持续的收入，但确实可以鼓励财富的所有者将它们投资到国外。本质上只要国内的生活足够安定，社会和谐，财富所有者生活在国内而对国外投资，本质上来说对母国是有利的。当然这里仍然要强调一个前提，就是在社会需求不足的情况下，才需要引导资金外流，而对于供给不足的国家，吸收外资是一项重要任务，和我们谈到的投资过剩但需求不足并不是同一种状态的社会。

而如果一个经济体在进行改革后再次进入供给不足的状态，也就是需要增加投资以提高来年的产量，同时抑制消费，在我们建立的体系中只要把社会责任由原来的尽可能多发工资给劳动者改为负的考核指标，鼓励企业降低劳动者薪酬，多进行再投资即可。

第八个问题是，外国投资者会不会失去投资该国的兴趣？

由于我们的控制目标是企业整体的超额利润为零，而非利润为零，对国内劳动者和投资者而言，投资于本国企业并不会带来更多财富。而不采用该体系的国家如果其经济增速较低，那么对不采用国股民营体系的外资而言采用该体系的国家反而是一个好的投资目标，因为经济增速为零，超额收益为4%时，其资本回报率，要低于经济增速为8%，但超额收益为零时的资本回报率。同时我们并不要求国有资产占有100%的企业股份，仅仅是占51%的股份，能主导企业经营目标的制定即可，而这个经营目标并非具体的经营方案，只涉及企业财报上一些数字的计算。并且是全国所有的大企业都要受到这样的制约。那么对外国投资者而言，可能会感觉该国劳动力支出偏高，商品价格偏低，但整体预期的资本回报率仍然有可能高于其他国家，所以仍然是一个理想的投资目标。和第七个问题结合起来，因为好的投资标的是稀缺的，而资金总是过剩的，此时可能反而需要对进来投资的外资设置某些条件，例如确实带来先进技术或者有较好的经营理念才允许进入等。

第九个问题是，这是一个政府深度管理社会经济方方面面的模式吗？

回溯整个问题，这个体系最重要的目的是，使得主要的企业能够维持在超额利润为零的状态。一种常见的路径是我们前面也提到过的，政府迫使国企以相对低的价格出售商品和服务，让利给社会。另一种就是我们讨论的国股民营体系。前者政府会深度参与对国企官员的考评以及国企经营目标的设定；而后者政府只需要像调节利率一样调节整个资本市场对某些指标的偏好即可完成，这种体系下政府几乎不需要参与具体的经营管理。

对我们的目标而言，要实现它的具体方式是开放的。如果认为政府主导的产业政策有利于一个国家快速构建强大的工业体系，那么可以倡导第一种方式来实现超额利润为零。如果偏向自由主义的经济管理方式，而采用后一种方式时，无非就是抛弃我们的利率调节工具，改为这个新的调节工具，市场中的所有参与者也几乎是和纯自由市场状态下一样通过博弈来使市场获得均衡。和原有自由市场的区别只在于，在这种模式下，可以实现整个经济体超额利润为零的均衡状态。

第十个问题是，纯民营管理公司，如何避免国有资产流失？

当下经济实践中，国有资金购买基金产品已经存在非常久远，并没有太多人会去质疑这些资金会不会存在国有资产流失的问题。同时我们知道国有资产流失总是离不开国有企业和私营企业互为对手方的不公允交易。在改造完成后，社会上绝大部分经济活动由国股民营企业来承担，任何一家国股民营企业其交易对手方大概率也是另一家国股民营企业。整个系统中资金会流向到个人的出口比现在要少得多。从国股民营企业整体而言，系统的设计是希望里面的每一个参与者之间是互相竞争的状态，以保证系统活力。但是从合并财务报表角度看，这些所有不管公允还是不公允的交易，在合并报表时盈亏都会抵消。

第六节　在中国的实践路径

以上的分析针对的是美国这样的有着发达资本市场的国家，其资本所有者和经营者已经分离，体现在两点，第一，投资者只负责投资并享受被动收益，并不会干预企业的运营；而管理者则负责企业日常经营，获取相当于劳动报酬的激励；第二，投资通过层层委托代理关系，已经实现在不涉及投资者个人利益的情况下完成对企业的规范化管理，并确保仅仅通过市场对股票的综合表现和评估，即可完成对企业管理层的激励与选拔，使得管理层能确实为所有股东的利益服务。第一点集中体现为，美国企业的管理层持股占比已经很小；第二点集中体现为，没有任何一个机构或个人持股超过10%的股权最分散的公司，反而是美国ROE最高的公司。美国的资本所有者和投资决策者的分离，主要体现在美国国内个人投资者仅持有股票总市值的不到25%。

如果我们对中国股票市场做类似的分析，可以看到，中国股票市场的构成和美国股票市场并不一样，最大的一个特点是，中国上市公司数量按净资产计算的话，只占全国所有企业数量的1/4，利润也仅为4成。另外，国企在上市公司中体量已经相当大，占上市公司总资本的2/3以上，同时ROE已经很高。同样按照上述美国公司分类的ABCDE（分别为管理层持有、某个个人持有、某个机构持有、没有人持股超过10%、其他非上市公司）5类企业以及G类既国企进行统计，其统计数据如表9.2所示。在上市公司组别我们可以看到，没有一个关键人或关键机构持股超过10%的这类股权分散的D类企业，是资本回报最低的企业。

表 9.2　中国不同分类公司净利润、净资产比重与 ROE 统计

<table>
<tr><th></th><th colspan="5">上市公司</th><th colspan="3">全体公司</th><th></th></tr>
<tr><th></th><th>G类</th><th>A类</th><th>B类</th><th>C类</th><th>D类</th><th>E类</th><th>上市公司</th><th>总计</th><th>10年GDP平均增长率</th></tr>
<tr><td>净利润比重</td><td>29.6%</td><td>2.2%</td><td>0.5%</td><td>8.4%</td><td>0.3%</td><td>59.0%</td><td>41.0%</td><td>100.0%</td><td rowspan="3">6.6%</td></tr>
<tr><td>净资产比重</td><td>17.8%</td><td>1.3%</td><td>0.4%</td><td>4.9%</td><td>0.3%</td><td>75.4%</td><td>24.6%</td><td>100.0%</td></tr>
<tr><td>ROE</td><td>10.0%</td><td>10.5%</td><td>8.1%</td><td>10.3%</td><td>5.4%</td><td>4.7%</td><td>10.0%</td><td>6.0%</td></tr>
</table>

数据来源：Wind

从整体上看，中国上市公司比例较小，但仔细分析$r > g$的来源，确实也是主要由上市公司造成，这也是因为能够上市的公司都是同行业公司中较好的公司。从ROE角度，上市国企已经有着不弱于其他公司的竞争力，这也证明了目前的国企管理模式对大型上市公司确实较为有效。只是账面上的高资本回报率中，是否存在各种政策的倾斜与扶持，社会各界有不同的看法。而且许多地方性的非上市国企，其资本回报率是比较低的。

我国的优势在于，在上市公司中，国企已经占有比较大的体量，并且国企的竞争力较强，如果要逐渐将利润返回给经济体，在现有模式下甚至不需要做较大的变动，只需有序地降低国企提供的商品价格。实际上在日

常生活中，我们也能感受到，例如相比国外可能价格更加低廉的高铁、网络信息等的服务费，而且近些年我国许多产品和服务的价格优势仍然在进一步扩大。所以如果要继续降低价格让利给消费者，其实在现有框架下只存在想不想继续推行的问题。

在如何将政府资本和民营资本结合起来的问题上，我国过去也做了很多探索，取得了令世界惊叹的成果。例如：在新能源汽车研发与制造领域，我国的新能源汽车由追赶、跟随，到现在取得国际市场领先地位；在光伏产业，我国的光伏企业，从无到有，从小到大，已经占据世界市场大半份额；在芯片领域，我国政府扶持多个行业领军企业，企改、扩容、攻坚、克难，解决"芯片核心技术短板"。政府进行法律、政策、税收方面的规范和支持，用土地、资金和资源作为股份投入，由社会多种资本形式参股，请行业领军人物（和团队）按现代化企业方式实际管理和运营，走出了中国式所有制形式的创新之路，培养和孕育了一大批行业领先企业，形成了新型企业的资本构成与运营管理模式。其中一个典型案例就是合肥市投资京东方以及蔚来的案例。政府仅作为出资方，给予企业投资建设所需的资金，并且配套上相应的政策，最终使得企业和政府双方同时实现了自己的目标。在这个过程中，政府并不会因为持有企业的股份就对企业经营进行过多的干涉，良好地实现了政府资金和社会资金的结合。

但这和我们提出的国股民营体系仍有所不同。混改所有制的企业，其大量的股份由民间持有，政府仅作为纯粹的财务投资者，不对企业的经营进行深度干预，也符合其小股东的身份。在这种模式下，政府无法改变企业追求超额利润的经营目标，还是会导致社会总需求不足。而在国股民营体系中，政府必须定义企业的经营目标，使所有企业成为一个整体且超额利润控制为零。这要求政府能控股企业，并且去定义企业的经营目标。如果企业大部分股份由某个地方政府，甚至国资委持有，那么政府将不得不对企业的经营进行较多的干涉，此时如果希望企业仍然以市场化的运作，就只能采取在二级市场上通过价格来传导管理目标的方式。

但我国股票市场的劣势在于，上市公司数量在所有公司数量中的占比仍旧较低，如果仅由目前的上市国企进行让利，很有可能使其他上市公司以及非上市公司资本回报率会上升。而国企净资产比重仅占所有公司的17%，如果其他公司资本回报率上升，很可能会抵消上市国企的让利行为，资金还是会集中到资本收益者手中。所以，很可能让利之后还是会发现，我们前面介绍的国股民营的模式仍然是必须的。而此时将面临的结果，一是从股权最分散的D类上市公司的经营情况看，目前，我国尚不具备强有力的资本市场约束机制，使得众多分散投资者能够有效地监督上市公司的经营；二是中国的上市公司数量仍然比较少，并不足以覆盖绝大多数公司的经营活动。

我国资本市场呈现此种状态的原因，是我国资本市场的目标和美国资本市场的目标不同。美国的资本市场是自发形成的结果，反映的更多是投资人的诉求。而我国资本市场设立于供给不足的年代，当时社会生产力不足是个明显的事实。参照我们在需求不足章节中的讨论，这种情况下，应该将更多的资金导流至企业投资中。钱在投资倾向高的企业时是一种“高势能”状态，而在民众手中时是一种“低势能”状态。因此，如何让金融服务实体经济，让民间资本源源不断地支持企业发展，一直以来都是我国金融市场制度设计的目标。现在看到的一级市场定价过高、缺乏做空机制，甚至对一定程度内的违规处罚过轻等情况，实际上都是为这个目标服务的。

需求不足时，我们如果能意识到这种情况可能会持续很久的话，那么钱在企业这类高投资倾向的持有者手中反而是一种“低势能”状态，当然钱在股市投资者手中可能也不是一件非常好的事，因为这类人通常会将非生活开支所需的资金投资到股市中，钱在他们手上变为消费的比例不会太高。此时，只有钱最终回到高边际消费倾向的人手中，经济才能有效平衡。而实现这一情况的路径，就是我们前面说的两种方案，或者其他类似方案，它们的核心都是让真实购买力回到高边际消费倾向的人群之中。

中国的金融市场之所以不符合国股民营的要求，是因为市场设计的目标与之不同。在谈论中国市场是否有国股民营的土壤时，我们不能被“没有生存土壤，所以无法实行措施，进而无法调整目标”的思想局限，必须意识到“修改资本市场的目标才会有国股民营生存的土壤”——要先有目标，再有措施，最后才会有土壤。

一个行之有效，且符合我国自改革开放以来“试点先行，成功后再铺开”举措的方案是：在占我国所有企业仅0.3%的D类企业，以及少部分国资类企业中，选取少许企业并成立一个新的交易市场。这个交易市场仅允许机构投资者参与，并尝试在其中建立更完善的做空、信息披露、财务监督、退市等配套机制，试图构建更加发达、完备的委托代理监督机制，使企业即使没有具体自然人的监督也能健康地发展。在合适的时机下，再考虑向其他企业进行推广，同时继续将我国更多的公司引导成为上市公司。

第七节　如何驯化资本

资本是一个很有趣的东西，当一堆钱放在那里，它可能就是一个价值符号或者计量单位，是听令于人的死物。但当一些人把钱凑在一起，去设立一个有限责任公司，试图一起去市场上赚取更多钱时，会发现这些钱被赋予了生命。在这个时候，资本不会再完全地听命于它原来的主人，如果它原来的主人试图阻止资本的增值，那么在所有资本游戏参与者的合力下，阻止资本增值的人反而会出局。和资本游戏相关的每一个人，包括投资者、供应链上下游企业、竞争对手、公司高管、员工等，这些人共同努力，会推动公司发展。如果适合市场的需求，公司会发展壮大；如果不适合，公司会消失。公司本身成了一个生命的进化单元，参与市场竞争，适者生存。那些不想方设法竭尽全力获取利润的公司，都会被投资人甚至员工抛弃。注意，这里包含了员工，其实任何一个员工，都希望就职于一个利润稳定、有发展前景的公司，而不是一个可能会倒闭的公司。这些所有合力，造成了资本的一个显而易见的特征，那就是追逐利润。在市场中，资本成了主人，而提供资本的投资者，却成了奴隶。

出于逐利性，资本不会将人世间的道德或法律视为底线。如果突破底线将阻碍它增值，它就不会试探；如果破坏底线能使其增值，它就会去破坏。我们无法简单地用道德法律等去评价它，因为它是活物又不是活物。它作为一个所有参与者合力作用的要素，表现得如同自己有生命一样，但是这个生命和我们并不在一个维度，用我们的价值体系去评价这样一个由规则定义的活物常常是徒劳的。这里我们引用马克思的“当资本来到人间，每一个毛孔都滴着肮脏的血”这句充满感情色彩的评价，从两个方面去讨论它。一方面，资本追逐利润的特性，决定了它会不惜践踏人类的法律和道德，在漫长的历史中确实造成了大量的悲剧。但另外一方面，资本运行的规则就如同物理定律，我们并不能因为电流通过人体可能把人电死，或者说热力学第二定律使得万物必归于无序，来评价这些现象或定律是否具有“道德”。

所以资本是否具有“道德”，实际上并不是由资本自己说了算的，而是由生产资本、影响资本运行的规则说了算。当我们仅仅用利润这一指标决定资本的特殊生命体哪个是“适者”，哪个不是，并且适者生存，不适者淘汰的时候，进化出来的生命体一定只会追逐利润。如果我们进化的筛选目标变为其他，那自然就会培育出其他的资本来。

所以根源在于，是我们一直只用了原生的评价体系完成对资本的培育和选择，这才造成了各种深层次的社会问题。而目前，只要意识到这个“选育”规则本身就是驯化资本的一个最重要的手段，或许我们就可以根据需求，驯化出能服务好人类的更好用的资本。我们前面提到的方式，例如增加企业评估，调整劳动者薪酬占比的权重等方法，就是让我们拥有改变选择哪些资本是“适者”的规则的能力。当然，如果我们需要，甚至可以在定义规则时增加更多元素，例如，环保、节能或者产业倾向等。

第八节　计划与市场的和谐统一

最后，我们来看一点略微有趣的东西。当谈到由市场配置资源还是由计划配置资源时，我们到底在谈论什么？

如果把上述的架构画出一个框图（如图9.7），左侧代表了市场配置资源，右侧代表计划配置资源。如果我们把左侧市场配置体系的第一层理解为各种大的资管池，第二层是各种具体的投资于股票的基金，第三层是各种调配资源的公司，第四层是具体的运行项目。而右侧计划配置体系则是一层层将任务分解。项目那层是真正的生产会发生的层面，而上面的所有层级都是为了协助生产层面顺畅运行而存在的。上面层级的唯一目的，就是确保下面的生产中，各投资项目按其盈利预测进行资源配置。

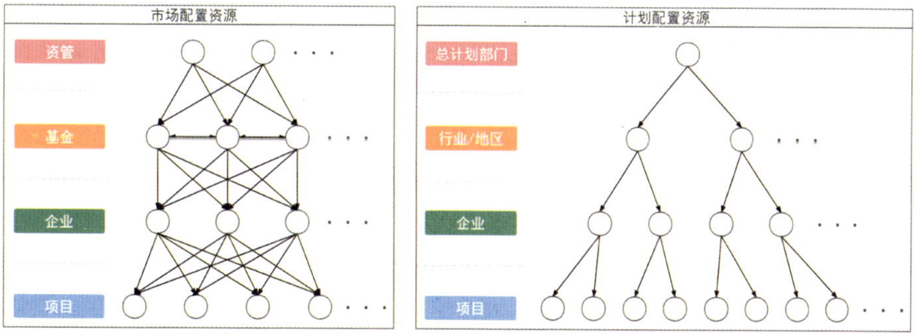

图 9.7　市场配置资源与计划配置资源示意图

在市场的整个结构体系中，参与的每一个个体都试图最大化自己的利益，这种原始的动力促使整个系统将最合适的资源配置到最合适的位置上，并且依靠价格机制来实现。相比最终实现的预测结果，任何一分钱从一个项目拿到另外一个项目上，都会导致整体的预测收益变低。注意这里是预测的收益，因为股价的涨跌，CEO对这个项目或者那个项目有所区别的投资，都取决于个人对未来必定带有误差的预测。自由市场价格机制不能保证每个项目的资本边际收益的预测值与实际发生值相等，但理论上一个完全竞争市场可以做到对未来的收益预测值的边际收益相等。而图9.7中右侧的树状计划得出的结果显然不具有这个特征。

再仔细看看图9.7中左侧的图，如果关注过人工智能底层原理的读者应该能看出来，这就是一种神经网络。

神经网络的使用，一般来说就是通过类似图9.8的一个网络，给出各个输出层节点的预测值，再与某个已有的数据进行对比，然后根据预测的正确与错误，调整每个节点的相关参数，完成神经网络的模型训练。之后将真实的数据集输入训练好的模型，模型便会输出可信的预测结果。遇到环境或质量要求方面的变化，则再度输入训练数据集，使这个模型不断地在新数据的训练中达到越来越好的预测效果。

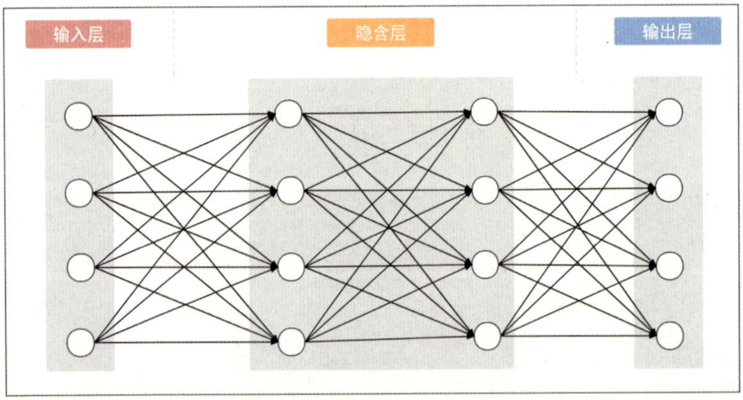

图 9.8 神经网络结构示意图

所以如果我们把资本市场的运行当作一个神经网络的话，也可以用另外一个视角来看待市场。即市场是一个由大量节点（人或机构）组成的神经网络，通过所有网络节点的相互作用和分层处理，这个网络对每一个项目输出了一个预测结果，告诉我们是否值得投资以及投资多少。当预测出错的时候，所有引导做出这个决策的网络节点都会得到惩罚和修正，反之亦然，以此完成对神经网络的训练过程。我们只需要保证这个预测网络能很好地工作，就可以把它的输出结果看成一套完备的“计划”。比起图9.7中右侧树状的预测决策树，左侧的网状决策机制将更高级、方向更准确，更易预测出可信的项目盈利情况。如果认识到市场分析与计划的目的就是科学地完成预测，我们甚至可以说，市场分析就是网络博弈的计划，计划就是树状购买的市场（在神经网络中，树形网络只是一种特殊形式的网络而已），二者从本质上来说是一致的。只不过不管在经济学领域还是在人工智能或生物学研究领域，网络都展现了更强的、高维度的分析和预测能力。同时比起现在这个原生态的预测网络，我们可能只需要做少许改动，就能让原生态网络的预测准确度大幅度提升。举一个简单的例子，现在A地钢铁厂计划半年后增产，这个信息可能被保密，而使得B地另外一个也计划扩建的钢铁厂的投资人无从得知。如果我们的目的是使整个系统预测更准确，而不是某个节点的自身利益最大化，则需要把更多类似的信息广播到每个节点，以帮助所有节点做出科学的预测。而这样的系统在信息封闭、彼此竞争的市场体系下显然做不到。

网状的决策机制，实际上远在人类发明计算机之前就已经存在，人体自身的神经网络系统的运行，正是这套机制在起作用。我们看到，并不是人类“发明”了这一套复杂机制来完成“将资源按最合适的比例配置到所有项目上”这一目标，也不是多细胞生物“发明”了神经网络系统这套复杂机制来控制那么多细胞彼此协调工作。而是大自然最优解法本身便已存在，只是等待生命达到足够的复杂程度以后，来“发现”大自然早已埋藏的宝藏。而我们如果认识到市场的本质，就能进一步在其自然的状态下加以调整去更好地实现社会的需求。

第十章

总结

至此，我们已经讨论了各种经济理论体系，以及在这样的经济理论体系下目前我们所能想到的一些解决方案。最后我们来回顾和梳理一下全书内容，以帮助读者加深对问题实质的理解。供给型经济危机只要放开限制发展的收入平均化的政策，由于收入总是倾向于集中的，危机的土壤会自动消除；对于绝对贫穷型国家，也可以参照之前提到过的框架来走出困境，在此不再赘述。本书主要想解决的还是目前对世界、对中国而言都已临近的需求型经济危机。

问题发展的大致路径：

1. 人是存在天生资源和禀赋的差异的，即便仅仅是劳动收入也会有不平等；

2. 当资本回报率大于经济增速，如果期初劳动收入较高的人将储存的财富投资于资本回报率等于或高于社会平均水平的项目，以获得被动收益，那么其财富在整个经济活动中占比会越来越高；

3. 财富的积累产生的被动收入使得部分人群收入大量积累，由于高收入群体较低的边际消费，社会开始进入需求不足阶段；

4. 由于静态陷阱效应，经济增长陷入停滞，人群间只能进行存量博弈，即便财富已经集中于收入前1%的人群，这1%人群中前0.5%的人群还是会继续使得财富进一步集中到自己名下，在存量博弈过程中，若干个社会利益集团的对抗无法避免，可以是国家间的对抗，也可以是国家内部不同利益团体之间的对抗。

纵观世界几千年的文明史，无论何种社会制度，这条路径都是清晰的。前面的分析说明，只要社会存在经营者会因为利润为负而减产或退出，那么财富向其他的有组织生产能力的人集中就是不可避免的。相比西方社会在近代才出现稳定的大国，到近代才观察到这种大周期的经济轮回，中国在过去几千年里已经经历了数次类似的王朝更替循环。在近几十年里，由于全球化的深化，日本最先进入静态陷阱状态，却仍然能够通过投资国外和扩大贸易顺差的方式，持续将一部分超额投资投向国外以换取额外的消费需求。但如果全球都进入静态陷阱状态，这种路径也必然消失。全球化无意间延缓了静态陷阱问题的爆发，却会使得该问题在最终爆发时表现得更为剧烈。

我们来回顾一下以往人类为了战胜这个问题所做的一些努力，即已经执行过的或准备执行的4种解决方案。

第一种解决方案是早期苏联的做法。当初，以苏联为代表的国家曾试图在上述路径的第1阶段就斩断这条路径，也就是追求一个使劳动者之间收入差距特别小的社会。在苏联存在的几十年中，这条传导路径是不存在的，即便有少量的官员腐败，其掌握的财富量也远远达不到使得整个社会需求不足的水平。苏联最终走向分裂，也并非由需求不足问题引起，而是由它的反面，社会收入过于平均导致的供给不足，使得人民的生活条件长期比起同时代的西方国家差距明显所引起。基于我国“大锅饭”时代的体验，以及我们在第六章所展示的收入差距有利于社会整体的劳动积极性的发挥的角度，在第1阶段就试图斩断该路径可能并不是很好的选择。如果我们要从现在的社会过渡到这种状态，将意味着所有靠资本收益变富的富人，以及高端劳动者，其收入都会大幅度降低。

第二种解决方案是极端式做法。在财富已经较为集中的第3阶段，通过强制手段将一部分财富收缴，或者通过革命、战争等手段，使财富被收缴或者摧毁，这是直接作用于财富的一种极端做法。因为财富本质是收入的不平等在时间上的累积，所以财富的不平等被摧毁后，即便收入不平等仍然存在，在短时间内，社会也不会进入极端不平等的状态。通过分析中国历史，可以得知社会财富不平等再次积累到足以使底层揭竿而起的程度的周期可能是100 ～ 200年。而在现代，如果我们认为第二次世界大战前是财富不平等的一个巅峰，第二次世界大战后是该问题得以缓解后的低谷；1940—1980年间美苏两大阵营都有意识地限制了贫富差距的增长；那么从西方经济政策集体转向，到贫富差距再次到达第二次世界大战前的水平也仅仅过去了40年左右。所以通过治乱循环毁灭财富，在治世不用额外手段限制收入不平等增长的话，可能每一次循环中治世的时期不会长过50年，也就是通常来说，每一个人在一生中都可能会经历一次。由于在现代社会单纯的底层暴动可能难以成功，最有可能的对抗还是发生在大国之间，如果存在唯一的胜者，就会继续胜者国家内部不同利益团体之间的战争。在这种情况下，富人中的大部分会失去几乎所有财富，甚至很可能其中的一部分还会失去生命。但至少在经历这个过程后，世界会恢复到贫富分化程度较低的状态，再重新经历一个40 ～ 50年的循环。

第三种解决方案是，凯恩斯经济学派和新古典主义经济学派所采用的各种技术手段，在第4阶段，试图使得供需恢复平衡。如果问题本身是周期性的，那么凯恩斯或者新古典主义的技术手段，确实能够保证在短期内不造成严重后果。但问题是由收入分配的不平等带来的，如果这个前提得不到扭转，不管是依靠国家的财政支出发行国债，还是“放水”刺激经济，都会从原计划的短期措施变为无法终止的长期措施。而当长期无限上涨的国债或者“放水”的货币总量积累到天量以后，反噬经济也只是时间问题。这种状态下，富人当期的财富暂时不会消失，如果发行国债的方式非常幸运地能够长期延续，那么人们仍将无可避免地进入一个经济增速几乎为零的静态陷阱社会。在这样的社会里，只有少量富人的财富最终能投资于仍然有3% ～ 4%资本回报率的实体企业，而无法投资于实体企业的财富最终只能被迫变相购买利率极低甚至接近为零的国债，富人的大量资产并不能带来被动收入。并且如果希望国债在达到GDP的若干倍后停止增长，那么就必须想办法制造零利率状态下的通胀，这也意味着所有的富人新增的储蓄都会被通胀吞噬，富人真实的收入将下降到和消费占比一致的水平。而如果最终国债崩盘的压力导致货币完全失去信用，那么几乎所有金融类的资产都将大面积贬值，甚至归零。然而这样的过程结束后，危机并没有解除，国家会迎来一个很长的大家都不愿持有信用货币的时期，而且幸存下来的企业仍掌控在一部分人手中，贫富分化没有完全缓解，国家仍然困在静态陷阱中，需要靠其他途径才能走出来。一种可能的结局是，这种经济混乱国家的财富会被其他国家收割，进而进入到上面说的战争之后的景况里。

第四种解决方案便是我们在第九章介绍的国股民营的模式，这种模式中投资者的财富不会受到影响，企业家的收入也不会受到影响，积极努力的劳动者仍然能够得到较高的回报，该模式仅要求公有资金持股比例在上市公司中达到51%，实际上还有很多股份可以由其他投资者持有。在这种模式中，曾经分散在个人投资者手中的高风险资产在汇集后变为低风险资产，对整个社会来说，效用是提升的。只要安排得当，整个过程中没有人的利益会真正受损，只有个人投资者，会因为持有的高收益股权被替换为低收益债权，而表面上看起来有损失，不过，收益的降低也伴随着风险的下降，这样的交换也是划算的。

所以从静态陷阱的几个阶段不同的解决方案来看，在第1阶段就“斩断路径”可能过早，会使社会失去活力；而第4阶段已经只能保持短期不死，没法长期扭转，暴力方式实现财富转移代价过于巨大，没有人希望如此。而我们的方法将调节的重点集中在了第2阶段，也就是当部分人劳动收入非常高之后，适当地控制他们将货币转化为资本的能力，只要财富是货币而不是资本，那么财富差距就不会持续拉大。

综合来看，在4个解决方案之中，国股民营的方案是最佳方案，对于富人群体而言，他们没有真正的损失，其财富仍然能以无风险利率的速度增长。虽然这个速度会略低于经济增速，但是打破了静态陷阱后，经济增速可能恢复至5% ~ 8%的水平，比起静态陷阱中即便承担了风险也只有4%收益的情况，也是有改善的。唯一的差别是，在静态陷阱中，财富就算放着不动，其在经济体中的占比也不会下降，而在我们的方案中，持有低风险资产会使财富在经济体中的占比逐年下降。

回顾上述模式的整个理论推演过程。需求不足问题的核心在于资本的增值速度大于经济增速，使得经济中各要素间的比例无法维持不变，当比例变动出现极端状态时，需求型经济危机就会发生。所以在所有的解决方案里面，去除资本回报中高于维持比例所需要的份额的部分，即[$K\times(r-g)$-富人自身消费]部分，是无论如何都需要达成的目标，这样社会才能恢复到常态。而如果富人们无法在洪水困境面前达成一致，限制自己的这部分收入，只会使得社会走向更危险的地境——富人大概率会失去更多的收入或财富，甚至失去生命。富人们协力突破困境初期确实有一些人的利益会受损，但如果这些人能彻底理解本书分析的这些问题，就会明白有些利益本就是无法保住的，而以智慧的方式舍弃，反而能在未来带来更大程度的自身利益的增长。

我们现在所面临的问题，本质上是由“当回报过低企业就会减产或退出”这样一个简单逻辑造成的。所有投资者都追求更高回报率的意愿和行为使得全社会一起面临经济无法增长的困境。而投资者一定会自发地选择高回报项目是一个自然规律。这时便需要一个科学、合理、可行的调节机制，这个机制便是我们介绍的破局机制，即我们需要的破局机制，该机制将使得投资者之间能够达成破局，大家都略微调低自己的收益预期，就能使得经济锁死的扣子解开。这种破局不仅是不同社会群体间的破局，更是所有人和自然规律间的破局。

后记

本书介绍的大部分内容，早在2018年左右我就有了初步构想，但接近2022年年底时，才有了将这些构思整理出来写成一本书的想法。其中主要原因是在2018年，或许社会上每个人都会觉得仍然岁月静好，当时虽然有中美贸易摩擦，但也动摇不了经济压舱石的地位，在这样的环境下探讨世界可能面临的问题并不讨好。但经过了3年的疫情，以及一年多的俄乌冲突，或许越来越多的人都会感觉到世界恐怕不一定会像我们期望的那样，依然保持岁月静好几十年或更久。

作为一个“80后”，人类历史上空前的发展成就，以及中国十多亿人的生活变得越来越好的时期，覆盖了我的整个成长期。我想也占据了目前很多仍然活跃在社会上的青年人、中年人、老年人的绝大部分记忆。我们似乎理所当然地把和平、发展、安全、全球共同繁荣当作天经地义的事情，而不会有太多的人认为，这或许只是漫长历史中极为特殊的一段。改革开放后的40多年，且不说中国是世界上发展最快的国家，世界上的其他大部分区域也都经历了高速发展。但如果我们回顾本书的内容，就会发现，这不过是各国都把第二次世界大战后一直努力维持的低贫富差距积攒到1980

年的所有老本在这40多年间花掉了而已。在贫富差距逐渐扩大的过渡时期，社会上的多数人是快乐的，因为努力就会有回报，社会发展得快，生活质量不断提高。但当到达了某个顶点以后，不幸地，事情开始走下坡路了，这符合自然、社会和经济的发展规律。而贫富差距“回调”的路是痛苦的，因为越努力的人失去越多，社会发展会大大减速。我们尚不能确定，贫富差距是不是已经走到了那个必须“回调”的转折点，但可以肯定的是离那个转折点已经不远。就像汽车的燃油将尽必须停下来加油一样，这是世界运行的规则，并不会因为一国执政政策是偏左还是偏右而动摇。不同的执政风格只会影响停下来加油的具体方式，但是无法影响必须停下来加油这个事实。如果我们继续刻舟求剑般地回顾过去40多年的发展经验，对未来40～50年如何发展并无指导意义。贫富差距的变化并不完全体现周期性，毕竟它在某种程度上是可通过政策调控的，我们可以选择何时加大油门往前冲，何时放缓油门减低速度，以便社会可以休养生息。但在几十年、上百年这种级别的时间周期里，贫富差距变化是主导整体社会风格的最主要因素。这种特征又使得我们可以称它为贫富周期。本来，或许全世界面对贫富周期的下行期还可以继续“鸵鸟藏头”般地再度过5年或者10年，虽然贫富差距已经在高点，但确实有可能通过继续积累泡沫的方式，让过度宽松的投资继续撑起需求，经历5～10年的最疯狂的泡沫期，泡沫终将破裂，然后把问题交给下一代。但不幸地，新冠疫情的出现使得世界所有国家在同一时刻都丧失了继续积累泡沫的机会和环境。一旦投机的“击鼓传花”游戏被风险打断，投机的泡沫就很难继续膨胀。所以此时世界各国不得不设法把未来这段贫富差距不断扩大后的路走好，因为继续制造泡沫的路对所有人而言已经被堵死了。

经济下行期的路终究是痛苦的，而且这种痛苦又不是短期能够消除的。毕竟贫富差距回调，一定意味着很多当下的富人必须以某种方式失去自己部分的甚至全部的财富，并且必须达到一定的社会总积累量以后，这个下行趋势才会终止。而穷人的生活也未必好过，因为政府的政策会存在着某种程度的“劫富济贫”的倾向，很多人也会失去奋斗的动力，社会发展减速是可以预见的。本书已经解读过相关的数据，在贫富差距加大期间富人消费的社会总商品比例并未提高，所以在“贫富差距回调”的时候，我们也有理由认为，这个消费比例不会有大的变化。如果社会生产率下降，商品总数减少，富人消费比例又大致不变，穷人最终消费掉的社会商品的总量很可能也是下降的。所以在贫富差距回调的时期，社会上的所有人可能都会感到自己“失去了什么”。

在这样的历史时期中，人们心中的不快将会积累，会把自己生活变差的原因归结于社会环境，归结于他人，归结于政府的失职。这期间，试图把社会进一步搅乱、火中取栗的人或势力也必然存在。而如果社会进入混乱状态，实际上核心问题并不会被缓解，而只会增加或衍生出更多的其他问题，人民可能会感受到生活水平进一步下降。在下行期即将来临的时候，我希望能通过本书将其中的必然逻辑展示给大家。如果大家能明白其逻辑推演的脉络，就能看清楚，哪些行为是在逐步消除危机，哪些行为是在加剧危机。

事实上，本书也对人类彻底地消除由贫富差距带来的超长经济周期的方法做了一些探讨。事情的本质在于，在真实消费中，社会商品被高收入人群、中低收入人群消费的比例和40多年前并没有太大区别。所有的分配不均只出现在指导我们社会运行的这套金融信用体系里，以及由这套体系所定义的财富上。在这个前提下，破局之道是存在的。我们不需要触及大量的现实世界已有的物资、商品的分配，就可以永远地解决这个麻烦。

贫富差距加大的第一个根源，源于人们安全感的缺失。富人们即便有再多的钱，事实上也无法全部消费掉。如果不是专门为了花钱而去炫耀性地消费，年消费达到千万这个级别之后，在现代社会每年花掉更多的金钱带给人的边际效用已经非常低了。而我们的所有社会问题其实就是那些富人们无法消费掉他们挣到的钱带来的。虽然他们没法进行更多的消费，但他们仍然希望挣到更多的钱来给予他们更多的成就感和安全感，他们担心“比他人差”，担心未来有一天无法维持现有的生活水平，于是拼命地积累更多财富，自己一辈子甚至几代人都花不完的财富。而一个人活着时花不完的财富其实对他个人而言，本质上和没得到过是差不多的。而花得完的财富，本身也不会对经济造成伤害，社会经济只是因为一大批富人拥有大量花不完的财富而变得需求不足了。多于当期消费的财富本身，只是社会对财富持有者未来需求能够被满足的某种保证。所以，只要社会能以某种方式保障他们的这种心理上的安全感，在非物质世界的损失其实更多的只是心理层面的，社会和投资收益者之间是存在破局之道的。

贫富差距加大的第二个根源是，资本的运行依赖于其“优胜劣汰”的规则。在之前的时代，只有利润最大化这个唯一的“规则”。其结果就是只有能更好地达成这一规则的资本才能幸存下来。利润规则之所以长期存在，无非是因为这个规则更天然罢了。就像金银天然就是货币，但我们没必要一直去使用这个天然的东西一样。我们只需要对这个规则进行修改，就可以使得更有“社会责任的资本”胜出，那么自然而然地，留下的就都是有社会责任的资本和投资者。所以在这一点上，人类应该去驯化资本，而不是反被资本驯化。

如果想要社会平稳地实现转变，是需要越来越多的投资者、企业家想清楚这一切，主动支持和参与这些转变。同时，还要有一个既定的蓝图，给人们描绘一个新的社会经济场景，在这个新场景中，大家很清楚自己可能的损失的上限是什么，能获得的又是什么。

本书在2018年的时候可能不被读者看好，相信时至今日仍然会有很多意见不同者，他们不会认同“要割舍一部分自己的利益才能避免事态向更可怕的境地发展”这样的说法。正如我们书中提到的明朝灭亡时的官员，恐怕在北京城破之日还有人认为自己仍然能在新的秩序下保持地位及财富。就如同德国哲学家黑格尔说的一样：“人类唯一能从历史中吸取的教训就是，人类从来都不会从历史中吸取教训。”所以，在大部分情况下，人们并不能在当期逐步地形成某种共识并去参与转变，而必须等局势更加明朗化之后，或者是再经历一次治乱循环以后，大家在重建家园的时候才会认识到之前体系的弊端。但无论如何，我们还是希望这样一次对于如何使得社会不再落入类似中国王朝更替周期的探索对读者有用。

人类进入一个生产力高度发达的社会已经很久，却困扰于生产出来的产品没法被消费掉，不得不承认，这是一件非常无奈的事情。但问题不在于我们无法改造自己生活的现实世界，而在于我们指导现实世界运行的整个分配协作体系存在着弊端，使得经济的发展被锁死。这只需要我们采用新的调控工具就可以解锁。

所以我相信，最终，我们一定能找到破局之道。在这条路上，投资者、企业家和劳动者们一起驯化资本，使得资本能够持续稳定地为所有人类创造福利。

附录

附录A

证明：$W^*(\Delta K - Kg, r', L_p')$, let $-L_p' = g - g_l$, i.e. $L_p' = g_l - g$,

$$
\begin{aligned}
E_t &= K_{t-1} * r_t \\
\Delta K_t &= K_t - K_{t-1}
\end{aligned}
$$

$$
\begin{aligned}
\frac{G_{t+1}}{G_t} &= \frac{E_{t+1} + L_{t+1}}{E_t + L_t} = 1 + g_{t+1} \\
g_{t+1}(E_t + L_t) &= (L_{t+1} - L_t) + (E_{t+1} - E_t) \\
g_{t+1}(K_{t-1} * r_t + L_t) &= L_t * gl_{t+1} + (K_t * r_{t+1} - K_{t-1} * r_t) \\
g_{t+1}(K_{t-1} * r_t) &= L_t * gl_{t+1} - L_t * g_{t+1} + K_t * r_t * (1 + r'_{t+1}) - K_{t-1} * r_t \\
0 &= L_t * (gl_{t+1} - g_{t+1}) + K_t * r_t * (1 + r'_{t+1}) - K_{t-1} * r_t - g_{t+1}(K_{t-1} * r_t) \\
0 &= L_t * L'_{pt+1} + K_t * r_t + K_t * r_t * r'_{t+1} - K_{t-1} * r_t - K_{t-1} * r_t * g_{t+1} \\
0 &= L_t * L'_{pt+1} + K_t * r_t * r'_{t+1} + \Delta K_t * r_t - K_{t-1} * r_t * g_{t+1} \\
0 &= r_t * (\Delta K_t - K_{t-1} * g_{t+1}) + K_t * r_t * r'_{t+1} + L_t * L'_{pt+1}
\end{aligned}
$$

忽略不同期间的细微差异，简记为：

$$w^*(\Delta K - Kg, r', L_p') = 0 \tag{1}$$

$$w_1 = r \tag{2}$$

$$w_2 = K * r \tag{3}$$

$$w_3 = L \tag{4}$$

如果需要验证现实数据是否满足该公式，请注意采用的各变量并不属于同一期。

变量定义：

变量	含义
GDP_t	t时刻GDP绝对值
E_t	t时刻资本报酬绝对值
L_t	t时刻劳动力报酬绝对值
$T_t = T_{Et} + T_{Lt}$	t时刻税收绝对值
T_{Et}	t时刻税收中来自资本报酬的部分
T_{Lt}	t时刻税收中来自劳动力报酬的部分
Δt	t时刻折旧绝对值
K_t	t时刻资本存量绝对值
$\Delta K_t = K_t - K_{t-1}$	t时刻资本增量
$r_t = E_t / K_{t-1}$	t时刻资本回报率
$'r_t = r_t / r_{t-1} - 1$	t时刻资本回报率增长率
$\delta = \Delta t \ / K_{t-1}$	t时刻资本报酬的真实税率，认为是跨期常量
$r_a = T_{Et} / E_{t-1}$	t时刻资本报酬的真实税率，认为是跨期常量
$r_b = T_{Lt} / L_{t-1}$	t时刻劳动力报酬的真实税率，认为是跨期常量
$t_a = 1 + r_a$	认为是跨期常量
$t_b = 1 + r_b$	认为是跨期常量
$L_{pt} = L_t / GDP_t$	t时刻劳动力报酬占GDP比值
$'L_{pt} = L_{pt+1} / L_{pt-1}$	t时刻劳动力报酬占GDP比值的变化
$GDP_t = E_t \times t_a + L_t \times t_b \ + \Delta$	GDP恒等式

附录B

利用1940—2021年英国、美国、德国、法国4个国家的全要素生产率（TFP）和收入前10%、后50%人群的收入占比（TopRatio，BottomRatio）分别计算TFP 10年累积增长率和TopRatio、BottomRatio 10年增长率。各数据经过：

① 截面（国家维度）去均值标准化：

$$TFP_{a_{i,t}} = TFP_{i,t} - \frac{1}{n}\sum_{i=1}^{n} TFP_{i,t}$$

$$TopRatio_{a_{i,t}} = TopRatio_{i,t} - \frac{1}{n}\sum_{i=1}^{n} TopRatio_{i,t}$$

$$BottomRatio_{a_{i,t}} = BottomRatio_{i,t} - \frac{1}{n}\sum_{i=1}^{n} BottomRatio_{i,t}$$

② 时序（时间维度）去均值标准化（注意时间错配）：

$$TFP_{a_{i,t}} = TFP_{i,t} - \frac{1}{62}\sum_{t=1960}^{2021} TFP_{i,t}$$

$$TopRatio_{a_{i,t}} = TopRatio_{i,t} - \frac{1}{62}\sum_{t=1950}^{2011} TopRatio_{i,t}$$

$$BottomRatio_{a_{i,t}} = BottomRatio_{i,t} - \frac{1}{62}\sum_{t=1950}^{2011} BottomRatio_{i,t}$$

用标准化后的数据建立回归模型：

$$TFP_{T\sim T+10} = \beta * TopRatio_{T-10\sim T} + \alpha + \epsilon \tag{1}$$

$$TFP_{T\sim T+10} = \beta * BottomRatio_{T-10\sim T} + \alpha + \epsilon \tag{2}$$

为了体现模型的预测效应，自变量TopRatio、BottomRatio与*TFP*有时间上的错配，用$T-10 \sim T$的自变量与$T \sim T+10$的应变量做回归。

参考文献

[1] 刘守刚. 财政中国三千年[M]. 上海：上海远东出版社，2020.

[2] 关山远. 明朝灭亡时官员们[J]. 科学大观园，2016(12): 48-49.

[3] 谷应泰. 明史纪事本末[M]. 北京：中华书局，2018.

[4] 盛乐. 博弈论的诡计大全集[M]. 北京：企业管理出版社，2010.

[5] [古希腊]柏拉图. 理想国[M]. 北京：商务印书馆，1986.

[6] 郑辉，刘飞. 柏拉图国家与公民合一的正义观——对《理想国》的解读[J]. 河北师范大学学报（哲学社会科学版），2004(06): 22-26.

[7] [英]约翰·伯瑞. 进步的观念[M]. 上海三联书店，2005.

[8] 陈明光. 汉唐财政史论[M]. 长沙：岳麓书社，2003.

[9] 葛金芳. 宋代经济史讲演录[M]. 桂林：广西师范大学出版社，2008.

[10] 何孝荣. 清史十五讲[M]. 南京：凤凰出版社，2010.

[11] 万明. 晚明社会变迁：问题与研究[M]. 北京：商务印书馆，2005.

[12] [美]凯文·凯利. 失控：全人类的最终命运和结局[M]. 北京：电子工业出版社，2023.

[13] [美]保罗·沃尔克，[日]行天丰雄. 时运变迁：世界货币、美元地位与人民币的未来[M]. 北京：中信出版社，2018.

[14] [英]马克·莱文森. 大转折[M]. 北京：民主与建设出版社，2022.

[15] [日]野口悠纪雄. 失去的三十年：平成日本经济史[M]. 北京：机械工业出版社，2022.

[16] 王云升，胡瑾. 日本政府债务可持续性问题再探讨[J]. 现代日本经济，2016(02):24-32.

[17] [日]西野智彦. 日本的迷失：前夜[M]. 北京：中信出版集团，2017.

[18] [日]轻部谦介，西野智彦. 日本的迷失：崩溃[M]. 北京：中信出版集团，2018.
[19] [日]西野智彦. 日本的迷失：真相[M]. 北京：中信出版集团，2021.
[20] 池尾爱子，张帆，尹晓亮. 马丁·布朗芬布伦纳与战后日本经济的重建（1949年—1952年）[J]. 日本问题研究，2011, 25(03):1-8.
[21] 李绍猛. 日本二战后的创新崛起[J]. 决策与信息，2015(08): 60-62.
[22] 马焕明. 朝鲜战争"特需"与日本经济"景气"[J]. 潍坊学院学报，2005(01): 104-107.
[23] 史杰. 布雷顿森林体系崩溃的原因和对国际关系的影响[J]. 经贸实践，2018(17): 59.
[24] 薛啸岩. 日本防范化解石油对外依存度过高风险的经验及对我国的启示[J]. 中国经贸导刊，2019(08): 45-47.
[25] 宋慧中，别曼. 广场协议后日本经济增长问题研究与启示——剖析日本经济低迷之谜[J]. 南方金融，2020(12): 54-62.
[26] [日]宫崎义一. 泡沫经济的经济对策：复合萧条论[M]. 陆华生, 译. 北京：中国人民大学出版社，2000.
[27] 钟正生，张璐. 日元的避险属性为何愈发凸显[J]. 国际金融，2018(09): 17-22.
[28] 姜璟晓璐. 基于货币政策视角简析日本经济泡沫成因[J]. 市场周刊，2019(05): 120-121.
[29] 李彬，邓美薇. 日本异次元量化宽松货币政策及其效果评析[J]. 现代日本经济，2014(06): 17-29.
[30] Robert A. Margo. Employment and Unemployment in the 1930s[J]. Journal of Economic Perspectives, 1992.
[31] [美]威廉·曼彻斯特. 光荣与梦想1[M]. 北京：中信出版集团，2015.
[32] [美]本·伯南克. 伯南克论大萧条：经济的衰退与复苏[M]. 北京：中信出版集团，2022.
[33] [美]穆雷·N. 罗斯巴德. 美国大萧条[M]. 海口：海南出版社，2020.
[34] [美]约瑟夫·本德斯基. 纳粹德国史（第4版）[M]. 北京：中信出版集团，2020.
[35] [日]大森实. 控制美国的十大财阀：军火大王杜邦[M]. 北京：中国经济出版社，1991.
[36] [美]埃里克·劳赫威. 大萧条与罗斯福新政[M]. 译林出版社，2018.
[37] 温铁军. 告别百年激进[M]. 北京：东方出版社，2016.
[38] 吴学云. 美元全球经济殖民战略解析[M]. 北京：中国经济出版社，2009.
[39] [美]埃斯瓦尔·S. 普拉萨德. 美元陷阱[M]. 北京：中国科学技术出版社，2022.
[40] 赵巍华，徐以升. 旧格局与新周期：全球金融周期下的中国经济[M]. 北京：中国友谊出版公司，2015.
[41] [美]约瑟夫·斯蒂格利茨. 全球化逆潮[M]. 北京：机械工业出版社，2019.

[42] 卢锐. 高质量发展与中国制造业竞争策略研究 [M]. 南京：东南大学出版社，2023. 315.
[43] 李实，赵人伟. 中国居民收入分配再研究 [J]. 经济研究，4. 3(1999).
[44] 罗长远，张军. 经济发展中的劳动收入占比：基于中国产业数据的实证研究 [J]. 中国社会科学，4(2009): 65-79.
[45] 白重恩，钱震杰. 国民收入的要素分配：统计数据背后的故事 [J]. 经济研究 3 (2009): 27-41.
[46] 消费市场日益强大 流通方式创新发展——新中国成立 70 周年经济社会发展成就系列报告之十一 [N]. 中国信息报，2019-08-05(001).
[47] [英] 约翰·凯恩斯. 就业、利息和货币通论 [M]. 上海：立信会计出版社，2017.
[48] 甘犁，赵乃宝，孙永智. 收入不平等、流动性约束与中国家庭储蓄率 [J]. 经济研究，2018, 53(12):34-50.
[49] [德] 贡德·弗兰克. 白银资本：重视经济全球化中的东方 [M]. 北京：中国科学技术出版社，2022.
[50] [法] 费尔南布罗代尔. 菲利普二世时代的地中海和地中海世界 [M]. 北京：商务印书馆，1996.
[51] (清) 吴允嘉. 天水冰山录 [M]. 北京：商务印书馆，1937.
[52] (明) 周玄暐. 泾林续记 [M]. 上海图书馆明刻本.
[53] 中共中央马克思恩格斯列宁斯大林著作编译局. 马克思恩格斯全集 [M]. 北京：人民出版社，2016.
[54] 中国工业：挺起大国脊梁 [N]. 中华工商时报，2009-09-29(014).
[55] 人民生活实现历史性跨越 阔步迈向全面小康——新中国成立 70 周年经济社会发展成就系列报告之十四 [N]. 中国信息报，2019-08-12(001).
[56] 中共中央文献编辑委员会. 毛泽东著作选读. 北京：人民出版社，1986.
[57] 姚洋，郑东雅. 重工业与经济发展：计划经济时代再考察 [J]. 经济研究，2008(04):26-40.
[58] 陈云. 关于发展国民经济的第一个五年计划的报告（节选）[J]. 党的文献，1995(03):12-20.
[59] 薛暮桥. 中国社会主义经济问题研究 [M]. 北京：人民出版社，1979.
[60] [美] 约翰·肯尼斯·加尔布雷思. 1929 年大崩盘 [M]. 上海：上海财经大学出版社，2006.
[61] [德] 卡尔·马克思. 资本论 [M]. 北京：人民出版社，2018.
[62] [美] 拉古拉迈·拉詹. 断层线 [M]. 北京：中信出版集团，2011.
[63] [美] 辜朝明. 大衰退：宏观经济学的圣杯 [M]. 北京：东方出版社，2016.

[64] [美]米尔顿·弗里德曼，安娜·J·施瓦茨.美国货币史：1867—1960.北京：北京大学出版社，2021.
[65] 姚海.俄国革命：苏联史[M].北京：人民出版社，2013.
[66] 郑异凡.新经济政策的俄国：苏联史[M].北京：人民出版社，2013.
[67] 徐天新.斯大林模式的形成：苏联史[M].北京：人民出版社，2013.
[68] 叶书宗.勃列日涅夫的十八年：苏联史[M].北京：人民出版社，2013.
[69] 左凤荣.戈尔巴乔夫改革时期：苏联史[M].北京：人民出版社，2013.316
[70] [法]托马斯·皮凯蒂.21世纪资本论[M].北京：中信出版集团，2014.
[71] Fischer CS, Hout M. Century of difference: How America changed in the last one hundred years[M]. Russell Sage Foundation, 2006.
[72] Ohanian LE. e economic crisis from a neoclassical perspective[J]. Journal of Economic Perspectives, 2010.
[73] Keen S. Post Keynesian theories of crisis[J]. American Journal of Economics and Sociology, 2015.
[74] Knowles S. Inequality and economic growth: The empirical relationship reconsidered in the light of comparable data[J]. e Journal of Development Studies, 2005.
[75] Brueckner M, Lederman D. Inequality and economic growth: the role of initial income[J]. Journal of Economic Growth, 2018.
[76] 金重远.法国现当代史[M].上海：上海社会科学院出版社，2014.
[77] 吴友法.德国现当代史[M].武汉：武汉大学出版社，2007.
[78] [美]米尔顿·弗里德曼.消费函数理论[M].北京：东方出版中心，2021.
[79] [美]戴维·罗默.高级宏观经济学[M].上海：上海财经大学出版社，2009.
[80] Stigler, G. J. “Perfect Competition, Historically Contemplated.” Journal of Political Economy, 1957,65 (7) (February), pp. 1-17.
[81] Sutton, J. “Market Structure: eory and Evidence.” MIT Press, 1991.
[82] Marx, K. “Capital: A Critique of Political Economy.” Das Kapital, Volume 1, 1867.
[83] Markowitz, H. “Portfolio Selection.” e Journal of Finance, 1952, 7(1), pp. 77-91.
[84] Hall, Robert E. “Stochastic implications of the life cycle-permanent income hypothesis: theory and evidence.” Journal of political economy 86. 6 (1978): 971-987.
[85] 张军，方红生.投资与通货膨胀—紧缩的联系：来自中国的经验证据[J].经济学家，2007(01):82-88.
[86] 李晓.双重冲击：大国博弈的未来与未来的世界经济[M].北京：机械工业出版社，2022.
[87] 沈国兵.中美贸易再平衡[M].北京：中国财政经济出版社，2017

[88] 陈小沁.能源战争：国际能源合作与博弈[M].北京：新世界出版社，2015.
[89] [日]大前研一.低欲望社会：人口老龄化的经济危机与破解之道[M].北京：机械工业出版社，2021.
[90] [德]卡尔·冯·克劳塞维茨.战争论[M].北京：商务印书馆，2022.
[91] 温铁军.全球化与国家竞争：新兴七国比较研究[M].北京：东方出版社，2021.
[92] 温铁军.全球化与国家竞争：新兴七国比较研究[M]//[美]莫里斯·贾斯特罗.柏林-巴格达铁路.北京：东方出版社，2021.
[93] [英]约翰·基根.一战史[M].北京：北京大学出版社，2018.
[94] 沈予.第一次世界大战后美英与日本在华新角逐和日本侵华策略的演变[J].近代史研究，1988(1).
[95] 崔瑞德，费正清.剑桥中国史[M].北京：中国社会科学出版社，1992.
[96] [美]约瑟夫·熊彼特.资本主义、社会主义与民主[M].上海：上海译文出版社，2020.
[97] 刘慈欣.三体[M].重庆：重庆出版社，2008.
[98] 苏星.我国农业的社会主义改造[M].北京：人民出版社，1980.
[99] 林毅夫，蔡昉，李周.中国的奇迹：发展战略与经济改革[M].上海：上海人民出版社，2016.
[100] 郑炳先.利率导论[M].北京：中国金融出版社，1991.
[101] 刘国光.中国经济体制改革的模式研究[M].北京：中国社会科学出版社，1988.
[102] 马洪，孙尚清.汇价手册[M].北京：中国金融出版社，1986.
[103] 孙尚清.现代中国经济大事典[M].北京：中国财政经济出版社，1993.
[104] 刘慈欣.赡养人类[M].北京：中国华侨出版社，2016.

致谢

本书研究与创作的过程中，离不开家人、朋友的支持与鼓励。

首先，要感谢我的妻子——周莹，在我工作和做研究的时候，身为三个孩子的母亲的她承担了更多的家庭责任，给予了我全方位的支持。她的牺牲与支持，是我完成这部作品的必要条件。

其次，感谢给本书提出意见与建议的专家、学者：刘九如、刘学军、贾康、高善文、周天勇、林泽炎、罗志恒、赵留彦、李力行、黎新平、孙文凯、包特、夏春、乔永远、刘晓光、曹磊。他们于百忙之中阅读稿件，提出宝贵的意见与建议，加强本书内容的逻辑性、严谨性，使我的研究更完善，进一步增加了对现实世界的解释力。今借此片纸，聊表谢忱！

再者，要感谢孙波斌、周武、郭健、李达、蒋曼、黄震宇、崔鸣、王跃、黄淑荣、钱铖等支持我的好友，他们在图书论证的阶段提供了支持与帮助。

最后，要感谢本书的编辑和创作团队：胡南、赵诗文、邬晓宇、关瑞翔、李昱良、汪颖、胡朕恺、段鸿睿、梅钦泽，在团队的通力协作下，历经十余次的修改，从一个模糊的构想逐渐变得有血有肉，终使研究成果落地成文。

愿本书能为改造我们的世界做出一些贡献。